Inhaltsverzeichniß.

II. Ba

150490

1 MONTH OF
FREE
READING

at

www.ForgottenBooks.com

By purchasing this book you are eligible for one month membership to ForgottenBooks.com, giving you unlimited access to our entire collection of over 1,000,000 titles via our web site and mobile apps.

To claim your free month visit:

www.forgottenbooks.com/free644995

ISBN 978-0-483-17363-7
PIBN 10644995

Handbuch

der

Städtischen Verfassung und Verwaltung

in

Preußen.

Für den praktischen Gebrauch bearbeitet

von

H. Steffenhagen.

Band II.

Die Verwaltung der Städte.

Berlin.

J. J. Heines Verlag.

1888.

III. Buch: Die Verwaltung der Städte in organisatorischer Beziehung.

Erstes Capitel: Die Geschäftsführung des Magistrats und des Bürgermeisters.

§ 71. Geschäftskreis des Magistrats.

I. Gemeinde- und Staatsangelegenheiten. Entsprechend der im § 55 dargestellten Doppelthätigkeit des Magistrats, als Gemeindeverwaltungsbehörde und als Organ der Staatsgewalt, umfaßt der Geschäftskreis desselben zweierlei Verwaltungen. Diese betreffen

a. entweder die eigentlichen Communalangelegenheiten oder

b. diejenigen Angelegenheiten, welche die Staatsbehörde dem Magistrate durch Gesetze, Verordnungen, Anweisungen 2c. fortdauernd oder durch Aufträge vorübergehend anweist.

Es ist bereits früher darauf hingewiesen, daß sich beide Verwaltungen im Wesentlichen dadurch unterscheiden, daß der Magistrat in Betreff der ersteren an die beschließende, bezw. controlirende Mitwirkung der Gemeindevertretung gebunden, dagegen in Betreff der Verwaltung der Staatsangelegenheiten von jeglicher Concurrenz der Gemeindevertretung unabhängig ist. Ein weiterer Unterschied macht sich darin geltend, daß für die Gemeindeangelegenheiten, wie dies rücksichtlich der 6 östlichen Provinzen durch die Instruction für die Stadtmagisträte vom 25. Mai 1835 (von Kamptz Ann. p. 733) geschehen ist, allgemeine den Geschäftsgang regelnde Ver=

waltungsgrundsätze festgestellt sind, während in Betreff der Staatsangelegenheiten die besonderen Vorschriften der Staats= behörde über den dabei zu beobachtenden Geschäftsgang zu= nächst normiren sollen und event. beim Mangel etwaiger Bestimmungen den Magisträten nur freigelassen ist, die vor= beregten Grundsätze der Instruction vom 25. Mai 1835 in Anwendung zu bringen. Die fortdauernde Gültigkeit der Letzteren ist noch besonders in der zur Ausführung der Städteordnung vom 30. Mai 1853 erlassenen Ministerial= instruction vom 20. Juni 1853 (M. Bl. p. 138) anerkannt, indem dort sub XIII verordnet ist, daß für den Geschäfts= gang der städtischen Verwaltung, insoweit die vorcitirte Städteordnung keine entgegenstehenden ausdrücklichen Be= stimmungen enthält, die Vorschriften der Instruction vom 25. Mai 1835 maßgebend bleiben sollen. Diese letzteren werden der nun in den §§ 72—77 folgenden Darstellung grundleglich gemacht werden.

II. Schulangelegenheiten. Diese nehmen unter den zum Geschäftskreise des Magistrats gehörenden Angelegenheiten in= sofern eine Sonderstellung ein, als sie rücksichtlich der äußern Verwaltung des Schulwesens (externa) zu den Gemeinde= angelegenheiten, dagegen rücksichtlich der Leitung und Beauf= sichtigung des Schulwesens (interna) zu den Staatsangelegen= heiten zu rechnen sind. Dieser Gesichtspunkt gewinnt für die Verwaltung dadurch an Bedeutung, daß er für die Frage entscheidend ist, ob und inwieweit die Gemeindevertretung an einzelnen das Schulwesen betreffenden Angelegenheiten mit= zuwirken berechtigt ist. In dieser Beziehung ist namentlich hervorzuheben:

a. Die Wahl der technischen Mitglieder der Schuldeputation steht den von dem Magistrate und von den Stadtver= ordneten gewählten Deputirten, dagegen nicht der Ge= meindevertretung zu, weil jene Deputation vorwiegend mit Rücksicht auf die interna ein Hülfsorgan der staatlichen Schulaufsichtsbehörde ist.[1])

b. Die Uebernahme von Nebenämtern Seitens der städtischen Lehrer hängt von der Genehmigung der Königlichen Regierung, dagegen nicht von der Zustimmung der Gemeindevertretung ab, weil die Leitung und Beaufsichtigung des Schulwesens keine Gemeindeangelegenheit ist.[2])

c. Die Prüfung der Frage, ob der einzelne Lehrer der planmäßigen Gehaltserhöhung würdig ist, competirt aus demselben Grunde dem Magistrate und der Schuldeputation, dagegen nicht der Gemeindevertretung.[3])

d. Die Urlaubsgesuche der Lehrer sind ausschließlich an die Schuldeputation zu richten, welche sich nach zuvoriger Verhandlung mit dem Kreisschulinspector über Ablehnung oder Gewährung des Urlaubs schlüssig zu machen hat.[4])

e. Wird eine öffentliche Schule, welche unter städtischem Patronate steht, nicht aus der Stadtcasse, sondern mit eigenem Vermögen unterhalten, so ist es der Magistrat, welcher ihren Etat bestätigt und die Jahresrechnung feststellt, bezw. die Decharge ertheilt. Die Mitwirkung der Stadtverordneten ist hier ausgeschlossen.[5])

f. Die Wahl der an den Schulen rein städtischen Patronats angestellten Lehrer steht nur dem Magistrate zu. Es ist nur das Gutachten der sachverständigen Mitglieder der Schuldeputation einzuholen, dagegen braucht die Gemeindevertretung nicht vorher gehört zu werden.[6])

---

[1]) M. R. vom 30. Juni 1862 (M. Bl. p. 262).

[2]) M. R. vom 14. April 1863 (M. Bl. p. 118).

[3]) M. R. vom 31. August 1866 (M. Bl. p. 194).

[4]) M. R. vom 19. October 1868.

[5]) M. R. vom 23. Dec. 1845 (M. Bl. 1846 p. 8).

[6]) Instruction vom 26. Juni 1811 § 21 und M. R. vom 28. Mai 1845.

Im Uebrigen ist darauf hinzuweisen, daß die Organi=
sation, der Wirkungskreis und die Geschäftsverwaltung der
Schuldeputationen durch eine besondere Instruction, und zwar
diejenige vom 26. Juni 1811, geregelt sind.

III. Kreiscommunalangelegenheiten. Dieselben kommen
rücksichtlich des Wirkungskreises des Magistrats nur für die=
jenigen Städte, welche für sich einen eigenen Stadtkreis bil=
den, zur Frage. Der § 169 der Kreisordnung vom 13. De=
cember 1872 bestimmt nämlich, daß in solchen Städten die
Geschäfte des Kreistags und des Kreisausschusses, die des
Letzteren, soweit sich dieselben auf Verwaltung der Kreis=
communalangelegenheiten beziehen, von den städtischen Be=
hörden nach den Vorschriften der Städteordnung wahrzu=
nehmen sind.

§ 72. Geschäftsbetrieb des Magistrats.

I. Organisation des Betriebes. An der Spitze der
ganzen städtischen Verwaltung steht der Magistrat. Derselbe
beschafft die ihm obliegenden Amtsgeschäfte entweder durch
Plenarbeschluß des Magistratscollegium (§ 73) oder durch
Einzelverfügungen der damit ressort= oder auftragsmäßig be=
trauten Magistratsmitglieder (§ 74). Ihm stehen als Hülfs=
organe die städtischen Unterbehörden zur Seite, und zwar zum
Zwecke der dauernden Verwaltung oder Beaufsichtigung ein=
zelner Geschäftszweige, welche, wie das Schulwesen, Armen=
pflege, Einquartirungswesen ꝛc., zur Competenz des Magi=
strats gehören, sowie zum Zwecke der Erledigung vorüber=
gehender Aufträge. Diese Unterbehörden sind die städtischen
Deputationen und Commissionen sowie die Bezirksvorsteher.
Zur Bewältigung der zum Betriebe erforderlichen technischen
Leistungen, der Subalterndienste und mechanischen Dienstver=
richtungen sind dem Magistrate die sämmtlichen Gemeinde=
unterbeamten untergeordnet. Es sind dies:

a. die wissenschaftlich oder technisch ausgebildeten oberen
Gemeindebeamten, welche mit der selbstständigen
Leitung städtischer Gemeindeanstalten oder besonderer
Verwaltungszweige betraut sind (z. B. Armenärzte,
Krankenhausärzte, Baumeister, Gasanstaltsdirectoren,
Oberförster ꝛc.);

b. Die Subalternbeamten, welche, wie die Cassenren-
danten, Unterförster, Stadtsecretäre, Registratoren, Archi-
vare pp. eine besondere und eigenthümliche Geschäftsbildung voraussetzen, und

c. die unteren Beamten, welche, einer besonderen Ge-
schäftsbefähigung und Ausbildung nicht bedürftig, nur
zu den niederen oder bloß mechanischen Dienstleistungen
verwandt werden. Zu den Letzteren gehören die Executoren, Boten, Castellane, Diener und die zu ähnlichen
Functionen bestimmten Beamten.*)

II. **Leitung des Betriebes.** Wenn auch der Magistrat
das Recht und die Pflicht hat, die Gemeindebeamten zu beaufsichtigen, so ist doch die äußere Leitung des ganzen Geschäftsbetriebes in die Hände des Magistratsdirigenten gelegt.
Sämmtliche an den Magistrat eingehende Sachen sind von
demselben, bezw. seinem Stellvertreter zu eröffnen und zu
präsentiren. Er muß die an das Collegium gehörenden Gegenstände an dasselbe, die vor die Deputationen gehörigen an
diese letzteren gelangen lassen. Was die ersteren betrifft, so
ernennt der Dirigent vermöge des ihm zustehenden Geschäfts-
vertheilungsrechts die Decernenten, in wichtigeren Fällen auch
Codecernenten, und schreibt ihnen die Sachen zu. Der Dirigent kann übrigens für diejenigen Sachen, welche einen bestimmten Geschäftsgang haben, ein für allemal einen Decernenten ernennen.

---

*) Disciplinargesetz vom 21. Juli 1852 § 15.

Der Dirigent ist auch befugt, in den zu den Deputationen gehörigen Angelegenheiten die Decernenten zu bestimmen,
er darf jedoch die Ausübung dieser Befugniß auch dem speciellen Dirigenten der Deputation übertragen. In kleineren
Orten, wo es ohne Geschäftsüberhäufung möglich und zur
besseren Uebersicht des ganzen Geschäftsganges rathsam ist,
darf die Regierung dem Bürgermeister auch die Vertheilung
der Sachen an die einzelnen Mitglieder der Deputation als
Pflicht auferlegen.*)

III. Controle des Betriebes. Der gesammte Geschäftsbetrieb des Magistrats wird durch ein Hauptjournal contro-
lirt, in welches jede eingehende Sache, wie solche präsentirt
und zugeschrieben worden, eingetragen und darin bis zu ihrer
völligen Erledigung fortgeführt wird. Die eingetragenen
Sachen werden dann der Registratur übergeben und gelangen
von dort mit den vollständigen Acten an die Decernenten,
und zwar, wenn ein Codecernent ernannt ist, zunächst an
diesen letzteren zur Einsicht und etwaigen Beifügung seiner
Bemerkungen, und sodann erst an den Decernenten zur weiteren Bearbeitung und Erledigung.**)

Es soll hier übrigens nicht unerwähnt bleiben, daß für
den gesammten Geschäftsbetrieb und den schriftlichen Verkehr
nur die deutsche Sprache anwendbar ist, nachdem diese durch
das Gesetz vom 28. August 1876 (G. S. p. 380) als aus-
schließliche Geschäftssprache aller Behörden, Beamten und politischen Körperschaften festgestellt ist. Es ist nur hinsichtlich
des schriftlichen Verkehrs freigelassen worden, in bringlichen
Fällen auch schriftliche, von Privatpersonen ausgehende Eingaben, welche in fremder Sprache abgefaßt sind, zu berücksichtigen; dieselben sind indeß, wenn von dieser Freilassung

*) Instr. vom 25. Mai 1835 § 5.
**) ibidem § 6 und 7.

nicht Gebrauch gemacht wird, mit dem Anheimgeben zurück=
zugeben, sie in deutscher Sprache wieder vorzulegen.*)

§ 73. Ressort des Plenum des Magistrats.

Es ist eine Reihe von Geschäftssachen ausschließlich durch
Plenarbeschluß des Collegiums zu erledigen, welches nur unter
dem Vorsitze des Magistratsdirigenten oder in Krankheits=,
Abwesenheits= und sonstigen Behinderungsfällen desselben unter
dem Vorsitze seines Stellvertreters zusammentreten und be=
schließen darf. Die Plenarbeschlüsse müssen im versammelten
Collegium unter der Voraussetzung, daß es beschlußfähig ist,
durch Stimmenmehrheit unter Ausschluß der Abstimmung
mittelst Stimmzettel gefaßt werden. Zu diesem Zwecke sind
die Sitzungen angeordnet, zu welchen sich die Mitglieder des
Collegium zur bestimmten Stunde einzufinden haben, falls
nicht etwa Verhinderungen vorliegen, welche sie dem Magi=
stratsdirigenten unter Anführung der Gründe entweder schrift=
lich oder mündlich anzuzeigen haben. Die Sitzungen sind
entweder regelmäßige, welche an den ein für allemal durch
den Dirigenten bestimmten Wochentagen zur festgesetzten Zeit
stattfinden, oder außerordentliche, welche er, wenn es die Um=
stände erheischen, besonders zu berufen, und zu welchen er die
Mitglieder des Collegium unter Andeutung des Zwecks der
Zusammenkunft, wenn dieser keine besondere Geheimhaltung
erfordert, vorzuladen hat. Was nun die Plenarberathungen
und Beschlüsse anlangt, so sind folgende Punkte zu berück=
sichtigen.

I. **Gegenstände**, welche vor das Plenum gehören, sind:
a. diejenigen Geschäftssachen, welche dem Magistrate nach
   den näheren Bestimmungen der Städteordnung — cfr
   oben § 66 — besonders überwiesen sind.**)

---

*) Ges. vom 28. August 1876 § 1 und 2.
**) O. St. O. § 56.

b. Diejenigen Vermögensangelegenheiten, über welche die Stadtverordneten ihr Gutachten, Erklärung oder Genehmigung abzugeben haben.

c. Die Anstellung aller zur Communalverwaltung erforderlichen besoldeten und unbesoldeten Unterbeamten unter Beobachtung der über diesen Gegenstand ergangenen besonderen Verordnungen, sowie die Annahme zeitweiser Hülfsarbeiter gegen diätarische Remuneration.

d. Die Ausübung aller der Stadtgemeinde in kirchlichen Angelegenheiten zustehenden Patronats= und Ehrenrechte, insbesondere die damit verbundenen Anstellungen der Geistlichen und sonstigen Kirchenbedienten, sowie die Besetzung der Lehrerstellen an den Schulanstalten.

e. Die Ertheilung von Dienst=Instructionen für die Mitglieder des Collegium und die Unterbeamten, sowie für die städtischen Verwaltungsdeputationen und Commissionen und deren Beamten. Alle diese Instructionen dürfen jedoch den bestehenden Vorschriften nicht widersprechen und müssen, soweit sie den formellen Geschäftsgang betreffen, die Zustimmung des Magistratsdirigenten erhalten.*)

Außerdem sind im Plenum alle diejenigen Sachen zum Vortrage bezw. zum Beschlusse zu bringen, welche entweder vom Dirigenten dazu bestimmt werden, oder bei welchen die Decernenten erhebliche Bedenken haben, oder welche diese letzteren wegen besonderer Wichtigkeit zur Kenntniß des Collegium zu bringen wünschen. Diese letztberegten Sachen können nur von dem ernannten Decernenten zum Vortrage gebracht werden. Glaubt ein Mitglied, daß eine nicht zu seinem Ressort gehörige Sache einer Berathung im pleno bedarf, so muß dasselbe den Dirigenten darauf aufmerksam

---

*) Instr. vom 25. Mai 1835 § 3.

machen. Dem Letzteren bleibt es dann überlassen, eine schriftliche Anzeige zu erfordern.

Früher gehörte zu den Plenarbeschlußsachen auch noch
die Disciplin über die besoldeten und unbesoldeten Unterbeamten des Collegium und der Verwaltungsdeputationen
und Commissionen, sowie die entsprechende Straffestsetzung.
Die desfallsige Bestimmung der Instruction vom 20. Juni
1835 § 3 sub d ist indeß durch den § 58 der Städteordnung vom 30. Mai 1853 obsolet geworden, da dort für den
Zweck der Erhaltung der nöthigen Disciplin dem Bürgermeister das Recht zugewiesen ist, allen Gemeindebeamten
Geldbußen bis zu 9 Mark und außerdem den unteren Beamten Arreststrafen bis zu 3 Tagen aufzuerlegen.

II. Gang der Verhandlungen. Der Dirigent leitet den
Vortrag im Collegium und beginnt zunächst mit den eiligen
Sachen. Es folgen dann diejenigen der übrigen Decernenten,
in der Regel nach dem Dienstalter der Mitglieder. Sehr
eilige und besonders wichtige Gegenstände müssen nach dem
Ermessen des Dirigenten vorzugsweise zum Vortrage gelangen.
Nach Beendigung des Vortrags giebt der Decernent zuerst
feine Stimme ab, sodann der etwa ernannte Codecernent. Das
Collegium wird für zustimmend angesehen, wenn keine widersprechende Meinung laut wird. Im entgegengesetzten Falle
müssen die Widersprechenden mit ihren Meinungen gehört
werden. Der Dirigent bestimmt erforderlichen Falles die
Reihenfolge der Sprecher und hat dafür insbesondere Sorge
zu tragen, daß einerseits der Sprechende in vollständiger Auseinandersetzung seiner Ansicht nicht unterbrochen, andererseits
aber unnütze und ermüdende Abschweifungen vermieden, und
fremdartige Gegenstände nicht eingemischt werden. Nach Anhörung der verschiedenen Meinungen stellt er die Streitfragen
zur Abstimmung fest; er hat hierbei die ihm dieserhalb etwa
gemachten Bemerkungen zu berücksichtigen und verfügt sodann

die Abstimmung. Er sammelt die Stimmen von unten herauf
nach dem Dienstalter der Mitglieder, zählt hierauf die Stimmen und spricht dann in Maßgabe der Mehrheit derselben
den Beschluß des Collegium aus. Bei Gleichheit der Stimmen entscheidet diejenige des Dirigenten. Letzterem liegt insbesondere die Pflicht ob, darauf zu halten, daß die Debatten
mit Gründlichkeit, Ordnung, Ruhe und Leidenschaftslosigkeit
geführt werden. Die Mitglieder haben seinen betreffenden
Anordnungen Folge zu leisten. Sollten seine Ermahnungen
ohne Erfolg bleiben, so ist er befugt, die Discussion des betreffenden Gegenstandes gänzlich abzubrechen und dessen weitere
Erörterung zur nächsten Sitzung zu verlegen. Auch ist er
berechtigt, nach Bewandniß der Umstände die ganze Sitzung
auf einige Zeit zu sistiren oder dieselbe gänzlich zu schließen.
In solchen Fällen muß aber der Dirigent eine den Hergang
der Sache darstellende Verhandlung aufnehmen, dieselbe von
mindestens zwei Mitgliedern, welche seiner diesbezüglichen Aufforderung nachkommen müssen, unterzeichnen lassen und sie
sodann dem Regierungspräsidenten übersenden.*)

Sollte das Collegium nur in geringer Anzahl versam-
melt sein, so hat der Dirigent bei wichtigen Angelegenheiten,
wenn es die Umstände gestatten, die Berathung bis zur nächsten Sitzung zu vertagen und darauf hinzuwirken, daß an
derselben das Collegium möglichst vollständig Theil nehme.

III. Abfassung der Plenarbeschlüsse. Dieselbe liegt dem
Decernenten ob und erfolgt in der Regel erst nach beendigter
Sitzung. Nur Beschlüsse von Wichtigkeit, oder solche Beschlüsse, bei denen es auf eine besondere Verantwortlichkeit
der einzelnen Mitglieder ankommt, müssen auf Verlangen der
Majorität oder nach dem besonderen Ermessen des Dirigenten
niedergeschrieben werden. Es ist dann in der aufzunehmen-

---

*) Inst. v. 25. Mai 1835 § 10.

den Verhandlung, für welche der Dirigent den Concipienten ernennt, die Zahl der Anwesenden sowie in Verantwortungsfällen die Stimmen, welche dafür und dawider abgegeben sind, namentlich zu verzeichnen; es muß ferner die Verhandlung dem Collegium zur Genehmigung der Richtigkeit des Befundes vorgelesen und zur Beglaubigung sowohl von dem Dirigenten, als auch dem Decernenten und noch einem andern durch den Dirigenten zu bestimmenden Mitgliede unterschrieben werden. Die desfallsige Verhandlung wird demnächst den betreffenden Acten beigefügt.*)

IV. Verlesung und Feststellung der Concepte. Eingaben, welche an den König, die Königlichen Prinzen und an die vorgesetzten Behörden gerichtet werden, ferner Schreiben an die Stadverordnetenversammlung, sowie wichtige Ausarbeitungen müssen auf Verlangen des Collegium oder des Decernenten, bezw. nach Befinden des Dirigenten vollständig nach zuvoriger Revision des Dirigenten im Plenum des Magistrats verlesen werden, und sind hierbei die etwa bei der Revision entstandenen, noch nicht erledigten Bedenken zu erörtern. Diese Verlesung soll indeß nichts in der Verpflichtung und Befugniß des Decernenten und des Dirigenten ändern, auf eine vollständige, passende und schickliche Fassung bedacht zu sein. Was insbesondere die an die vorgesetzten Behörden zu richtenden Eingaben und Berichte anlangt, so ist für den Fall, daß widersprechende Ansichten der Magistratsmitglieder in Frage stehen, Folgendes zu beobachten. Die Minorität kann, selbst wenn sie nur aus Einem Mitgliede besteht, nach ihrer Auswahl verlangen, entweder daß ihre bei der Berathung aufgestellten Gründe in derjenigen Fassung, welche das von der Minorität dazu ausersehene Mitglied vorlegt, in den Bericht aufgenommen werden, wenn hin-

*) Inst. v. 25. Mai 1835 § 11.

ſichtlich der Schicklichkeit Nichts dagegen zu erinnern iſt, oder daß, wenn die Minorität ihr Separatvotum vollſtändig zu den Acten gebracht hat, dieſes Umſtandes in dem Berichte erwähnt, und dabei der vorgeſetzten Behörde die eventuelle Einforderung anheim gegeben werde. Im Falle der erſten Alternative iſt das Concept dem von der Minorität auserſehenen Mitgliede zur Mitzeichnung vorzulegen.*)

Schließlich iſt noch hervorzuheben, daß der Dirigent hinſichtlich aller Sachen, welche in den Sitzungen vorgetragen werden, einen betreffenden Vermerk in dem Journale zu machen angewieſen iſt.**)

V. Behandlung ſehr ſchleuniger Vortragsſachen. Liegen dieſelben vor, ſo muß der Decernent nöthigenfalls mit dem Dirigenten die etwaigen Schritte ungeſäumt berathen. Der Letztere iſt dann befugt, die dringendſten Verfügungen ſofort zu erlaſſen, muß aber in der nächſten Sitzung dem Collegium über die bereits geſchehenen Verfügungen Bericht erſtatten und die Ergänzung derſelben, ſoweit dieſe noch erforderlich iſt, veranlaſſen.

§ 74. Durch Verfügung ohne Plenarbeſchluß zu erledigende Sachen.

Die nach Ausſcheidung der Plenarbeſchlußſachen verbleibenden Geſchäfte werden, ſolange die Aufſichtsbehörde nicht eine andere Beſtimmung trifft, durch Verfügung ohne zuvorigen Vortrag erledigt. In Bezug hierauf ſind folgende Grundſätze maßgebend:

I. Gegenſtände. Zu den Verfügungsſachen gehören:
a. alle bloß einleitende und vorbereitende Maßnahmen;

---

*) Inſt. v. 25. Mai 1835 § 19.
**) ibidem § 8.

b. alle Sachen, welche in der laufenden Verwaltung ihren
   angewiesenen Gang haben;

c. die unerheblichen Gegenstände;

d. alle Angelegenheiten, rücksichtlich deren die Entscheidung
   auf unzweifelhaften und ausdrücklichen Bestimmungen
   beruht.*)

II. Form der Verfügungen. Die Form, in welcher die
einzelnen Verfügungen erlassen werden, ist eine verschieden=
artige je nach der Eigenschaft der mit denselben zu versehen=
den Sachen. In dieser Beziehung ist Folgendes zu beachten:

a. Diejenigen Sachen, in welchen von Unterbehörden oder
   Personen bloß Auskunft erfordert wird, sind, soweit es
   thunlich ist, mit einem bloßen Vermerke auf der betref=
   fenden Journal=Nummer zu versehen und dann den
   Auskunftfordernden vorzulegen (sog. Verfügungen brevi
   manu).

b. Die übrigen Verfügungen des Magistrats, welche an die
   Bittsteller oder an die Unterbehörden gelangen, werden
   in der Regel durch Abschriften der Decrete erlassen,
   welche in Gemäßheit der von Seiten des Dirigenten zu
   treffenden Einrichtung entweder, ebenso wie Ausfer=
   tigungen, vollzogen oder von einem dazu bestimmten Be=
   amten nur beglaubigt werden.

c. Diejenigen Verfügungen, welche sich zu der sub b be=
   regten Form nicht eignen, insbesondere die an die Be=
   hörden zu richtenden Schreiben müssen im Concepte ent=
   worfen und dann förmlich ausgefertigt werden.**) In
   Berichtsform müssen diejenigen Schreiben abgefaßt wer=
   den, welche an die vorgesetzten Behörden, und somit auch
   an den Landrath in den Fällen abgehen, in welchen dem

---

*) Inst. v 25. Mai 1835 § 8.
**) ibidem § 12.

Letzteren ein Aufsichtsrecht über die städtischen Angelegen-heiten zusteht[1]).

III. Unterzeichnung der Verfügungen. Auch in Bezug hierauf treten Verschiedenheiten hervor, und zwar nach fol-gender Richtung hin:

a. Alle bloß einleitende und vorbereitende Decrete an die Bureaux und die Beamten des Collegium, sowie die zur Expedition bestimmten Decrete werden in der Regel von dem Decernenten allein unterzeichnet. Der Dirigent kann sich indeß deren Revision und Mitzeichnung vor-behalten. Er ist dazu verpflichtet, wenn er wegen be-sonderer persönlicher Verhältnisse Veranlassung zu haben meint.[2])

b. Alle übrigen Verfügungen, insbesondere alle Concepte, werden zunächst von dem Decernenten vollzogen, gelangen dann an den etwa ernannten Codecernenten zur Mit-unterzeichnung und werden schließlich dem Dirigenten zur Revision vorgelegt.

Trägt der Codecernent hinsichtlich der Form der Verfügung Bedenken, seine Unterschrift zu geben, so muß er diese durch mündliche Rücksprache mit dem Decernen-ten oder durch Einwirkung des Dirigenten zu beseitigen suchen. Letzterer entscheidet sodann event. über solche Be-denken. Ist der Codecernent dagegen mit dem Inhalte der Verfügung in materieller Beziehung nicht einver-standen, so steht es ihm frei, eine Verständigung mit dem Decernenten zu suchen, oder die Sache zum nochmaligen Vortrage im Collegium zu befördern.[3])

---

[1]) M. R. v. 31. Mai 1841 (M. Bl. p. 161) u. v. 29. Dec. 1841 (M. Bl. 1842 p. 4).

[2]) Inst. v. 25. Mai 1835 § 13.

[3]) ibidem § 13, Abs. 2 u. 3.

IV. Revision der Verfügungen. Die Revision der Decrete und Concepte steht dem Dirigenten zu, sie darf sich indeß nur auf Anordnung in Form und Fassung beschränken, weil ihm die Pflicht obliegt, darauf besonders zu sehen, daß Beides passend und schicklich ist.

Ist der Dirigent dagegen mit der Fassung in materieller Beziehung nicht einverstanden, so muß er die betreffende Verfügung mit seinen Bemerkungen dem Decernenten zurückgeben und kann auch zur weiteren Prüfung der Sache einen oder mehrere Codecernenten ernennen. Erfolgt dann keine Einigung, so muß die Sache im Collegium vorgetragen werden, durch dessen Beschluß die Fassung endgültig festgestellt wird. Der Dirigent darf sich nicht weigern, das beschlußgemäß gefaßte Concept zu vollziehen, abgesehen selbstverständlich von dem Falle, wenn er auf Grund des § 15 des Zust. Ges. vom 1. Aug. 1883 einen Beschluß des Collegium, welcher dessen Befugniß überschreitet oder die Gesetze verletzt, zu beanstanden hat.

In allen Fällen, in welchen nach Vorstehendem die Mitunterschrift des Dirigenten erforderlich ist, dürfen ohne dieselbe Beschlüsse oder Verfügungen des Collegium weder in Reinschrift, noch weniger zur Ausführung gebracht werden.*)

§ 75. Ausfertigung und Insinuation der Verfügungen und Beschlüsse.

I. Ausfertigung. Die Reinschrift der vollzogenen Decrete und Concepte wird durch die Magistratscanzlei ausgefertigt, wenn nicht etwa der Bürgermeister in Gemäßheit seiner Anstellungsbedingungen verpflichtet ist, für eigene Rechnung die Anfertigung der Abschriften und der Reinschriften zu beschaffen. Letztere werden am Schlusse mit der üblichen Firma

*) Inst. v. 25. Mai 1835 § 14.

des Magistrats versehen[1]) und demnächst von dem Bürger=
meister oder dessen Stellvertreter unterzeichnet. Die Rein=
schriften derjenigen Concepte, durch deren Inhalt Verpflich=
tungen der Stadtgemeinde übernommen werden, müssen noch
von einem anderen Magistratsmitgliede mitunterschrieben wer=
den. Die Bestimmung der Instruction vom 25. Mai 1835
§ 7, nach welcher die Reinschriften der Concepte, insbesondere
der Bürgerbriefe, in der Regel von drei Mitgliedern des Col=
legium, einschließlich des Dirigenten, unterzeichnet werden
sollen, ist durch den § 56 sub 8 der Städteordnung vom
30. Mai 1853 aufgehoben, nach welchem für die Namens der
Stadtgemeinde ausgefertigten, eine Verpflichtung nicht ent=
haltenden Urkunden die alleinige Unterschrift des Bürger=
meisters bezw. seines Stellvertreters genügt.[2]) Den Rein=
schriften der nach den Beschlüssen des Collegium auszufer=
tigenden Verfügung dürfen Vota der einzelnen Mitglieder,
selbst nicht dasjenige des Dirigenten, beigefügt werden.[3]) In
welcher Weise die Minorität des Collegium ihre abstimmige
Ansicht zum Ausdrucke bringen kann, ist oben im § 73 sub IV
dargestellt.

II. Insinuation. Die Insinuation derjenigen Verfügungen
und Beschlüsse, welche an Behörden, Corporationen oder Pri=
vatpersonen gelangen sollen, erfolgt innerhalb des Stadtbezirks
in der Regel durch Behändigung Seitens der Gemeindeunter=
beamten event. durch Aufgabe zur Post, dagegen an auswär=
tige Adressaten durch Vermittlung der Post. Es kann indeß
die Insinuation an einen auswärts wohnenden Hausbesitzer,
welcher zu den Gemeindelasten heranzuziehen ist, durch Ab=
gabe in dessen im Stadtbezirke belegenen Hause geschehen,

---

[1]) Inst. v. 25. Mai 1835 § 16.

[2]) ibidem § 17.

[3]) ibidem § 19.

wenn er es nicht etwa vorzieht, dem Magistrate eine innerhalb des Stadtbezirks wohnende Persönlichkeit namhaft zu
machen, welche zur Entgegennahme der betreffenden Verfügungen ermächtigt ist. Die Städteordnungen haben eine Verpflichtung der auswärts wohnenden Hausbesitzer zur Bestellung
eines solchen Vertreters nicht angeordnet; es ist aber die Bestellung zu empfehlen, weil in dem Falle, wenn ein Hausbesitzer einer in seinem Hause abgegebenen Aufforderung zu
Gemeindeleistungen, Einquartirung rc. nicht rechtzeitig nachkommt, solche Leistungen auf seine Kosten zu beschaffen sind.

III. **Postsendungen.** Hinsichtlich des durch dieselben erwachsenden Portos sind folgende Grundsätze zu beachten:

1. Portofreiheit. Den Magistraten hat früher, namentlich in den Provinzen Posen und Westphalen, in der Rheinprovinz, sowie in dem Regierungsbezirke Marienwerder eine
weitgehende Portofreiheit zugestanden. Erst in dem Ministerialerlasse vom 11. Juli 1854 (M.Bl. p. 238) ist dieselbe
für sämmtliche Communalbehörden der Preußischen Monarchie
einheitlich festgestellt, indem sie dort auf diejenigen Fälle eingeschränkt worden ist, in welchen solche Behörden — wie in
Polizei-, Militär- und Staatssteuersachen — als Organ der
Staatsgewalt eintreten, oder in welchen es sich um Gegenstände handelt, welche das Oberaufsichtsrecht des Staates über
die Communalverwaltung betreffen. Es hat demnächst das
Reichsgesetz vom 5. Juni 1869 (R.G.Bl. p. 141) die meisten
der bis dahin bestandenen Portofreiheiten aufgehoben, die bei
Bestand gelassenen dagegen gesetzlich neugeregelt. Danach ist
die Portofreiheit, soweit die Communalverwaltungen in Frage
kommen, jetzt beschränkt*):

a. Auf reine Reichsdienstangelegenheiten, und zwar nur für
diejenigen Sendungen, welche an eine Reichsbehörde oder

---

*) Regulativ des Generalpostamts vom 15. December 1869
(M. Bl. p. 26 u. ff.).

Steffenhagen, Handbuch. II. Bd.

an den Reichstag gerichtet werden und hinsichtlich des Gewichts den von der Reichspostverwaltung erlassenen Bestimmungen entsprechen. Die Sendung ist mit amtlichem Siegel oder Stempel zu verschließen und auf der Adresse mit dem Vermerke „Postsache", „Telegraphensache" bezw. „Reichsdienstsache" zu versehen.

b. Auf alle Bundesrathssachen, sowie alle Militär= und Marineangelegenheiten, als reine Reichsdienstsachen. Der Portofreiheitsvermerk ist „Militaria" bezw. „Marinesache".

Mit Rücksicht darauf, daß den Gemeinden die früher in sonstigen Staatsangelegenheiten gleichfalls gewährte Portofreiheit durch das Reichsgesetz vom 5. Juni 1869 entzogen worden, hat das Ministerialrescript vom 20. Dec. 1869 (M.Bl. 1860 p. 4) erklärt, daß es nicht beabsichtigt worden sei, den Gemeinden die Verpflichtung zur Tragung des Portos in solchen Angelegenheiten aufzuerlegen, in welchen sie lediglich als Organe des Staates ohne Entschädigung zu handeln haben, wie z. B. in den statistischen, Wahl= oder ähnlichen Angelegenheiten. Es ist vielmehr für Fälle dieser Art die unfrankirte Absendung der Berichte an die betreffenden Staatsbehörden unter dem Rubrum „portopflichtige Dienstsache" nachgelassen. Die unfrankirte Absendung ist dagegen nicht gestattet in Sachen der Veranlagung und Erhebung der Staatssteuern, weil die Gemeinden für deren Besorgung einen Antheil an dem Ertrage beziehen, und ferner nicht in polizeilichen Angelegenheiten, wenn den Gemeinden die Ortspolizei zusteht, und diese somit auf die polizeilichen Nutzungen Anspruch haben.

2. Portopflichtige Correspondenz zwischen Behörden verschiedener deutscher Bundesstaaten. Hierfür normiren die folgenden in der Bekanntmachung des Reichskanzlers vom 29. August 1870 (R.G.Bl. p. 514) aufgestellten Grundsätze:

a. Portopflichtige Sendungen sind stets von der absenden=
   den Behörde zu frankiren.

b. Bei Correspondenz zwischen Behörden in Partheisachen
   hat die absendende Stelle das Porto auch in solchen
   Fällen zu entrichten, in welchen die Pflicht zur Porto=
   zahlung einer im Gebiete der empfangenden Stelle be=
   findlichen Parthei obliegt.

c. Die empfangende Stelle ist zwar befugt, den Portobetrag
   von der Parthei einzuziehen; jedoch soll von einer Er=
   stattung desselben an die absendende Behörde des anderen
   Staates bis auf Weiteres Abstand genommen werden.

3. Unfrankirte Sendung der Königlichen Be=
hörden in Staatsdienstangelegenheiten. In Gemäß=
heit des für die Correspondenz zwischen Staats= und Ge=
meindebehörden geltenden allgemeinen Grundsatzes, wonach
diejenige Behörde, in deren Interesse die Sendung erfolgt,
das Porto zu tragen hat, weist die Instruction vom 22. De=
cember 1869 (M.Bl. p. 3) darauf hin, daß bei allen Post=
sendungen, welche von einer Königlichen Behörde nicht an eine
solche, sondern an andere Empfänger abgelassen werden, je=
desmal sorgfältig zu prüfen ist, ob dieselben ausschließlich im
Staatsinteresse erfolgen oder nicht, und erklärt, daß im letze=
ren Falle die betreffende Sendung unfrankirt abzuschicken ist.
Der § 2 jener Instruction rechnet dazu auch die Sendungen
an Communalbehörden, welche deren Angelegenheiten betreffen.

4. Portopflichtige Correspondenz der städtischen
Gemeinden unter einander. Es ist auf Anregung des
Magistrats in Berlin im Jahre 1876 zwischen einem Theile
der preußischen Städte eine Vereinbarung abgeschlossen, nach
welcher stets die absendende Behörde die Correspondenz zu
frankiren hat, und das Porto Seitens der empfangenden nicht
zu erstatten ist. Nachdem sich bereits im Jahre 1878 circa
450 Preußische Städte zu einer solchen Vereinbarung ver=

2*

bunden hatten, wurde in dem Ministerialrescripte vom 27. Oc=
tober 1878 (M. Bl. p. 245) sämmtlichen Gemeinden der
Monarchie, sowohl den städtischen als den ländlichen, empfoh=
len, jenem Cartelle beizutreten oder doch zu beschließen, den
beregten Grundsatz der Frankirung bei ihrer Correspondenz
mit anderen Gemeinden thatsächlich in Anwendung zu bringen.
Die qu. Vereinbarung ist im Jahre 1877 auch noch auf die
Correspondenz zwischen den Magisträten und den Königlichen
Standesämtern ausgedehnt.

§ 76. Wirkungskreis der Magistratsmitglieder.

Der Wirkungskreis soll für ein jedes Mitglied möglichst
bestimmt und abgegrenzt sein, und zwar für die besoldeten
Mitglieder unter besonderer Beobachtung der Gleichheit unter
einander und unter Berücksichtigung der ihnen überhaupt und
insbesondere durch Theilnahme an den Deputationen oblie=
genden Arbeiten, für die unbesoldeten auch mit billiger Rück=
sichtnahme ihrer bürgerlichen und sonstigen Verhältnisse. Der
besondere Wirkungskreis des Beigeordneten, des Syndicus,
des Kämmerers, des Schulraths und des Bauraths ist bereits
oben in § 56 sub IV und § 67, Schlußsatz zur Darstellung
gelangt.

Jedes Mitglied ist in dem ihm zugewiesenen Geschäfts=
kreise möglichst frei und selbstständig zu wirken befugt. Er
muß denselben mit Wärme und innerer Theilnahme auf=
fassen, mit Umsicht behandeln, fern von Leidenschaft und per=
sönlichen Rücksichten. Er soll sich aber nicht bloß auf die
zugeschriebenen Sachen beschränken, sondern aus eigenem An=
triebe sich in fortwährender Kenntniß der zu seinem Ressort
gehörigen Verwaltungsgegenstände halten, auch die darin an=
geordneten Verfügungen in ihrer Ausführung verfolgen, da,

wo dieselbe stockt, forthelfen und die Säumigen erinnern. Deshalb sind auch die Mitglieder verpflichtet, die Geschäfts= führung der unter ihnen arbeitenden Beamten zu beobachten, sie zurechtzuweisen und sie nöthigenfalls dem Dirigenten zur Bestrafung anzuzeigen.

Der Wirkungskreis erstreckt sich auch auf die Theilnahme an den Sitzungen, welche kein Mitglied ohne Entschuldigung verabsäumen darf. Auch die unbesoldeten Mitglieder müssen stets den Vorträgen des Collegium beiwohnen und sollen successive, besonders wenn sie es wünschen, bei den verschie= denen Deputationen beschäftigt werden, damit sie Gelegenheit erhalten, sich mit den verschiedenen Zweigen der Communal= Verwaltung bekannt zu machen. Die unbesoldeten Mitglieder sind auch auf Grund der Anweisung zur Ausführung des Gesetzes vom 18. Juli 1881, betreffend die Abänderung der Gewerbeordnung (M. Bl. p. 136) verbunden, als Commissare der Innungen zu fungiren und müssen ferner bei außer= ordentlichen Geschäften, z. B. bei den Stadtverordnetenwahlen als Mitglied des Wahlvorstandes, zutreten. Nur in dem Falle, wenn die Uebernahme des Amtes eines Innungscom= missars mit ihren gewerblichen Verhältnissen nicht vereinbar oder für dieselben zu störend sein sollte, müssen sie von dieser Uebernahme entbunden werden.

Der Dirigent ist vor Allem nicht allein für einen schnel= len und ununterbrochenen Betrieb, sondern auch für eine gründliche und vorschriftsmäßige Bearbeitung der ihm über= wiesenen Gegenstände (cfr. § 77), sowie für eine anständige und schickliche Fassung der von ihm angeordneten Verfügung zunächst und vollständig verantwortlich. Er wird von dieser principalen Verantwortlichkeit auch durch den Beitritt des Collegium bei dem gehaltenen Vortrage niemals befreit. Er haftet ferner für eine vollständige, richtige und actenmäßige Darstellung des Sachverhältnisses, für den weiteren Betrieb

der Sache und für eine zweckentsprechende und ordnungs=
mäßige Ausführung der Beschlüsse.

Die Codecernenten können, wenn sie es für nothwendig
erachten, ihr schriftliches Votum über den Gegenstand, für
welchen sie ernannt sind, abgeben; sie müssen solches Votum
beibringen, wenn es vom Dirigenten verlangt wird. Sie
haben darauf besonders zu achten, daß kein factischer Irrthum
bei der Sache obwalte, daß die Verfügungen den bestehenden
Gesetzen und Vorschriften nicht entgegenlaufen, daß die Aus=
fertigung der Vortragssache dem Beschlusse des Collegiums
gemäß, ferner an sich schicklich, klar und bestimmt abgefaßt
und mit den nöthigen Gründen unterstützt, sowie endlich, daß
keine Sache ohne Vortrag abgemacht werde, welche dazu hätte
gelangen müssen.

Schließlich ist noch in Bezug auf alle Mitglieder des
Collegium hervorzuheben, daß dasjenige Mitglied, welches
im Collegium überstimmt ist, den betreffenden Beschluß nicht
vertreten darf, wenn es sein Votum schriftlich unter Anfüh=
rung der Gründe zu den Acten gegeben oder sich bei der über
einen Beschluß aufgenommenen Verhandlung für dissentirend
erklärt hat. Der Decernent und jedes Mitglied, welches die
Sache zur Mitunterzeichnung und Revision erhält, kann sol=
ches abweichende Separatvotum der betreffenden Verfügung
gleich beilegen, während jedes andere Mitglied dasselbe an
den Dirigenten einzureichen hat.*)

§ 77. Ressort des Bürgermeisters.

Die Verantwortlichkeit des Bürgermeisters ist, ebenso wie
seine Thätigkeit in der Verwaltung, eine so umfangreiche und
vielseitige, daß sie überall in dem ganzen Verwaltungsbetriebe
in den Vordergrund tritt. Beide Beziehungen mußten des=

---

*) Inst. v. 25. Mai 1835 § 19.

halb in der bisherigen Darstellung schon mehrfach berührt werden. Der Uebersichtlichkeit wegen soll hier nun das Ressort desselben folgen, wie solches in dem § 20 der Instruction vom 25. Mai 1835 dargestellt ist. Danach ressortiren von ihm:

I. Leitung des formellen Geschäftsganges beim Collegium. Er trifft, soweit es nicht schon in den § 71—76 berührt worden, die zu dieser Leitung, sowie die zur Regelmäßigkeit, zum ununterbrochenen Fortgange und zur Controle des Geschäftsganges nöthigen Anordnungen und ertheilt die hiezu erforderlichen Instructionen.

II. Vertheilung der Geschäfte unter das Collegium. Diese muß derart erfolgen, daß jede Sache in der Regel von dem gewöhnlichen Decernenten bearbeitet wird. Auch sich selbst darf er, soweit es ihm die Direction des ganzen Verwaltungswesens und die ihm etwa aufgetragenen besonderen Geschäfte gestatten, hierbei nicht übergehen. Zu seiner ausschließlichen Bearbeitung gehören diejenigen Gegenstände, welche die Versetzung sowie die Entlassung der Magistratsmitglieder und der städtischen Unterbeamten betreffen, insoweit beides der Beschlußfassung des Collegium unterliegt. Er hat ferner sowohl der Zahl als der Person nach die Mitglieder aus dem Collegium zu den bestehenden Verwaltungsdeputationen und Commissionen, zu den ihm nöthig scheinenden vorbereitenden Verathungen sowie zur Besorgung einzelner Geschäfte ohne Mitwirkung des Collegium zu ernennen und, wenn es ihm nöthig erscheint, abzuberufen.

III. Aeußere Direction im Collegium. Es liegt ihm die Pflicht ob, für äußere Ordnung, Anstand und Würde in den Versammlungen, in dessen Verfahren und in dessen geschäftlichem Verkehre Sorge zu tragen.

IV. Sachliche Direction. Er muß auf das Innere der Sachen eingehen, auf vollständige Erörterung der Gegenstände

bedacht sein, hinhaltende Verfügungen verhüten, für baldige
Bescheide sorgen, und überhaupt darauf achten, daß ein reges
Leben in der Verwaltung herrsche, daß die dem Magistrate
obliegende materielle Leitung der Verwaltung die nöthige
Einheit und den erforderlichen Zusammenhang erhalte, daß
dem Besten der Commune gemäß alle Gegenstände, welche die
Kenntniß der Stadtverordneten und deren Mitwirkung nach
der Städteordnung erheischen, der Stadtverordnetenversammlung
vorgelegt werden, und der letzteren nichts davon entzogen
werde.

Er muß auch die städtischen Communalanstalten von
Zeit zu Zeit revidiren und darauf halten, daß sie ihrem
Zwecke entsprechend verwaltet werden. Eingeschlichenen Miß-
bräuchen und kund gewordenen Mängeln hat er, soweit sie
im bloßen Geschäftsgange liegen, unter Zuziehung der betreffenden Beamten selbst abzuhelfen; dagegen, soweit sie das
Materielle der Gegenstände betreffen, bei den competenten Deputationen und erforderlichenfalls bei dem Collegium selbst
zur Sprache zu bringen und auf Abstellung hinzuwirken.

V. Aufsicht über die Deputationen und Commissionen.
Er muß sich um die Geschäftsführung derselben genau be-
kümmern und dieselbe revidiren. Er hat in dieser Beziehung
gleiche Befugnisse und Verpflichtungen, wie sie ihm vorstehend
sub IV hinsichtlich der Revision der Communalangelegenheiten
zustehen. Zu diesem Zwecke muß er auch den Sitzungen derjenigen Deputationen, welchen er nicht unmittelbar selbst vor-
steht, von Zeit zu Zeit und erforderlichenfalls auf längere
Zeit beiwohnen. Er ist dann befugt, überall, auch in den
Sitzungen der vorübergehenden Deputationen, bei den zu bloßen Berathungen angesetzten Verhandlungen und insbesondere
in den Sitzungen der Schuldeputation*) den Vorsitz zu über-

---

*) M. R. vom 31. October 1878.

nehmen, mitzustimmen und anzuordnen, welche Sachen in seiner
Gegenwart zum Vortrage gebracht werden sollen.

VI. **Oberaufsicht über das Kassen- und Rechnungswesen.**
Diese Oberaufsicht erstreckt sich auf sämmtliche städtische
Caffen und das gesammte Rechnungswesen, insbesondere auch
auf das Cämmerei-Depositorium und die Caffen der unter
dem Magistrate stehenden Institute. Er ist zu dem Zwecke
befugt, extraordinäre Caffenrevisionen für seine Person zu veranlassen und muß dafür Sorge tragen, daß jede unter der
Aufsicht des Magistrats stehende Caffe sowohl monatlich or-
dinär, als jährlich mindestens einmal extraordinär revi-
dirt wird.

VII. **Die Verbindlichkeiten des Magistrats und der Commune.** Er hat seine Aufmerksamkeit darauf zu richten, daß
solchen Verbindlichkeiten, welche dem Staate und deffen Behörden gegenüber bestehen, gebührend genügt werde. Ihm
steht insbesondere das Recht zu, Beschlüsse des Magistrats,
welche deffen Befugnisse überschreiten, gesetz- oder rechtswidrig
sind, das Staatswohl oder das Gemeindeinteresse verletzen,
zu beanstanden. — Vergl. das Nähere hierüber in § 67
sub IV. —

VIII. **Oberaufsicht über die Amts- und Berufsthätigkeit
der Mitglieder und Unterbeamten des Collegium.** Während
die Mitglieder desselben die Verpflichtung haben, die Geschäftsführung der unter ihnen arbeitenden Beamten zu beobachten
und sie event. zurechtzuweisen, so liegt dem Bürgermeister insbesondere ob, sämmtliche Unterbeamten sowie die Mitglieder des
Collegium selbst in Bezug auf Genügung ihrer amtlichen Verpflichtungen zu beaufsichtigen. Etwaige Beschwerden über
deren Aufführung gehören zunächst zu seinem Ressort, nicht
zu demjenigen des Collegium.

Wenn seine Erinnerungen, Ermahnungen und ernstliche
Zurechtweisungen fruchtlos bleiben, so muß er, wenn es Mit-

glieder des Collegium betrifft, dem Regierungspräsidenten Anzeige machen, welcher die nöthigen Strafverfügungen und in den dazu geeigneten Fällen die Amtssuspension und Einleitung der Untersuchung zu veranlassen hat. In Betreff der Unterbeamten steht nur dem Bürgermeister das zur Erhaltung der nöthigen Disciplin im § 58 der St. O. vom 30. Mai 1853 gewährte Ordnungsstrafrecht zu. — cfr. § 67 sub III. —

In Fällen, wo Gefahr im Verzuge oder die Verdunkelung eines Vergehens zu befürchten ist, kann der Bürgermeister noch vor der Suspension eines Communalbeamten die vorläufige Entbindung von den Geschäften ganz oder theilweise sofort verfügen; er muß aber dem Magistrate hiervon schleunigst Anzeige und gleichzeitig die nöthigen Anträge wegen Einleitung der Suspension machen.

IX. Ertheilung des Urlaubs. Er ist befugt, den Unterbeamten des Collegiums bis auf 4 Wochen Urlaub zu ertheilen, während ein längerer bei dem Collegium nachzusuchen ist. Die für die Beurlaubung der Magistratsmitglieder maßgebenden Grundsätze sind bereits oben in § 64 dargelegt.

Der Dirigent hat bei Gewährung solcher Gesuche dafür zu sorgen, daß die zu Reisen beurlaubten Mitglieder und Unterbeamten des Collegium ihrer Verpflichtung gemäß sämmtliche in die magistratualischen und in die Deputationsgeschäfte einschlagenden, in ihrem Gewahrsam befindlichen Acten in die Registratur abliefern und für den Fall, daß dies nicht geschieht, anzuordnen, daß die Acten durch einen mit den nöthigen Instructionen zu versehenden Beamten, nöthigenfalls auf executivischem Wege herbeigeschafft werden.

X. Führung von Disciplinaracten und Aufbewahrung geheim zu haltender Acten. Er hat über Alles, was die ihm zustehende Disciplin über die Mitglieder und Beamten des Collegium betrifft, besondere Acten zu führen und diese ebenso wie alle Acten, welche sich auf die höheren Orts ihm

persönlich gemachten Aufträge oder auf die eine besondere
Geheimhaltung erfordernden Angelegenheiten beziehen, im Rathhause unter seinem besonderen Verschlusse aufzubewahren. Die
früher in der Civilverwaltung üblich gewesenen geheimen
Conduitenlisten sind durch den Allerhöchsten Erlaß vom
31. Juli 1848 (G.S. p. 200) gänzlich abgeschafft.

Im Allgemeinen ist noch hervorzuheben, daß in dem
Falle, wenn dem Dirigenten noch besondere Verpflichtungen
wegen der Expeditionen, der Registraturgeschäfte, der Reinschriften ꝛc. auferlegt werden sollten, das Nähere hierüber
unter Bestätigung Seitens des Regierungspräsidenten in der
Bestallung festgesetzt werden muß. Es ist ferner in der Instruction vom 25. Mai 1835 als leitender Grundsatz besonders betont, daß der Bürgermeister bei Ausübung der ihm
verliehenen Rechte und Pflichten Billigkeit und Schonung mit
Kraft und Energie vereinigen muß und ebenso wenig den
Vorwurf übertriebener Strenge als unzeitiger Nachsicht auf
sich laden darf. Etwaige Beschwerden, welche die Ueberschreitung seiner Amtsbefugnisse und seiner Dienstführung veranlassen, gehören niemals zum Ressort des Magistratscollegium, sondern zu dem der ihm vorgesetzten Behörden, und
zwar zunächst zu demjenigen des Regierungspräsidenten
(in den Kreisordnungsprovinzen) bezw. der Regierung (in
Posen).

XI. Errichtung von Testamenten. Der Bürgermeister
bezw. der Beigeordnete sind auf Grund der Cabinetsordre vom
21. Januar 1833 befugt, unter Zuziehung zweier Magistratsmitglieder oder eines Magistratsmitglieds und einer anderen
Person, welche entweder der Stadtsecretär, ein vereideter Ge-
richtsschreiber, Rechtsanwalt, Notar oder Prediger sein kann,
in denjenigen Städten, an denen ein Richter nicht wohnt, oder
dort, wo nur ein Richter vorhanden ist, in Abwesenheit derselben rechtsgültig Testamente an- und aufzunehmen, und

find nach geschehener Aufnahme verpflichtet, das Testament un=
verzüglich dem competenten Richter persönlich zu behändigen.

XII. Besorgung speciell überwiesener Geschäfte. Dem
Bürgermeister liegt in dem Falle, wenn nicht etwa ein an=
deres Magistratsmitglied mit Genehmigung des Regierungs=
präsidenten damit beauftragt wird, die Besorgung nachfolgen=
der Geschäfte ob:

a. die Handhabung der Ortspolizei,
b. die Verrichtung eines Hülfsbeamten der Staatsanwalt=
schaft,
c. die Verrichtungen eines Anwalts,
d. die Erledigung aller örtlichen Geschäfte der Kreis=, Be=
zirks=, Provinzial= und allgemeinen Staatsverwaltung,
insbesondere auch die Verwaltung des Standesamts.

Das Nähere soll in den folgenden §§ zur Darstellung
gelangen.

§ 78. Die Verwaltung der Ortspolizei.

Während die Polizeigewalt, deren Thätigkeit sich in Ge=
mäßheit des A. L. R. Th. II Tit. 17, § 10 auf Erhaltung
der öffentlichen Sicherheit, Ruhe und Ordnung, sowie auf
Abwendung der dem Publikum oder einzelnen Mitgliedern
desselben bevorstehenden Gefahren richtet, ein Ausfluß der
Staatsgewalt ist und zu den Hoheitsrechten des Staates zählt,
tritt uns die Ortspolizei als ein delegirtes Hoheitsrecht ent=
gegen. Diese ist in der ganzen Preußischen Monarchie mit
Ausschluß der Provinz Hannover*) Einzelbeamten übertragen
und wird an allen Orten nicht im Auftrage der Gemeinden,
sondern im Namen des Königs ausgeübt. Es ist vorzugsweise
der Bürgermeister, welchem die Handhabung der Ortspolizei

---

*) H. St. O. § 71, nach welchem der Magistrat die Polizei
versieht.

obliegt, und welcher zur Besorgung der polizeilichen Geschäfte verpflichtet ist, falls nicht der Regierungspräsident ein anderes Magistratsmitglied damit betraut, oder falls nicht der Minister des Innern besonderen Staatsbeamten die örtliche Polizeiverwaltung überträgt. Im Einzelnen ist in Bezug auf die städtische Verwaltung das Nachstehende hervorzuheben:

I. **Wirkungskreis der Ortspolizei.** Dieselbe ist im Gegensatze zur allgemeinen Landespolizei, welche sich auf die Sicherheit und das Gemeinwohl des ganzen Staates oder ganzer Landestheile erstreckt und den Landespolizeibehörden überwiesen ist, nur auf die lokalen Interessen der politischen Gemeinden begrenzt. Innerhalb ihres Wirkungskreises hat aber die mit ihr verbundene Gewalt eine derartige Kraft, daß jede Person, welche sich in dem betreffenden Ortspolizeibezirke aufhält oder daselbst ansässig ist, den polizeilichen Anordnungen Folge leisten muß*), und daß sich ihr Strafrecht auf alle innerhalb des Bezirks geschehenen Uebertretungen erstreckt.

II. **Verhältniß der Polizeiverwaltung zum Magistrate.** Wenn auch die örtliche Polizeiverwaltung im Namen des Königs ausgeübt, und die Funktionen von Einzelbeamten versehen werden, so ist doch die Thätigkeit derselben in mehrfacher Beziehung an die Mitwirkung des Magistrats gebunden, wie dies z. B. bei der Anstellung der Polizeibeamten, welche dem Magistrate zusteht, ferner in Bezug auf Erlaß von Ortspolizeiverordnungen, welche, abgesehen von den sicherheitspolizeilichen, der Zustimmung des Magistrats bedürfen, deutlich hervortritt. Die Polizeiverwaltung soll als eine für sich bestehende Behörde auch äußerlich in den von ihr zu erlassenden Verfügungen auftreten. Es sind deshalb alle ihre Schriftstücke mit „Po-

---

*) Gesetz über die Polizeiverwaltung vom 11. März 1850 (G. S. p. 265).

lizeiverwaltung" und mit dem „Namen und Charakter des Bürgermeisters" zu unterzeichnen. Dagegen ist die Ortspolizei-verwaltung nicht berechtigt, solche Schriftstücke mit der Form „Königliche Polizeiverwaltung" zu versehen, wenn die Orts-polizei dem Bürgermeister oder einem Gemeindebeamten über-tragen ist.*)

III. **Verhältniß zur Stadtverordnetenversammlung.** Auch hier bestehen Beziehungen, welche auf die Verwaltung nicht ohne Einfluß sind. Es soll hier nur daran erinnert werden, daß die Stadtverordneten in Bezug auf Anstellung der Po-lizeibeamten zu hören sind, daß ihre Zustimmung zu solchen Polizeiverordnungen, welche die landwirthschaftliche Polizei betreffen, erforderlich ist, und daß ihnen insbesondere in Bezug auf die sachlichen Kosten der örtlichen Polizeiverwaltung das Geldbewilligungsrecht zusteht. Die Gemeinden sind nämlich auf Grund des Gesetzes vom 11. März 1850 § 3 verpflichtet, alle sachlichen Kosten mit Ausnahme der Gehälter der von der Staatsregierung angestellten besonderen Staatsbeamten zu bestreiten. Zu diesen sachlichen Kosten gehören ohne Unter-schied, ob die Ortspolizei von Gemeinde- oder besonderen Staatsbeamten gehandhabt wird, und ob Bedürfnisse für das Beamtenpersonal, für das Bureau oder sonstige polizeilichen Anstalten in Frage stehen, insbesondere die folgenden, über welche in der Praxis Streit entstanden ist:

a. Die Dienstkleidung und Waffen zum Gebrauche (Rock, Hose, Halsbinde, Handschuhe, Stiefel, Paletot, Helm und Säbel mit Koppel und Trobbel) — O.V.G.E. Bb. XII, p. 38.

b. Die Fuhr- und Bureaukosten (Equipagen- und Pferde-gelder ꝛc.) — Obertribunalserkenntniß vom 28. März 1854 (Entsch. Bb. XXIX p. 207) und O.V.G.E. Bb. XII p. 38 ff.

---

*) M. R. vom 28. Januar 1853 (M. Bl. p. 46).

c. Die Kosten für die von den Beamten der Polizei benutzten, geheizten und beleuchteten Diensträume, dagegen nicht die Kosten der Unterhaltung der Dienstwohnungen, welche Königliche Beamte innehaben. Letztere fallen ebenso, wie die Gehälter und Pensionen*) derselben, dem Staate zur Last. — Obertribunalserkenntniß vom 7. September 1854 (Entsch. Bd. XXIX p. 213) und O.B.G.E. Bd. XII, p. 38 ff. —

d. Die für den Geschäftsbetrieb der Beamten erforderlichen Ausgaben, wie z. B. Schreibmaterialien, Journale, Register 2c. — M.R. vom 4. August 1856 (M.Bl. p. 204). —

e. Die Kosten der polizeilichen Anstalten z. B. Straßenbeleuchtung, Feuerlöschwesen, sanitätspolizeiliche Einrichtungen zur Untersuchung prostituirter Frauenzimmer 2c. — Obertribunalserkenntniß vom 11. November 1856 (Striethorst Archiv Bd. 23, p. 40). —

f. Die Kosten für Beschaffung, Verwaltung und Unterhaltung der Polizeigefängnisse. — Obertribunalserkenntniß vom 14. Juli 1859 (Striethorst Bd. 34, p. 224) —, sowie die Kosten der Verpflegung und Heilung der Polizeigefangenen. — M. R. vom 29. August 1860 (M. Bl. p. 173). —

Als Ersatz für diese Verpflichtung zur Tragung der sachlichen Kosten fließen dagegen alle Einnahmen der städtischen Polizeiverwaltung, insbesondere die eingehenden Strafgelder und Confiscate in die Stadtkasse, auch wenn besondere Staatsbeamten mit der Verwaltung beauftragt sind.**)

IV. Verhältniß zum Landrath. Die Verordnung vom 30. April 1815 (G.S. p. 85) enthält die Bestimmung, daß

---

*) Obertribunalserkenntniß vom 1. Mai 1871 (Entscheidung Bd. LVI, p. 1).

**) Gesetz vom 26. März 1856 (G. S. p. 225) § 2.

alle Ortschaften, welche in den Grenzen eines Kreises belegen sind, zu demselben gehören und der landräthlichen Aufsicht untergeordnet sind. Wenn nun auch die staatliche Oberaufsicht über die Communalverwaltung durch die Städteordnungen den Regierungen, bezw. durch den § 7 des Zuständigkeitsgesetzes vom 1. August 1883 den Regierungspräsidenten übertragen worden ist, so ist doch in den zur Ausführung der Städteordnungen erlassenen Instructionen vom 20. Juni 1853 Art. XVI, bezw. vom 9. Mai 1856 und vom 18. Juni 1857 der Grundsatz aufrecht erhalten, daß alle Städte, welche keine eigenen Kreise bilden, der Polizeiaufsicht des Landraths unterworfen bleiben sollen. Auch die Kreisordnungen*) haben diesen Grundsatz aufrechterhalten, indem dieselben dem Landrathe noch ausdrücklich die Ueberwachung der gesammten Polizeiverwaltung im Kreise und in dessen einzelnen Amtsbezirken, Gemeinden und Gutsbezirken überwiesen haben.**) Diese Ueberwachung erstreckt sich selbstverständlich auch auf die im Kreisverbande befindlichen Städte von über 10000 Einwohnern, welche in manchen Beziehungen eine vom Landrathe unabhängige Stellung durch die Gesetzgebung erlangt haben, dagegen nicht auf diejenigen Städte, welche für sich einen eigenen Kreis bilden.

V. **Verhältniß zum Regierungspräsidenten bezw. den Regierungen.** Diese Behörden sind der Polizeiverwaltung gegenüber die höheren staatlichen Aufsichtsbehörden. Das Gesetz vom 11. März 1850 enthält in Bezug auf dieses Verhältniß folgende Bestimmungen:

a. Die Ortspolizeibeamten sind verpflichtet, die ihnen von der vorgesetzten Staatsbehörde in Polizeiangelegenheiten ertheilten Anweisungen zur Ausführung zu bringen. (§ 1).

---

*) Kr. O. der östlichen Provinzen vom 13. Decemb. 1872 § 77 und die für die übrigen Provinzen erlassenen Kreisordnungen.

**) M. R. vom 15. März 1874 (M. Bl. p. 103).

b. Ueber die Einrichtungen, welche die örtliche Polizeiverwaltung erfordert, kann die Regierung (in den Kreisordnungsprovinzen der Regierungspräsident) besondere Vorschriften erlassen (§ 4, Abf. 1).

c. Die Ernennung aller Polizeibeamten, deren Anstellung den Gemeindebehörden zusteht, bedarf der Bestätigung der Staatsregierung (§ 4, Abf. 2), bezw. des Regierungspräsidenten in den Kreisordnungsprovinzen (Zust G. § 7).

Zu den sub. b beregten Einrichtungen gehören alle zur Durchführung des Zwecks der Polizei erforderlichen Anordnungen und Anstalten, z. B. Organisation des Betriebes und des verwaltenden Personals, Feuerlöschanstalten, Straßenbeleuchtung, Nachtwachtdienst, das polizeiliche Gefängnißwesen 2c. Zu den Polizeibeamten, deren Ernennung von der Bestätigung der Aufsichtsbehörde abhängt, rechnen alle im Polizeidienste beschäftigten Beamten, sowohl die beim inneren Dienste angestellten Bureaubeamten, als auch die Polizeiexecutivbeamten.

VI. Stellung des mit der Polizeiverwaltung beauftragten Magistratsmitgliedes zum Bürgermeister. Obgleich der Letztere der unmittelbare Vorgesetzte aller Magistratsmitglieder ist, so ist doch das mit der Polizeiverwaltung betraute Mitglied in seiner Eigenschaft als Polizeiverwalter der Aufsicht und der Disciplin des Bürgermeisters nicht unterworfen, vielmehr in Bezug auf die Ausübung seiner polizeilichen Funktionen von Letzterem völlig unabhängig. Der Bürgermeister ist auch nicht berechtigt, einem solchen Magistratsmitgliede in Bezug auf polizeiliche Angelegenheiten Anweisungen zu ertheilen, und Letzteres nicht verpflichtet, solchen etwaigen Anweisungen Folge zu leisten. Als Motiv für die Uebertragung der Polizeiverwaltung an Königliche Behörden und an ein Magistratsmitglied wird in den zur Städteordnung Art. XIV erlassenen

Ministerialinstructionen vom 20. Juni 1853 ꝛc. angegeben, daß dadurch der Aufsichtsbehörde ein Mittel an die Hand gegeben werde, geeignete andere Magistratspersonen außer dem Bürgermeister mit dem Amte, wenn dies durch das Bedürfnis bedingt und angemessen erscheint, zu betrauen.

VII. **Die Handhabung der Ortspolizei** ist in Folge der Deutschen Strafprozeßordnung § 453 durch das Gesetz vom 23. April 1883 (G. S. p. 65) hinsichtlich der Befugniß zur vorläufigen Straffestsetzung wegen polizeilicher Uebertretungen sowie zur Verhängung einer etwa verwirkten Einziehung neu= geregelt. Der Polizeiverwalter ist befugt, wegen der in sei= dem Bezirke verübten Uebertretungen die dafür zulässige Geld= strafe bis zum Betrage von 30 Mk. event. für den Unver= mögensfall zugleich eine Haftstrafe bis zu 3 Tagen festzusetzen und zu vollstrecken; er muß dagegen, wenn eine höhere Strafe für gerechtfertigt erachtet wird, die Verfolgung dem Amtsan= walte überlassen. Die polizeiliche Strafverfügung ist auch gegen Beschuldigte im Alter von 12 bis 18 Jahren zulässig, dagegen ausgeschlossen:

a. bei Uebertretungen, für deren Aburtheilung die Rhein= schiffahrtsgerichte, die Elbzollgerichte oder die Gewerbe= gerichte zuständig sind,

b. bei Uebertretungen der Vorschriften über die Erhebung öffentlicher Abgaben oder Gefälle,

c. bei Uebertretungen bergpolizeilicher Vorschriften.

Der Beschuldigte kann gegen die Strafverfügung binnen einer Woche nach der Bekanntmachung in Gemäßheit der Strafprozeßordnung auf gerichtliche Entscheidung antragen, bezw. der gesetzliche Vertreter, wenn der Beschuldigte im Alter von 12 bis 18 Jahren steht.

Die Strafverfügung muß außer der Festsetzung der Strafe die strafbare Handlung, Zeit und Ort derselben, die angewendete Strafvorschrift und die Beweismittel, sowie die

Caſſe bezeichnen, an welche die Geldſtrafe zu zahlen iſt; ſie muß ferner die Eröffnung enthalten:

a. daß der Beſchuldigte binnen einer Woche nach der Be- kanntmachung auf gerichtliche Entſcheidung antragen könne;

b. daß der Antrag entweder bei der Polizeibehörde, welche die Strafverfügung erlaſſen hat, oder bei dem zuſtändigen Amtsgerichte anzubringen ſei;

c. daß die Strafverfügung, falls innerhalb der einwöchigen Friſt ein Antrag auf gerichtliche Entſcheidung nicht er- folge, vollſtreckbar werde.

Die Behändigung der Strafverfügung an den Beſchul- digten muß durch einen öffentlichen Beamten erfolgen. Dieſes Verfahren iſt ſtempel- und gebührenfrei, nur die baaren Aus- lagen fallen dem Beſchuldigten zur Laſt, wenn die angedrohte Strafe endgültig gegen ihn feſtgeſetzt wird. Die Geldſtrafen und Conſiscate fließen zur Stadtcaſſe, falls nicht beſondere Vorſchriften oder vertragsmäßige Beſtimmungen beſtehen, nach welchen dieſelben einem anderen Berechtigten zufallen, wo- gegen die Gemeinde die durch Feſtſetzung und Vollſtreckung der Strafen entſtehenden, von dem Beſchuldigten nicht beizu- treibenden Koſten zu tragen hat.

Die Strafverfügung bleibt wirkungslos, wenn der Amts- anwalt vor der Behändigung derſelben eingeſchritten iſt. Nach geſchehener Vollſtreckung findet wegen derſelben Handlung eine fernere Anſchuldigung nicht ſtatt, es ſei denn, daß die Hand- lung keine Uebertretung iſt, ſondern ſich als ein Vergehen oder Verbrechen darſtellt, und daher die Polizeibehörde ihre Zuſtändigkeit überſchritten hat: In letzterem Falle iſt während des gerichtlichen Verfahrens die Vollſtreckung der Strafver- fügung einzuſtellen und tritt außer Kraft, wenn eine rechts- kräftige Verurtheilung wegen eines Vergehens oder eines Ver- brechens erfolgt.

3*

Eine Specialbestimmung besteht hinsichtlich der Militär-personen. Gegen dieselben dürfen nämlich die Polizeibehörden Strafen nur wegen solcher Uebertretungen festsetzen, zu deren Aburtheilung im gerichtlichen Verfahren die ordentlichen Gerichte zuständig sind, und kann eine Festsetzung von Haft für den Fall des Unvermögens durch die Polizeibehörde nicht er-folgen. .

VIII. Polizeiverordnungen, Polizeizwangsbefugnisse und Polizeiverordnungsrecht. Das Nähere ist bereits in den §§ 5 6 und 9 zur Darstellung gebracht. Es soll hier nur erwähnt werden, daß die Städteordnungen die Bestimmung enthalten, daß in Bezug der Befugniß der Stadtbehörden, ortspolizei-liche Verordnungen zu erlassen, die darauf bezüglichen Gesetze zur Anwendung kommen.

IX. Ueber die gegen polizeiliche Verfügungen zuläßigen Rechtsmittel vergl. Bd. I, § 9 p. 42.

X. Uebertragung der örtlichen Poizeiverwaltung an be-sondere Staatsbeamten. In dem § 2 des Gesetzes vom 11. März 1850 ist bestimmt, daß in denjenigen Gemeinden, iu welchen sich eine Bezirksregierung, ein Land-, Stadt- oder Kreisgericht befindet, ferner in Festungen und in Gemeinden von mehr als 10 000 Einwohnern die örtliche Polizeiver-waltung durch Beschluß des Ministers des Innern besonderen Staatsbeamten übertragen, und daß auch in anderen Ge-meinden aus dringenden Gründen dieselbe Einrichtung zeit-weise eingeführt werden kann. Wird von diesem Rechte Ge-brauch gemacht, so sind unter den besonderen Beamten, deren Gehälter die Regierung dann zu zahlen verbunden ist, alle diejenigen Beamten zu verstehen, welche zur Besorgung der Geschäfte der Polizeiverwaltung erforderlich sind.*)

---

*) Obertribunalserkenntniß vom 8. April 1861 (Entscheidung Bd. 45, p. 16).

§ 79. Die Handhabung der gerichtlichen Polizei und die Verwaltung der Amtsanwaltschaft.

Nicht bloß die örtliche Polizeiverwaltung, sondern auch die Verrichtung eines Hülfsbeamten der Staatsanwaltschaft sowie die Geschäfte der Amtsanwaltschaft können mit Genehmigung des Regierungspräsidenten in den Kreisordnungsprovinzen, bezw. der Regierung in den übrigen Provinzen einem anderen Magistratsmitgliede, als dem Bürgermeister, übertragen werden, und zwar jeder einzelne der vorberegten Geschäftszweige für sich und in seinem ganzen Umfange. Der Bürgermeister ist aber auf Erfordern verpflichtet, die obengenannten Verrichtungen und Geschäfte zu besorgen, wenn die Handhabung der Ortspolizei nicht besonderen Königlichen Staatsbeamten übertragen ist.

I. Die gerichtliche Polizei. Sie beruht auf dem Zwecke, der Staatsanwaltschaft in Bezug auf Verfolgung strafbarer Handlungen als Hülfsorgane zu dienen, insbesondere in Bezug auf solche Handlungen den örtlichen Befund derselben festzustellen, die unveränderte Erhaltung desselben zu sichern und alle hinsichtlich der Verfolgung des Thäters und der Feststellung des Thatbestandes keinen Aufschub gestattenden Anordnungen zu treffen. Das Institut der gerichtlichen Polizei ist durch den § 153 des Deutschen Gerichtsverfassungsgesetzes vom 27. Januar 1877 (R. G. Bl. p. 69) neu geregelt. Dieser § 153 bestimmt nämlich, daß die Beamten des Polizei- und Sicherheitsdienstes Hülfsbeamte der Staatsanwaltschaft sind und in dieser Eigenschaft verpflichtet sein sollen, den Anordnungen der Staatsanwälte bei dem Landgerichte ihres Bezirks und der diesen vorgesetzten Beamten Folge zu leisten, und hat die nähere Bezeichnung derjenigen Beamtenclassen, auf welche die vorberegte Bestimmung Anwendung finden soll, den Landesregierungen überlassen. In Preußen sind demzu-

folge durch den Ministerialerlaß vom 15. September 1879
(M. Bl. p. 265), bezw. durch das Regulativ vom 15. Fe=
bruar 1879 (M. Bl. p. 164) in Bezug auf städtische Ver=
hältnisse als Hülfsbeamte der Staatsanwaltschaft die nach=
stehenden Categorien von Gemeindebeamten bezeichnet worden:

a. bei den städtischen Polizeiverwaltungen, welche nicht be=
sonderen Königlichen Staatsbeamten übertragen sind,
der Bürgermeister oder das an dessen Stelle mit der
Führung der Polizeiverwaltung etwa beauftragte Magi=
stratsmitglied, ferner die Polizeiinspectoren und Polizei=
commissarien (nur in Schleswig=Holstein der Bürgermeister
bezw. der Gemeindevorsteher, der an deren Stelle beauf=
tragte Beamte und die Polizeicommissarien),

b. bei den städtischen Forstverwaltungen die als Forstschutz=
beamten angestellten Revierförster, Hegemeister, Förster,
Forstaufseher, Forsthülfsjäger, auf Forstanstellungsberech=
tigung dienende Waldwärter und diejenigen Forstpolizei=
sergeanten, welche einer der vorgenannten Categorien von
Forstschutzbeamten entnommen sind.*)

Die ministerielle Anordnung vom 15. September 1879
hat später durch den Ministerialerlaß vom 20. December
1879 (M. Bl. 1880 p. 28) insofern eine Beschränkung er=
fahren, als in den einen eigenen Stadtkreis für sich bildenden
Städten der Bürgermeister, bezw. das etwa ernannte Magi=
stratsmitglied zu den Hülfsbeamten nicht gerechnet werden
sollen, und als in den größeren Städten, welche einem Land=
kreisverbande angehören, die Polizeiverwalter ausnahmsweise
durch besondere Entscheidung von der Stellung eines solchen
Hülfsbeamten entbunden werden können.

Die mit der Handhabung der gerichtlichen Polizei be=
trauten Gemeindebeamten sind Organe des Staates und un=

---

*) Ministerialverfügung vom 2. Februar 1883 (J. M.Bl. p. 28).

terstehen als solche auch der Aufsicht und der Disciplin der ihnen vorgesetzten Staatsanwälte und Oberstaatsanwälte. Dem Oberstaatsanwalte ist insbesondere eine Ordnungsstraf=gewalt auch wider die Beamten der gerichtlichen Polizei ver=liehen; er ist befugt, gegen letztere, jedoch mit Ausschluß der=jenigen Beamten, welche ihr Amt als Ehrenamt versehen),* Warnungen, Verweise und Geldbußen bis zu 30 Mark zu verhängen),** jedoch auf Grund des M.R. vom 7. October 1879 (M.Bl. 1880 p. 2) erst dann, nachdem die den Hülfs=beamten im Hauptamte vorgesetzten Behörden vergeblich um Abhülfe ersucht worden sind. Der erste Staatsanwalt bei den Landgerichten ist befugt, Warnungen zu ertheilen, die ordnungswidrige Ausführung eines Amtsgeschäfts zu rügen und die Erledigung eines Amtsgeschäfts durch Ordnungs=strafen bis zum Gesammtbetrage von 100 Mark im Dienst=aufsichtswege nach zuvoriger Androhung zu erzwingen.

II. **Die Amtsanwaltschaft.** Dieselbe ist durch die §§ 142 und 143 des Deutschen Gerichtsverfassungsgesetzes vom 27. Januar 1877 eingeführt und an die Stelle der früheren Preußischen Polizeianwaltschaft getreten. Jene §§ bestimmen, daß bei jedem Gerichte eine Staatsanwaltschaft bestehen, und dieselbe bei den Amtsgerichten und Schöffengerichten durch einen oder mehrere Amtsanwälte ausgeübt werden soll. Der Amtsanwalt ist somit ein Organ des Staates und als solches der Dienstaufsicht und der Disciplin besonderer Staatsbeamten unterworfen. Es übt nämlich der bei dem Landgerichte an=gestellte erste Staatsanwalt die unmittelbare Dienstaufsicht über die Amtsanwälte seines Bezirks aus; er ist insbesondere befugt, Warnungen zu ertheilen, die ordnungswidrige Aus=

---

*) Ges. vom 9. April 1879 § 16.
**) Disciplinargesetz vom 21. Juli 1852 § 57.

führung eines Amtsgeschäfts zu rügen und die Erledigung eines Amtsgeschäfts nach zuvoriger Androhung durch Ordnungsstrafen bis zum Gesammtbetrage von 100 Mark im Dienstaufsichtswege zu erzwingen. Ferner steht dem Oberstaatsanwalte die Ordnungsstrafgewalt gegen die Amtsanwälte in der sub I geschilderten Weise, wie gegen die Beamten der gerichtlichen Polizei, zu.

Die Amtsanwälte werden stets auf Widerruf ernannt; es muß deshalb gegen die Auffassung verwahrt werden, daß das Amt derselben eo ipso mit demjenigen des Bürgermeisters verbunden ist. Die Ernennung der Amtsanwälte erfolgt entweder durch den Justizminister oder den Oberstaatsanwalt. Durch den Justizminister können die Amtsanwaltsgeschäfte einem Staatsanwalte, einem Gerichtsassessor, sofern derselbe nicht gleichzeitig mit richterlichen Geschäften in Strafsachen betraut wird, oder einem Referendar übertragen werden. Insofern eine solche Uebertragung nicht erfolgt, wird der Amtsanwalt durch den Oberstaatsanwalt nach Anhörung des Regierungspräsidenten ernannt. Die Bürgermeister, welche am Sitze eines Amtsgerichts wohnen, sind verpflichtet, die Geschäfte eines Amtsanwalts zu übernehmen, falls nicht die örtliche Polizeiverwaltung besonderen Königlichen Staatsbeamten übertragen ist. Wird von dem Magistrate eine andere geeignete und zur Uebernahme des Amts bereite Person in Vorschlag gebracht, so fällt die Verpflichtung des Bürgermeisters fort. Neben dem Bürgermeister ist auf Antrag des Magistrats eine von diesem vorgeschlagene geeignete Person zum Stellvertreter des Amtsanwalts zu bestellen. Ueber die Vertheilung der Geschäfte entscheidet der Bürgermeister. Die Kosten, welche aus der Führung der Amtsanwaltsgeschäfte erwachsen, fallen dem Staate zur Last. Der Bürgermeister sowie die von dem Magistrate vorgeschlagenen Personen, welche zu Amtsanwälten ernannt sind, erhalten für ihre

Mühewaltung sowie zur Deckung der sachlichen Kosten eine als Pauschquantum festzusetzende Entschädigung.[1])

Ist ein Magistratsmitglied statt des Bürgermeisters mit den Functionen eines Amtsanwalts versehen, so ist es in Bezug auf die Amtsanwaltsgeschäfte der Dienstaufsicht des Bürgermeisters selbstverständlich entzogen, da diese ausschließlich den ersten Staatsanwälten, deren dienstlichen Anweisungen die Amtsanwälte unbedingt Folge zu leisten haben, vorbehalten ist.

Der Amtsanwalt ist den Amtsgerichten gegenüber eine coordinirte Behörde. Die Amtsrichter sind insbesondere verpflichtet, richterliche Untersuchungshandlungen, welche der Amtsanwalt für erforderlich hält, auf dessen Antrag vorzunehmen, wenn die beantragte Handlung nach den Umständen des Falles gesetzlich zulässig ist.[2]) Die Beamten des Polizei- und Sicherheitsdienstes sind dagegen, wenn sie auch Hülfsbeamte der Staatsanwaltschaft sind, den Amtsanwälten nicht untergeordnet. Letztere sind indeß befugt, die Hülfsbeamten der gerichtlichen Polizei um Vornahme von Amtshandlungen zu ersuchen, und sind andererseits diese Hülfsbeamten, ebenso wie die Polizeibehörden, verpflichtet, solchem Ersuchen zu genügen.[3])

§ 80. Die Verwaltung des Standesamts.

Die Standesämter sind auf Grund des Gesetzes vom 6. Februar 1875 (R.G.Bl. p. 23 ff.) zur Beurkundung der Geburten, Heirathen und Sterbefälle bestimmt und müssen zu diesem Zwecke drei Standesregister: Geburts-, Heiraths- und

---

[1]) Ausführungsgesetz zum Gerichtsverfassungsgesetze v. 23. Februar 1879.

[2]) Deutsche Strafprozeßordnung § 160.

[3]) ibidem § 153 und 159.

Sterberegister, in welche die betreffenden Beurkundungen ein=
zutragen sind, in der gesetzlich vorgeschriebenen Weise führen.
In Bezug auf die Verwaltung der Städte kommt hier in Betracht:

I. **Bildung der Standesamtsbezirke.** Dieselbe erfolgt
durch den Oberpräsidenten, und zwar in der Art, daß die
Bezirke aus einer oder mehreren Gemeinden zusammengesetzt
oder größere Gemeinden in mehrere Bezirke getheilt werden
können, ohne daß es der Zustimmung der Gemeinde bedarf.
Es ist insbesondere auch zulässig, den Stadtbezirk sowie den
Bezirk einer benachbarten Landgemeinde oder von Theilen der=
selben zu einem Standesamtsbezirke zusammenzulegen.

II. **Bestellung der Standesbeamten.** Dieselben werden
vom Staate bestellt, und zwar für jeden Bezirk ein Standes=
beamter und mindestens ein Stellvertreter. Ueberschreitet der
Standesamtsbezirk den Stadtbezirk nicht, so ist der Bürger=
meister zur Uebernahme der Standesamtsgeschäfte verpflichtet,
falls dieselben nicht mit Genehmigung des Regierungsprä=
sidenten in den Kreisordnungsprovinzen (bezw. des Oberprä=
sidenten in Berlin und der Regierung in den übrigen Pro=
vinzen) einem andern Magistratsmitgliede,*) oder auf Antrag
des Bürgermeisters oder ohne denselben durch den Oberprä=
sidenten einem besonderen Beamten oder durch Gemeindebe=
schluß mit Genehmigung des Oberpräsidenten anderen Ge=
meindebeamten oder besonderen Standesbeamten widerruflich
übertragen werden.**) Die Ernennung der letzteren, welche
dadurch Gemeindebeamte werden, erfolgt durch den collegi=
alischen Magistrat bezw. den Bürgermeister unter Genehmigung
des Oberpräsidenten. Die durch den Oberpräsidenten erfolgte
Bestellung und Genehmigung zur Bestellung ist jederzeit
widerruflich. Die Ernennung der Stellvertreter erfolgt in

---

*) O. St. O. § 62, W. St. O. § 62, R. St. O. § 57, L. B. G. § 42.
**) Ges. vom 6. Februar 1875 § 4.

der gleichen Weise. Jedes Magistratsmitglied ist verpflichtet, das ihm von dem Bürgermeister übertragene Amt eines stellvertretenden Standesbeamten zu übernehmen, andererseits ist aber die Bestellung eines besonderen stellvertretenden Standesbeamten auch in dem Falle nicht ausgeschlossen, wenn der Bürgermeister oder ein anderes Magistratsmitglied die Standesamtsgeschäfte führt.*)

Wird ein Standesamtsbezirk aus dem Stadtbezirke und benachbarten Gemeinde= oder Gutsbezirken gebildet, so werden der Standesbeamte und dessen Stellvertreter stets von dem Oberpräsidenten bestellt, und sind in diesem Falle der Bürgermeister und andere Beamte gleichfalls verpflichtet, das Amt des Standesbeamten oder des Stellvertreters zu übernehmen.

Für den Fall vorübergehender Verhinderung oder gleichzeitiger Erledigung des Amtes des Standesbeamten und des Stellvertreters ist der Regierungspräsident, bezw. die Regierung ermächtigt, die einstweilige Beurkundung des Personenstandes einem benachbarten Standesbeamten oder Stellvertreter zu übertragen.

Geistlichen und andern Religionsdienern darf das Amt sowie die Stellvertretung desselben niemals übertragen werden.

III. Besoldung der Standesbeamten. Es steht ein Anspruch darauf zu:

a. Den von der Gemeinde bestellten Standesbeamten wider die Gemeinde,

b. den bei Bildung eines Standesamtsbezirks aus mehreren Gemeinde= bezw. Gutsbezirken bestellten Gemeindebeamten auch wider die zum Bezirke des Hauptamtes nicht gehörige Gemeinde, und zwar auf eine in allen Fällen als Pauschquantum festzusetzende Entschädigung. Die Festsetzung derselben erfolgt in den Stadtgemeinden durch

---

*) M. R. vom 28. December 1874 (M. Bl. 1875 p. 2).

die Stadtverordnetenversammlung, dagegen für die Land=
gemeinden durch den Kreisausschuß. Die Beschwerde
über die Festsetzung ist binnen zwei Wochen bei dem
Bezirksausschusse, welcher darüber endgültig beschließt,
anzubringen.*)

c. Den von der höheren Verwaltungsbehörde bestellten be=
sonderen Standesbeamten wider die Staatskasse.

IV. Die sachlichen Kosten. Diese fallen den Gemeinden
zur Last, jedoch mit Ausschluß der Register und der Formu=
lare zu den Registerauszügen, welche den Gemeinden von dem
Ministerium kostenfrei geliefert werden.

In den Standesamtsbezirken, welche aus mehreren Ge=
meinden gebildet sind, wird die den Standesbeamten oder den
Stellvertretern zu gewährende Entschädigung und der Betrag
der sachlichen Kosten auf die einzelnen betheiligten Gemeinden
nach dem Maßstabe ihrer Seelenzahl vertheilt. Den Ge=
meinden werden, wie überall hier, im Sinne des Gesetzes vom
6. Februar 1875 die außerhalb der Gemeinden stehenden
Gutsbezirke gleichgeachtet.

V. Die staatliche Aufsicht. Dieselbe steht hinsichtlich
der Amtsführung der Standesbeamten in erster Instanz dem
Regierungspräsidenten zu, in höherer Instanz dem Oberprä=
sidenten und dem Minister des Innern, dagegen in Berlin in
erster Instanz dem Oberpräsidenten und in höherer Instanz
dem Minister des Innern.**) Die Aufsichtsbehörde ist befugt,
gegen den Standesbeamten Warnungen, Verweise und Geld=
strafen zu verhängen; letztere dürfen jedoch für jeden einzelnen
Fall den Betrag von 100 Mark nicht übersteigen.

Eine Aufsicht steht ferner auch dem Gerichte erster
Instanz, in dessen Bezirke der Standesbeamte seinen Amtssitz

---

*) Zust. G. § 154, Abs. 3.
**) Zust. G. § 154, Abs. 1.

hat, insofern zu, als dasselbe in dem Falle, wenn der Standesbeamte die Vornahme einer Amtshandlung ablehnt, den Letzteren dazu auf Antrag der Betheiligten anweisen kann.

Das Verfahren und die Beschwerdeführung regelt sich nach den Vorschriften, welche in Sachen der nichtstreitigen Gerichtsbarkeit gelten.

VI. Besondere Strafbestimmungen.

a. Die Standesbeamten sind befugt, die zu Anzeigen oder sonstigen Handlungen auf Grund des Reichsgesetzes vom 6. Februar 1875 verpflichteten Personen hierzu durch Geldstrafen anzuhalten, welche für jeden einzelnen Fall den Betrag von 15 Mark nicht übersteigen dürfen.*)

b. Ein Standesbeamter, welcher unter Außerachtlassung der gesetzlichen Vorschriften eine Eheschließung vollzieht, wird mit Geldstrafe bis zu 600 Mark bestraft.**)

VII. Amtsgebühren.

a. Gebührenfrei sind:

α. Die Führung der Standesregister und die darauf bezüglichen Verhandlungen,

β. die Bescheinigungen des das Aufgebot anordnenden Standesbeamten darüber, daß und wann dasselbe vorschriftsmäßig erfolgt ist, und daß Ehehindernisse nicht zu seiner Kenntniß gekommen sind,

γ. die den Eheleuten über die erfolgte Eheschließung auszustellende Bescheinigung,

δ. die zum Zwecke der Taufe oder der Beerdigung ertheilten Bescheinigungen,

ε. die Einsicht der Register und die Ertheilung beglaubigter Auszüge im amtlichen Interesse und bei Unvermögen der Betheiligten.

---

*) Ges. vom 6. Februar 1875 § 68.
**) eodem § 69.

b. An Gebühren kommen in Ansatz:

α. Für Vorlegung der Register zur Einsicht, und zwar für jeden Jahrgang eine halbe Mark, für mehrere Jahrgänge zusammen höchstens ein und eine halbe Mark,

β. für die schriftliche Ermächtigung des zuständigen Standesbeamten, daß eine Eheschließung auch vor dem Standesbeamten eines anderen Ortes stattfinden darf, eine halbe Mark,

γ. für jeden beglaubigten Auszug aus den Registern mit Einschluß der Schreibgebühren eine halbe Mark. Bezieht sich der Auszug auf mehrere Eintragungen, und erfordert derselbe das Nachschlagen von mehr als einem Jahrgange der Register, so erhöht sich die Gebühr für jeden weiter nachzuschlagenden Jahrgang um je eine halbe Mark, jedoch zusammen auf nicht mehr als zwei Mark.

VIII. **Die zur Empfangnahme der Gebühren und Geldstrafen berechtigte Kasse.** Alle zur Hebung gelangenden Gebühren und Geldstrafen, insbesondere auch die gerichtlich gegen Standesbeamte, Anzeigepflichtige, Geistliche erkannten Strafen fließen der Stadtkasse zu, da dieselben allgemein den Gemeinden mit Rücksicht darauf, daß sie die sachlichen Kosten zu tragen haben, als Aequivalent zufallen sollen.*)

IX. **Beziehungen der Standesämter unter einander und zu anderen Behörden.** Es sind die Standesämter des Deutschen Reiches gegenseitig, sowie überhaupt die Gemeinde- und Ortspolizeibehörden verpflichtet, dem Ersuchen eines Standesbeamten Folge zu leisten.**)

---

*) Ges. vom 6. Februar 1875 § 70 und M. R. vom 30. Jun 1882 (M. Bl. p. 138).

**) Ausführungsverordnung vom 22. Juni 1875 (Centralblatt für das Deutsche Reich p. 390).

§ 81. Der Stadtausschuß als Verwaltungsgericht und Beschlußbehörde in Sachen der allgemeinen Landesverwaltung.

I. Einleitende Bemerkung. Die eine Unterabtheilung des Regierungsbezirks bildenden Kreise sind freilich auf Grund der Kreisordnungen gegen einander fest abgegrenzte und in sich abgeschlossene staatliche Verwaltungsbezirke, welche für sich je einen besonderen Communalverband zur Selbstverwaltung ihrer Angelegenheiten mit den Rechten einer Corporation bilden, und in welchen die Kreisausschüsse in erster Instanz als Verwaltungsgerichte und Beschlußbehörden in den Angelegenheiten der allgemeinen Landesverwaltung fungiren;*) es ist indeß den größeren Städten, welche mit Ausschluß der activen Militärpersonen eine Einwohnerzahl von mindestens 25000 Seelen (in den 6 östlichen Provinzen), bezw. 30000 Seelen (in der Provinz Westphalen) und 40000 Seelen (in der Rheinprovinz) haben, durch den § 4 der Kreisordnungen freigelassen, innerhalb des Kreises für sich einen eigenen Kreisverband, den sog. Stadtkreis, zu bilden und zu dem Zwecke aus dem bisherigen Kreisverbande, welchem sie angehören, auf ihren zuvorigen Antrag in Gemäßheit der Anordnung des Ministers des Innern auszuscheiden. Es kann auch durch landesherrliche Verordnung nach Anhörung des Provinziallandtages Städten von geringerer Einwohnerzahl auf Grund besonderer Verhältnisse das Ausscheiden aus dem bisherigen und die Bildung eines eigenen Kreisverbandes gestattet werden.**) In diesen ausgeschiedenen Stadtkreisen, welche sich somit nur auf den Bezirk der betreffenden Städte erstrecken, werden die in den Kreisen dem Landrathe, bezw. dem Kreistage und dem Kreisausschusse in Gemäßheit des L. V. G. obliegenden Ge-

---

*) Kr. §§ 1—3 und § 36.
**) Kr. O. § 4.

schäfte der allgemeinen Landesverwaltung, und zwar die des Kreisausschusses, soweit sich dieselben auf die Verwaltung der Kreiscommunalangelegenheiten beziehen, von den städtischen Behörden, wie die übrigen Stadtgemeindeangelegenheiten, nach Vorschrift der Städteordnungen wahrgenommen.[1]) An die Stelle des Kreisausschusses tritt in diesen Stadtkreisen in den gesetzlich festgestellten Fällen der Stadtausschuß.[2])

II. **Zusammensetzung des Stadtausschusses.** Derselbe besteht aus dem Bürgermeister, beziehungsweise dessen gesetzlichem Stellvertreter, als Vorsitzenden, und aus vier weiteren Mitgliedern, welche in den Städten mit collegialischem Gemeindevorstande von dem Magistrate aus der Zahl der Magistratspersonen für die Dauer ihres Hauptamtes, dagegen in den Städten ohne collegialischem Gemeindevorstand von der Stadtverordnetenversammlung aus der Zahl der Gemeindebürger auf die Dauer von 6 Jahren gewählt werden. Den Vorsitz führt der Bürgermeister, bezw. dessen gesetzlicher Vertreter. Bei Behinderung derselben wählt der Stadtausschuß aus seiner Mitte den Vorsitzenden, welcher jedoch als solcher der Bestätigung des Regierungspräsidenten (bezw. des Oberpräsidenten in Berlin) bedarf. Zur Bildung des Stadtausschusses ist es unbedingt erforderlich, daß der Vorsitzende oder doch mindestens ein Mitglied zum Richteramte oder zum höheren Verwaltungsdienste befähigt sein muß.[3])

Was die Wählbarkeit, Wahl, Einführung, Vereidigung und Entsetzung der vorberegten Gemeindebürger, als Stadtausschußmitglieder, anlangt, so kommen in dieser Beziehung nicht die für Stadtverordnete, sondern die für unbesoldete Magistratsmitglieder bestehenden gesetzlichen Bestimmungen

---

[1]) Kr. O. § 89.
[2]) L. V. G. § 4.
[3]) L. V. G. §§ 37—38.

zur Anwendung. Alle drei Jahre scheidet die Hälfte der gewählten Gemeindebürger aus und wird durch neue Wahlen ersetzt. Die Ausscheidenden müssen jedoch in allen Fällen bis zur Einführung der neu Gewählten in Thätigkeit bleiben; die das erste Mal Ausscheidenden werden durch das Loos bestimmt. Sie sind wieder wählbar. Für die im Laufe der Wahlperiode ausscheidenden Mitglieder haben Ersatzwahlen stattzufinden, und bleiben in solchem Falle die Ersatzmänner nur bis zum Ende desjenigen Zeitraums in Thätigkeit, für welchen die Ausgeschiedenen gewählt waren.*)

III. **Amtsentsetzung der Mitglieder des Stadtausschusses.** Bezüglich der Dienstvergehen und Amtsentsetzung der gewählten Mitglieder normiren die Bestimmungen des Gesetzes vom 21. Juli 1852, jedoch mit der Maßgabe, daß die Einleitung des Verfahrens und die Ernennung des Untersuchungscommissars durch den Regierungspräsidenten erfolgt, ferner, daß als entscheidende Disciplinarbehörde in erster Instanz der Bezirksausschuß, in zweiter Instanz das Plenum des Oberverwaltungsgerichts competent ist, und endlich, daß der Vertreter der Staatsanwaltschaft für die erste Instanz von dem Regierungspräsidenten, für die zweite Instanz von dem Minister des Innern ernannt wird.**)

IV. **Beschlußfähigkeit und Abstimmung des Stadtausschusses.** Zu derselben gehört die Anwesenheit von drei Mitgliedern mit Einschluß des Vorsitzenden. Selbstverständlich muß das ganze Collegium zusammenberufen werden; es ist dagegen nicht zulässig, daß der Vorsitzende sich nach Belieben die zur Beschlußfähigkeit erforderliche Zahl der Mitglieder auswählt. Die Beschlüsse werden nach Stimmenmehrheit gefaßt. Ist eine gerade Zahl von Mitgliedern anwesend, so

---

*) L. V. G. § 38.
**) L. V. G. § 39.

Steffenhagen, Handbuch. II. Bd.

nimmt das dem Lebensalter nach jüngste gewählte Mitglied
nur an der Berathung, dagegen nicht an der Abstimmung
Theil, wenn es nicht etwa zum Referenten bestellt wird. In
letzterem Falle steht nämlich diesem Mitgliede, wenn es auch
das jüngste ist, das Stimmrecht zu, während dann bei einer
geraden Zahl von Anwesenden das nächstfolgende jüngste
Mitglied für die Abstimmung ausscheiden muß.

V. Geschäftsgang und Verfahren. Der Vorsitzende be=
ruft das Collegium, leitet und beaufsichtigt den Geschäftsgang
und sorgt für die prompte Erledigung der Geschäfte. Er
bereitet die Beschlüsse des Ausschusses vor und trägt für deren
Ausführung Sorge. Er vertritt den Ausschuß nach außen,
verhandelt Namens desselben mit anderen Behörden und mit
Privatpersonen, führt den Schriftwechsel und zeichnet alle
Beschlüsse Namens des Ausschusses.*) Im Uebrigen normirt
das Geschäftsregulativ vom 28. Februar 1884 mit der Maß=
gabe, daß diese Behörde sich bei ihrer Unterschrift der Firma
„Stadtausschuß" zu bedienen hat.

Das Verfahren selbst ist entweder ein Verwaltungsstreit=
verfahren oder ein Verwaltungsbeschlußverfahren. Ersteres
tritt überall da ein, wo die Gesetze von der Entscheidung in
streitigen Verwaltungssachen, oder von der Erledigung der
Angelegenheit im Streitverfahren oder durch Endurtheil, oder
von der Klage bei dem Kreisausschusse, Bezirksausschusse,
Stadtausschusse oder einem Verwaltungsgerichte sprechen, so=
wie überall da, wo sonst dieses Verfahren gesetzlich vor=
geschrieben ist, während in allen übrigen Fällen das Verfahren
als Verwaltungsbeschlußverfahren zu benehmen ist.**) Die
Gesetzgebung hat sich darauf beschränkt, den namentlich bei
der Beschreitung der Rechtsmittelinstanz bemerkbar werdenden

---

*) L. V. G. § 55.
**) L. V. G. § 54.

und auch in manchen anderen Beziehungen hervortretenden
Unterschied dieser beiden Verfahren durch die oben hervorgehobenen äußeren Merkmale festzustellen, hat dagegen Abstand
davon genommen, dieselben begrifflich zu definiren. Der wesentliche sachliche Unterschied beider besteht darin, daß das
Verwaltungsstreitverfahren für alle diejenigen Sachen offen
steht, in denen ein auf die Bestimmungen des Verwaltungsrechts sich stützender und durch eine Verwaltungshandlung
verletzter Anspruch einer gemeindeangehörigen Person auf
Grund positiver Rechtssätze zu schützen ist, während das Beschlußverfahren überall da Platz greift, wo dem Verwaltungsgerichte in Bezug auf seine Beschlußfassung eine freiere Beurtheilung nach anderweitigen nützlichen und angemessenen
Grundsätzen gestattet ist, und ihm demzufolge für die Erwä-
gung im concreten Falle ein mehr oder minder weiter Spielraum gelassen wird. Der früher bestandene formelle Unterschied, nach welchem für die Beschlußsachen der Bezirksrath,
dagegen für die Streitsachen das Bezirksverwaltungsgericht
zuständig war, ist seit dem Landesverwaltungsgesetze vom
31. Juli 1883, durch welches die beiden vorgenannten, getrennt gewesenen Behörden in eine einzige Behörde, den Bezirksausschuß, aufgegangen sind, fortgefallen.

VI. Competenz des Stadtausschusses. Wenn auch derselbe in den einen Kreisverband bildenden Städten in Bezug
auf die Kreiscommunalangelegenheiten ganz an die Stelle des
Kreisausschusses tritt, so ist doch der Umfang der dem ersteren
zugewiesenen Geschäfte weit enger begrenzt, als derjenige des
Kreisausschusses. Es hat dies darin seinen Grund, daß die
Competenz für einen Theil der der Entscheidung und Beschlußfassung des Letzteren unterliegenden Angelegenheiten in Bezug
auf die Stadtgemeinden in Folge der verschiedenartigen Organisation, welche eine gleichmäßige Behandlung von Stadt
und Land nicht thunlich oder nicht geeignet erscheinen ließ,

4*

durch anderweitige Bestimmungen geregelt ist. Der Stadt=
ausschuß ist nun auf Grund des Zuständigkeitsgesetzes vom
1. August 1883 für nachstehende Gegenstände zuständig:

1. **Armenangelegenheiten** (Tit. VI):

a. Streitigkeiten zwischen Armenverbänden im schiedsrichter=
lichen oder sühneamtlichen Vermittelungsverfahren (§ 43
sub 1). — Beschlußsache. —

b. Antrag eines Armenverbandes gegen die zur Unterstützung
eines Hülfsbedürftigen verpflichteten Angehörigen (§ 43
sub 2). — Beschlußsache. —

2. **Wasserräumungssachen** (Tit. XII, A.): Erlaß
von Reglements (Regulativen) wegen Räumung von Gräben,
Bächen und Wasserläufen (§ 65). — Beschlußsache. —

3. **Stauwerkssachen** (Tit. XII, a):

a. Ernennung der sachverständigen Commissarien behufs
Festsetzung des Wasserstandes bei Stauwerken (§ 67,
Abs. 1). — Beschlußsache. —

b. Die durch die Commissarien beim Mangel rechtsverbind=
licher deutlicher Bestimmungen bewirkte Festsetzung des
Wasserstandes (§ 67, Abs. 2). — Verwaltungsstreit=
sache. —

c. Streitigkeiten darüber, ob die Höhe des Wasserstandes
in rechtsverbindlicher und deutlicher Weise bestimmt sei
(§ 67, Abs. 3). — Streitsache; es kann der Stadtaus=
schuß jedoch den Wasserstand, welcher bis zur rechts=
kräftigen Entscheidung innezuhalten ist, vorläufig durch
endgültigen Beschluß festsetzen.

4. **Vorfluthssachen** (Tit. XII, b), in welchen zunächst
das Beschlußverfahren eröffnet wird, und in welchen dann
gegen den Beschluß der Antrag auf mündliche Verhandlung
im Verwaltungsstreitverfahren stattfindet, jedoch mit Ausschluß
des Falles sub c, in welchem der Beschluß endgültig erfolgt,
und des Falles sub h, welcher zu den Streitsachen gehört:

a. Anträge auf Verschaffung von Vorfluth (§ 68 sub 1).
— Zunächst Beschlußsache. —

b. Anträge auf Mitbenutzung einer Entwässerungsanlage
und auf Abänderung eines Entwässerungsplans (§ 68
sub 2). — Zunächst Beschlußsache. —

c. Aufforderung zur Schiedsrichterwahl, Ernennung des
Obmannes, sowie der von den Betheiligten nicht recht-
zeitig gewählten Schiedsrichter und Ermächtigung des
Schiedsgerichts (§ 69). — Beschlußsache. —

d. Rechtmäßigkeit der Ablehnung des Schiedsrichteramts
(§ 70 sub 1). — Beschlußsache. —

e. Zurückweisung unzulässiger Schiedsrichter (§ 70 sub 2).
— Zunächst Beschlußsache. —

f. Festsetzung der Vergütung der Schiedsrichter (§ 70 sub 3).
— Zunächst Beschlußsache. —

g. Festsetzung der Vergütung der Commissarien (§ 70
sub 4). — Zunächst Beschlußsache. —

h. Anfechtung der schiedsrichterlichen Entscheidung (§ 71).
— Streitsache. —

5. Bewässerungs= und Entwässerungsanlagen=
sachen (Tit. XII, c):

a. Abfassung des Präclusionsbescheides (§ 74). — Beschluß=
sache. Gegen die Präclusion findet das Restitutions=
gesuch statt, worüber im Verwaltungsstreitverfahren zu
entscheiden ist.

b. Widersprüche gegen eine Bewässerungsanlage des Ufer=
besitzers (§ 75). — Streitsache. —

c. Anträge eines Uferbesitzers auf Einräumung oder Be=
schränkung von Rechten behufs Ausführung oder Er=
haltung von Bewässerungsanlagen (§ 76—80). —
Theils Beschluß=, theils Streitsache. — Es erfolgt nämlich

α. Beschluß über die Vorfrage, ob ein überwiegendes
Landesculturinteresse vorwalte;

β. Beschluß über Widersprüche gegen den von den Com=
missarien entworfenen Plan und über die Frist zu
seiner Ausführung. Gegen diesen Beschluß ist der
Antrag auf mündliche Verhandlung im Verwaltungs=
streitverfahren zulässig;

γ. Beschluß über die Ernennung der Commissarien und
Taxatoren;

δ. Endurtheil über Festsetzung der Entschädigung;

ε. Beschluß über den Antrag auf vorläufige Gestattung
der Anlage und die Höhe der zu erlegenden Caution.

6. **Wasserlösungssachen in Schleswig=Holstein.**
(Tit. XII, §§ 81 und 82):

a. Klagen gegen Anordnungen, Festsetzungen und Erkennt=
nisse der Wasserlösungscommissionen und der Schauungs=
männer (§ 81). — Streitsache. —

b. Klagen gegen Erkenntnisse der Wasserlösungscommissionen
und Schauungsmänner in Streitigkeiten der Betheiligten
unter einander über die ihnen aus dem Gesetze oder den
rechtlich bestehenden Regulativen zustehenden Rechte und
Pflichten (§ 82, Abf. 2). — Streitsache. —

c. Anträge auf Regulirungen, insbesondere über den Erlaß
von Regulativen, durch welche die Rechte und Pflichten
der an einer Wasserlösung Betheiligten bestimmt werden
sollen. (§ 82, Abf. 3). — Beschlußsache; gegen den
Beschluß findet Antrag auf mündliche Verhandlung im
Verwaltungsstreitverfahren statt.

7. **Wasserlösungssachen für Hannover:** (Tit. XII)
cfr. § 83 und 84.

8. **Wasserlösungssachen für Hessen=Nassau.** (Tit.
XII) cfr. § 86.

9. **Wassergenossenschaftssachen:** (Tit. XII) cfr. § 94.

a. Anträge zur Veräußerung von Immobilien und zur Auf=

nahme von Anleihen, durch welche der Schuldenstand vermehrt wird, Seitens der Genossenschaft.

b. Klagen gegen den Bescheid des Genossenschaftsvorstandes über Streitigkeiten, welche die Zugehörigkeit zur Genossenschaft, insbesondere die Verpflichtung zur Theilnahme an den Lasten betreffen, wenn es sich um Genossenschaften handelt, welche nicht unter der Aufsicht des Regierungspräsidenten stehen.

c. Beschlußfassung über die Gestattung von Vorarbeiten zur Vorbereitung einer öffentlichen Genossenschaft auf Grund und Boden dritter Personen. — cfr. 51, 53 und 71 des Wassergenossenschaftsgesetzes vom 1. April 1879 —

10. Fischereipolizeisachen: (Tit. XIV).

a. Aufsicht über die nach den §§ 9 und 10 des Fischereigesetzes vom 30. Mai 1874 gebildeten Genossenschaften — (§ 100) — Beschlußsache; gegen die betreffende Verfügung ist der Antrag auf mündliche Verhandlung im Verwaltungsstreitverfahren zulässig.

b. Klagen gegen den Bescheid des Genossenschaftsvorstandes über Streitigkeiten, welche die Verpflichtung zur Theilnahme an den Lasten der nach den §§ 9 und 10 a. a. O. gebildeten Genossenschaften oder das Recht zur Theilnahme an den Auskünften aus der gemeinschaftlichen Fischereinutzung betreffen. (§ 101). — Streitsache. —

11. Gewerbepolizeisachen (Tit. XVI, A): Anträge auf Genehmigung zur Errichtung oder Veränderung gewerblicher und concessionspflichtiger Anlagen der im § 109 des Zust.G. angegebenen Art und der etwa dem dortigen Verhältnisse nachträglich hinzugefügten Anlagen, für welche die Zuständigkeit des Stadtausschusses durch eine Königliche Verordnung ausgesprochen wird. (§ 109). — Beschlußsache. —

12. **Gewerbliche Concessionssachen** (Tit. XVI, B):

a. Anträge auf Ertheilung der Erlaubniß zum Betriebe der Gastwirthschaft oder Schankwirthschaft sowie zum Kleinhandel mit Branntwein oder Spiritus. (§ 114) — Beschlußsache, wenn kein Widerspruch erhoben wird von der Gemeindebehörde oder der Ortspolizeibehörde, welche zubor über Anträge auf Ertheilung der Erlaubniß zum Betriebe der Gastwirthschaft, zum Ausschänken von Branntwein oder von Wein, Bier oder anderen geistigen Getränken, sowie zum Kleinhandel mit Branntwein oder Spiritus zu hören sind. Gegen den versagenden Bescheß steht dem Antragsteller der Antrag auf mündliche Verhandlung im Verwaltungsstreitverfahren zu. Wird von der Gemeinde oder der Ortspolizeibehörde Widerspruch erhoben, so darf die Ertheilung der Erlaubniß nur auf Grund mündlicher Verhandlung im Verwaltungsstreitverfahren erfolgen.

b. Anträge auf Ertheilung der Erlaubniß zum Betriebe des Pfandleihgewerbes und zum Handel mit Giften (§ 114). — Beschlußsache —

c. Anträge auf Ertheilung der Erlaubniß an Personen, welche gewerbsmäßig in ihren Wirthschafts oder sonstigen Räumen Singspiele, Gesangs und declamatorische Vorträge, Schaustellungen von Personen oder theatralische Vorstellungen, ohne daß ein höheres Interesse der Kunst oder Wissenschaft dabei obwaltet, öffentlich veranstalten oder zu deren öffentlichen Veranstaltung ihre Räume benutzen lassen. (Reichsgewerbeordnung § 33a und Ges. vom 31. December 1883)*) — Beschlußsache —

d. Anträge auf Ertheilung der Erlaubniß zur Ausübung des Hausirgewerbes innerhalb eines gewissen Bezirks in

*) M. Bl. 1884 p. 7.

den Fällen, wo die Erlaubniß erforderlich ist. (Reichs=
gewerbeordnung § 42 b, Ges. vom 31. December 1883).
- — Beschlußsache —

13. Enteignungssachen (Tit. XXII): Entscheidung über
die Rechte, welche Wegebaupflichtigen in Bezug auf die Ent=
nahme von Materialien zum Wegebau einzuräumen sind, so=
wie über die desfalls zu gewährenden Entschädigungen. (§ 151)
— Beschlußsache. —

14. Strombausachen: (Ges. vom 20. August 1883):*)
Anträge auf Festsetzung der Höhe der in den §§ 3 und 8
leg. cit. in Folge von Anordnungen der Strombauverwaltung
zu gewährenden Entschädigungen.

VII. Kosten der Geschäftsverwaltung des Stadtausschusses.
Soweit diese Kosten durch die eigenen Einnahmen, sowie ins=
besondere durch die zur Hebung kommenden Gebühren, welche
als Pauschquantum von den Partheien auf Grund des von
den Ministern der Finanzen und des Innern aufgestellten
Tarifs für jede anhängig gewordene Verwaltungssache zu ent=
richten sind, nicht gedeckt werden, sind sie auf Grund der
bezüglichen Bestimmungen der verschiedenen Kreisordnungen
von der Stadtgemeinde zu tragen.

§ 82. Der Magistrat in den einem Landkreise angehörenden
Städten mit mehr als 10000 Einwohnern, als Landes=
Verwaltungsbehörde an Stelle des Kreisausschusses.

In dem § 4 des L.V.G. vom 30. Juli 1883 ist an=
geordnet, daß in den durch die Gesetze vorgesehenen Fällen
zur Mitwirkung bei den Geschäften der allgemeinen Landes=
verwaltung in den einem Landkreise angehörigen Städten mit
mehr als 10000 Einwohner der collegialisch zusammengesetzte

*) G. S. 1883 p. 333.

Magiſtrat, event. dort, wo der Bürgermeiſter allein den Ge-
meindevorſtand bildet, der Bürgermeiſter und die Beigeordneten, als Collegium, an die Stelle des Kreisausſchuſſes treten
ſollen. Der Magiſtrat bezw. das letztberegte Collegium tritt
hier als Beſchlußbehörde hervor; er erlangt aber dadurch
keineswegs die Eigenſchaft und den Charakter eines Stadt-
ausſchuſſes, ſondern fungirt als locale Gemeindebehörde mit
der Verpflichtung, ſich zur Unterſchrift der Firma: „Magiſtrat" zu bedienen. Die in den Geſetzen vorgeſehenen Fälle,
in denen er in Funktion zu treten hat, ſind übrigens nur
vereinzelte. Es unterliegen ſeiner Beſchlußfaſſung nur:

a. Anträge auf Genehmigung zur Errichtung oder Veränderung gewerblicher und conceſſionspflichtiger Anlagen
   der im § 109 des Zuſt. G. angegebenen Art und der
   etwa dem dortigen Verzeichniſſe nachträglich hinzutretenden
   Anlagen, für welche die Zuſtändigkeit des Magiſtrats
   durch Königliche Verordnung anerkannt wird.*)

b. Anträge auf Ertheilung der Erlaubniß zum Betriebe
   der Gaſtwirthſchaft oder Schankwirthſchaft, zum Kleinhandel mit Branntwein oder Spiritus.**) Dem Be-
   ſchluſſe muß bei Anträgen auf Ertheilung der Erlaubniß
   zum Betriebe der Gaſtwirthſchaft, zum Ausſchänken von
   Branntwein oder von Wein, von Bier oder anderen gei-
   ſtigen Getränken, ſowie zum Kleinhandel mit Branntwein
   oder Spiritus die Anhörung der Ortspolizeibehörde vorhergehen. Erhebt dieſelbe Widerſpruch, ſo darf die Ertheilung der Erlaubniß nur auf Grund mündlicher Verhandlung im Verwaltungsſtreitverfahren erfolgen. Wird
   die Erlaubniß verſagt, ſo ſteht dem Antragſteller innerhalb zwei Wochen der Antrag auf mündliche Verhandlung im Verwaltungsſtreitverfahren zu.

*) Zuſt. G. § 109.
**) Zuſt. G. § 114.

c. Anträge auf Ertheilung der Erlaubniß zum Betriebe des Pfandleihgewerbes und zum Handel mit Giften.*)

d. Anträge auf Ertheilung der Erlaubniß an Personen, welche gewerbsmäßig in ihren Wirthschafts- oder sonstigen Räumen Singspiele, Gesangs- und declamatorische Vorträge, Schaustellungen von Personen oder theatralische Vorstellungen, ohne daß ein höheres Interesse der Kunst oder der Wissenschaft dabei obwaltet, öffentlich veranstalten oder zu deren öffentlichen Veranstaltungen ihre Räume benutzen lassen. (Reichsgewerbeordnung § 33a — cfr. Ges. vom 31. December 1883.)**)

e. Anträge auf Ertheilung der Erlaubniß zur Ausübung des Hausirgewerbes innerhalb eines gewissen Bezirks in den Fällen, wo die Erlaubniß erforderlich ist. (Reichsgewerbeordnung § 42b cfr. Ges. vom 31. December 1883.)

§ 83. Der Magistrat als Gewerbe-Schiedsbehörde und als Landesverwaltungsbehörde in Einquartierungs- und Bewässerungsanlagen.

I. **Gewerbe-Schiedsbehörde.** Auf Grund des § 120a der Reichsgewerbeordnung unterliegen Streitigkeiten der selbstständigen Gewerbetreibenden mit ihren Gesellen, Gehülfen oder Lehrlingen, welche auf den Antritt, die Fortsetzung oder Aufhebung des Arbeits- oder Lehrverhältnisses, oder auf die gegenseitigen Leistungen aus denselben, oder auf die Ertheilung oder den Inhalt der Arbeitsbücher oder Zeugnisse sich beziehen, überall der Entscheidung des Magistrats, wenn nicht besondere Behörden für diese Angelegenheiten bestehen oder eingerichtet

---

*) Zust. G. § 114.
**) Mr. Bl. 1884 p. 7.

werden. Die Entscheidung des Magistrats ist keine endgültige, es steht vielmehr den Partheien gegen dieselbe die Berufung auf den Rechtsweg binnen einer präclusivischen Frist von 10 Tagen offen. Diese Berufung hat auf die Vollstreckung der magistratlichen Entscheidung keinen Suspensiveffect, da der § 120a ausdrücklich bestimmt, daß die vorläufige Vollstreckung derselben durch die Berufung nicht aufgehalten werden kann. Die vorberegte Competenz hört auf, sobald besondere Behörden zur Entscheidung berufen werden. Dies kann namentlich geschehen:

a. Dadurch, daß auf Grund eines Ortsstatuts besondere Gewerbe-Schiedsgerichte, welche durch den Magistrat unter gleichmäßiger Zuziehung von Arbeitgebern und Arbeitnehmern zu bilden sind, mit der Entscheidung betraut, oder

b. dadurch, daß von den Innungen auf Grund der §§ 97, 100a, e, f, i — cfr. die Novelle vom 6. Juli 1887 (R. G. Bl. p. 281) — besondere Innungsschiedsgerichte gebildet werden.

II. **Verwaltungsbeschlußbehörde in Einquartierungssachen.** Es sollen in Gemäßheit des Gesetzes, betreffend die Quartierleistung für die bewaffnete Macht während des Friedenszustandes, vom 25. Juni 1868 § 6*) in allen mit einer Garnison belegten Ortschaften ohne Rücksicht auf ihre Größe Kataster, welche alle zur Einquartierung benutzbaren Gebäude unter Angabe ihrer Leistungsfähigkeit enthalten müssen, von dem Magistrate, bezw. der Servisdeputation alljährlich zum Zwecke der Vertheilung der Quartierleistungen aufgestellt werden. Die vorberegten Kataster sind während 14 Tagen nach zuvoriger ortsüblicher Bekanntmachung öffentlich auszulegen. Es steht dann sowohl der Militärbehörde, als auch

---

*) R. G. Bl. p. 523.

jedem interessirten Gemeindemitgliede frei, innerhalb einer präclusivischen Frist von 21 Tagen nach beendeter Offenlegung bei dem Magistrate Einwendungen gegen die Kataster anzubringen. Ueber diese Einwendungen hat nun auf Grund des § 51 des Zust.G. in erster Instanz der Magistrat, und im Falle einer binnen zwei Wochen zu erhebenden Beschwerde in zweiter Instanz der Bezirksausschuß zu beschließen. Der Beschluß des Letzteren ist endgültig.

Es soll übrigens hier darauf hingewiesen werden, daß die Aufstellung eines Katasters unterbleiben kann, wenn der Magistrat und die Stadtverordnetenversammlung dies übereinstimmend beschließen.

III. Landverwaltungsbehörde für Bewässerungsanlagen. In den einen besonderen Stadtkreis bildenden Städten ist der Magistrat auf Grund des § 79 des Zust.G. diejenige Behörde, welcher die Einziehung und Auszahlung oder Hinterlegung der in dem Verfahren bei Bewässerungsanlagen in Gemäßheit des Gesetzes vom 28. Februar 1843, bezw. des § 78 des Zust.G. von Seiten des Stadtausschusses festgestellten Entschädigungssumme obliegt.

§ 84. Das Waldschutzgericht.

Das Gesetz, betreffend die Schutzwaldungen und Waldgenossenschaften, vom 6. Juli 1875 (G.S. p. 416) verfolgt den Zweck, den Schutz der Waldungen durch Anordnung von Schutzmaßregeln zu erstreben, welche zur Abwendung der dem Lande durch die Beschaffenheit von Sandländereien, durch das Abschwemmen des Bodens oder durch die Bildung von Wasserstürzen, und insbesondere durch die Zerstörung eines Waldbestandes drohenden Gefahren erforderlich sind. Es kann zu dem Zwecke die Art der Benutzung der gefahrbringenden Grundstücke, sowie die Ausführung von Waldculturen oder

sonstigen Schutzanlagen auf Antrag der gefährdeten Inter=
essenten, der betroffenen Communalverbände und der Landes=
polizeibehörde angeordnet werden, wenn der abzuwendende
Schaden den aus der Einschränkung für den Eigenthümer
entstehenden Nachtheil beträchtlich überwiegt. Die Eigenthümer,
Nutzungs=, Gebrauchs= und Servitutberechtigte, sowie Pächter
der gefahrbringenden Grundstücke sind verpflichtet, sich allen
durch die Anordnungen veranlaßten Beschränkungen in der
Benutzung der letzteren zu unterwerfen, sowie die Ausführung
der beregten Waldculturen oder sonstigen Schutzanlagen zu
gestatten; es ist ihnen indeß für den ihnen dadurch entstehenden
Schaden volle Entschädigung zu gewähren. Die Pflicht der
Entschädigung und die Aufbringung der Kosten für Herstellung
und Unterhaltung der Waldculturen und Schutzanlagen liegt
dem Antragsteller ob; es sollen dazu aber auch beitragen die
Eigenthümer der gefährdeten Grundstücke nach Verhältniß
und bis zur Werthshöhe des abzuwendenden Schadens event.
in Bezug auf die Kosten der Schutzanlagen die Eigenthümer
der gefahrbringenden Grundstücke nach Verhältniß und bis
zur Höhe des Mehrwerths, welchen ihre eigenen Grundstücke
durch die Anlagen erlangen. Zur Entscheidung darüber, ob
und welche Maßregeln in jedem einzelnen Falle anzuordnen
sind, sowie zur Entscheidung über die zu gewährende Ent=
schädigung und über die zur Herstellung und Unterhaltung
der Schutzanlagen erforderlichen Kosten ist eine besondere Be=
hörde unter dem Titel „Waldschutzgericht" eingesetzt, welches
außerdem noch für die Bildung von solchen Waldgenossen=
schaften für zuständig erklärt ist, deren Zusammenwirken ent=
weder auf Einrichtung und Durchführung einer gemeinschaft=
lichen Beschützung bezw. anderer der forstmäßigen Benutzung
des Genossenschaftswaldes förderlichen Maßregeln oder zugleich
auf die gemeinschaftliche forstmäßige Bewirthschaftung des
Genossenschaftswaldes nach einem einheitlich angestellten Wirth=

schaftsplane gerichtet ist. In dem letzteren Falle liegt dem Waldschutzgerichte insbesondere die Prüfung des auf Bildung der Waldgenossenschaft gerichteten Antrags ob, ferner die Entwerfung eines Genossenschaftsstatuts durch einen Commissar, sowie endlich im Falle der Annahme des Statuts Seitens der Betheiligten die Entscheidung über die Bedürfnißfrage, über die Zulässigkeit der Begründung der Waldgenossenschaft, über die Widersprüche gegen Beschränkungen der Servitutberechtigten, bezw. über die Höhe der zu gewährenden Entschädigungen, sowie endlich über die Bestätigung des Statuts Der Vorsitzende des Waldschutzgerichts hat sodann im Falle der Bestätigung die Eintragung der den Eigenthümern der Genossenschaftsgrundstücke auferlegten Beschränkungen und Lasten im Grundbuche zu beantragen.

Das Waldschutzgericht wird nun in denjenigen Städten, welche für sich einen Kreisverband bilden, aus dem Bürgermeister als Vorsitzenden und sechs Mitgliedern zusammengesetzt, welche von der Stadtverordnetenversammlung nach absoluter Stimmenmehrheit gewählt werden (in den Landkreisen aus dem Landrathe und sechs Mitgliedern). Wählbar als Mitglied ist jeder selbstständige Angehörige des Deutschen Reichs, welcher in dem Stadtkreise einen Wohnsitz hat und sich im Besitze der bürgerlichen Ehrenrechte befindet, jedoch mit Ausnahme der nicht angesessenen Militärpersonen, Geistlichen, Kirchendiener und Elementarlehrer, während die richterlichen Beamten, zu welchen aber die technischen Mitglieder der Handels= oder Gewerbe= und ähnlichen Gerichte nicht zu zählen sind, nur mit Genehmigung des Justizministers als Mitglieder des Waldschutzgerichts eintreten können. Als selbstständig wird hier schon derjenige angesehen, welcher das 21. Lebensjahr vollendet hat, sofern ihm das Recht, über sein Vermögen zu verfügen und dasselbe zu verwalten, nicht durch gerichtliche Anordnungen entzogen ist. Die Wahl erfolgt auf sechs Jahre

mit der Maßgabe, daß bei Ablauf der Wahlperiode die Mit=
gliedſchaft bis zur Wahl des Nachfolgers fortbauert, daß alle
zwei Jahre ein Drittel der Mitglieder ausſcheidet und daß
die Ausgeſchiedenen wiedergewählt werden können.

Die Mitglieder des Waldſchutzgerichts bedürfen der Be=
eibigung, welche durch den Vorſitzenden erfolgt. Sie erhalten
eine ihren Auslagen entſprechende Entſchädigung, über deren
Höhe die Stadtverordnetenverſammlung zu beſchließen hat,
aus Communalmitteln und unterliegen, ebenſo wie die Ge=
meindebeamten, dem Disciplinargeſetze vom 21. Juli 1852
mit den aus § 20 des Zuſt. G. ſich ergebenden Maßgaben.

Was das vor und von dem Waldſchutzgerichte zu be=
obachtende Verfahren anlangt, ſo normiren dafür im Allge=
meinen die geſetzlichen Vorſchriften, welche die Verfaſſung der
Verwaltungsgerichte und das Verwaltungsſtreitverfahren be=
treffen,*) ſowie im Speciellen die desfallſigen Beſtimmungen
des Geſetzes vom 6. Juli 1875.**) Es ſoll hier noch beſonders
hervorgehoben werden, daß das Waldſchutzgericht bei der An=
weſenheit von drei Mitgliedern mit Einſchluß des Vorſitzenden
beſchlußfähig iſt, und daß in dem Falle, wenn daſſelbe be=
ſchlußunfähig wird, das von dem Bezirksausſchuſſe zu beſtim=
mende Waldſchutzungsgericht eines benachbarten Bezirkes an
deſſen Stelle treten ſoll.

---

*) Geſ. v. 6. Juli 1875 (G. S. p. 416) § 7 ff. und § 40 ff.
**) ibidem § 8 ff., § 31 ff. und § 49 ff.

Zweites Capitel: Die Thätigkeit der städtischen
Unterbehörden.

§ 85. **Die Verwaltungsdeputationen und Commissionen
im Allgemeinen.**

In diesen Deputationen und Commissionen sind dem
Magistrate Hülfsorgane geschaffen, welche dazu bestimmt sind,
unter seiner Aufsicht und Leitung einzelne Zweige der Com=
munalverwaltung dauernd zu verwalten oder zu beaufsichtigen
(s. g. bleibende Deputationen), sowie vorübergehende Aufträge,
welche durch die Verwaltung veranlaßt werden, zu erledigen
(s. g. vorübergehende Deputationen). Diese Deputationen,
welche dem Magistrate untergeordnet sind und im Auftrage
desselben die ihnen zugewiesenen Sachen bearbeiten, stellen in
ihrer Gesammtheit eine öffentliche Behörde dar; die einzelnen
Mitglieder sind öffentliche Beamte.*) Sie stehen freilich mit
der Stadtverordnetenversammlung oder mit anderen Behörden
nicht in direkter Verbindung, sondern sie müssen sich für den
Zweck des geschäftlichen Verkehrs mit anderen Behörden der
Vermittelung des Magistrats bedienen, wenn ihnen nicht etwa
ein solches Recht, nach Außen hin selbstständig geschäftlich zu
verkehren, in Folge örtlicher Verhältnisse mit Zustimmung des
Magistrats ausnahmsweise eingeräumt ist. Im Uebrigen be=
schränkt sich ihre Thätigkeit auf die innere Verwaltung der
ihnen zugewiesenen Geschäftszweige. Die Städteordnung von
1808 hat in dem § 179 alle diejenigen Angelegenheiten be=
zeichnet, welche sich zur Geschäftsverwaltung in Deputationen
eignen, während die jetzt geltenden neueren Städteordnungen
von einer Specialisirung ganz abgesehen haben und somit die
Bildung der Deputationen dem Ermessen der städtischen Be=

---

*) Erk. des Obertribunals vom 27. Mai 1839 u. v. 4. Mai 1864.

hörden für den Fall des Eintritts eines etwaigen Bedürfnisses überlassen. Es ist indeß die Einrichtung gewisser Deputationen durch anderweitige Gesetze angeordnet, und in
Betreff derselben das Belieben der städtischen Behörden ausgeschlossen. Es sind dies:

1. Die Schuldeputation auf Grund der Instruction vom
   26. Juni 1811.
2. Die Armendeputation auf Grund des Gesetzes vom
   8. März 1871.
3. Die Servisdeputation auf Grund des Reichsgesetzes vom
   25. Juni 1868 und der Instruction vom 31. December 1868.
4. Die Sanitätsdeputation auf Grund des Gesetzes vom
   8. August 1835.
5. Der Waisenrath auf Grund des § 52 der Vormundschaftsordnung vom 5. Juli 1875.

Für alle Deputationen ist dieselbe Instruction maßgebend, jedoch mit Ausschluß der Schuldeputation, welche sich
von allen übrigen wesentlich dadurch unterscheidet, daß sie als
eine besondere, in sich geschlossene, mit der Communalverwaltung zwar zusammenhängende, ihrem Zwecke nach aber der
Unterrichtsverwaltung angehörige Institution darstellt, und für
welche deshalb besondere Verwaltungsgrundsätze in der Instruction vom 26. Juni 1811 festgestellt sind. Aus diesem
Grunde bleibt die Schuldeputation bei dieser Darstellung ausgeschlossen; es soll das Nähere vielmehr in einem weiter
unten folgenden Capitel über das Schulwesen, als Zweig der
Verwaltung, zur Darstellung kommen. Was nun die übrigen
Deputationen anlangt, so sind folgende Punkte zu berücksichtigen:

I. **Zusammensetzung und Wahl.** Die Deputationen
können entweder bloß aus Mitgliedern des Magistrats oder
aus Mitgliedern beider Gemeindebehörden oder aus letzteren

und aus stimmfähigen Bürgern gebildet werden. Zu der Bestimmung, daß dieselben bloß aus Mitgliedern des Magistrats bestehen können, hat das Bedürfniß größerer Städte Veranlassung gegeben, um behufs der Geschäftsvertheilung ähnliche Einrichtungen zu schaffen, wie solche bei den Regierungen durch die Bildung besonderer Abtheilungen bestehen. Es ist demzufolge in dem Art. XIII der Instruction vom 20. Juni 1853 (M. Bl. p. 138) darauf hingewiesen, daß von jener Bestimmung auch nur in sehr begrenztem Umfange bei hiezu entschieden hervortretendem Bedürfnisse Gebrauch zu machen und darauf sorgfältig zu achten ist, daß kein unsicherer und schleppender Geschäftsgang entstehe und die Einwirkung des Bürgermeisters mit voller Verantwortlichkeit auf die gesammte städtische Verwaltung nicht geschwächt werde. Die Genehmigung der Aufsichtsbehörde ist zur Bildung von Deputationen oder Commissionen nicht erforderlich, wohl aber bedarf es zur Zusammensetzung gemischter Deputationen aus beiden Gemeindebehörden eines übereinstimmenden Gemeindebeschlusses.

Die Stadtverordneten und stimmfähigen Bürger werden von der Stadtverordnetenversammlung, dagegen die Magistratsmitglieder von dem Bürgermeister ernannt, welcher auch unter den letzteren den Vorsitzenden zu bezeichnen hat. Im Uebrigen können durch statutarische Anordnungen nach den eigenthümlichen örtlichen Verhältnissen besondere Festsetzungen über die Zusammensetzung der bleibenden Deputationen getroffen werden.

Wird die Gültigkeit der Wahlen dieser Gemeindebeamten angefochten, so beschließt darüber der Bezirksausschuß in den Kreisordnungsprovinzen*), bezw. die Regierung in den übrigen Provinzen.

---

*) Zust. G. v. 1. August 1883 § 14.

II. Geschäftsführung. Die Deputationen und Commissionen handeln innerhalb ihres Geschäftskreises, welcher
ihnen auf Grund besonderer Bestimmungen und Instructionen
zugewiesen ist, selbstständig, d. h. abgesehen davon, daß sie
hinsichtlich der Verwaltung der Aufsicht und Leitung des Magistrats unterworfen sind, und insoweit sie nicht die Entscheidung des Plenum des Magistrats in den weiter sub. a—f
beregten Fällen anrufen müssen. Sie sind auch berechtigt,
die Besorgung specieller Geschäfte wieder einzelnen Commissarien zu übertragen und sich nach dem Gegenstande in die Specialaufsicht zu theilen, jedoch nur mit Zustimmung des Vorsitzenden. Sie dürfen auch zum Zwecke der Berathung
einzelner ihre Verwaltung betreffender Gegenstände andere
Personen, welchen aber ein Stimmrecht nicht zu gewähren
ist, heranziehen. Dagegen steht ihnen die Berechtigung zur
Führung von Processen für die Stadtgemeinde nicht ohne
Weiteres, sondern nur auf Grund einer besonderen Ermächtigung Seitens des Magistrats für jeden einzelnen Fall zu.
In dieser Beziehung bemerkt das M. R. vom 22. October
1883 (M. Bl. 1884 p. 9), daß nur dann Veranlassung,
einer solchen Ermächtigung entgegenzutreten, vorliegt, wenn sich
aus den besonderen Verhältnissen des einzelnen Falles bestimmte Bedenken ergeben sollten. Auch dürfen sie die Zahl
ihrer Mitglieder nicht eigenmächtig verstärken oder vermindern.

Ihre Verwaltungsbefugnisse sind in allen denjenigen
Fällen beschränkt, in welchen sie beim Plenum des Magistrats
zuvor anzufragen verbunden sind. Diese Fälle betreffen:

a. alle Sachen, bei denen nach den Vorschriften der Städteordnungen die Erklärung oder Zustimmung der Gemeindevertretung erforderlich ist.

b. Abweichungen von den angenommenen Verwaltungsgrundsätzen oder bestehenden Einrichtungen.

c. Alle Gegenstände, in Betreff deren es auf Berichterstattung an die höheren Behörden ankommt. In solchen Fällen müssen die Deputationen den Bericht, mit allen erforderlichen Materialien versehen, gleich im Namen des Magistrats im Concepte entwerfen und dem letzteren zur weiteren Veranlassung einreichen.

d. Diejenigen Sachen, bei welchen mehrere Deputationen betheiligt sind und keine Einigung stattfindet.

e. Anstellung der zu ihrer Verwaltung gehörigen Subaltern, deren Besoldung, deren Verbesserung im Gehalte, ihre Suspension und Entlassung, sowie Annahme von Diätarien zu dauernder Beschäftigung.

f. Disciplinarangelegenheiten ihrer unbesoldeten Beamten, wenn Verweise und Rügen des Vorsitzenden nicht ausreichen.

III. Vorsitz. Der Vorsitzende wird von dem Bürgermeister bestimmt. Bei Behinderung des Ersteren tritt das dem Dienstalter nach älteste Magistratsmitglied, sei es besoldet oder unbesoldet, hiernächst aber das im Dienste älteste Deputationsmitglied an seine Stelle, wenn nicht etwa der Bürgermeister diesen Vorsitz einstweilen selbst übernimmt. Bei längerer Abwesenheit oder Krankheit sorgt der Dirigent, falls er die Direction der Deputation nicht selbst besorgen will, für die Stellvertretung dadurch, daß er ein anderes Magistratsmitglied deputirt.

IV. Geschäftsgang. Er ist derselbe, wie er beim Plenum des Magistrats besteht — cfr. oben § 73. — Diejenigen Sachen, welche an letzteres gelangen, müssen gehörig vorbereitet, zur Beschlußnahme reif und mit motivirtem Gutachten der Deputation versehen sein. Sie werden dann in der Regel brevi manu beim Plenum vorgelegt, da nur in besonderen Fällen, wo es die Umstände erheischen, ein Begleitschreiben beizufügen ist.

Es ist indeß zur Abkürzung des Geschäftsganges, besonders in kleinen Städten, nachgelassen, die beim Magistrate erforderlichen Anfragen, soweit sie sich dazu eignen, durch mündlichen Vortrag der den Deputationen vorsitzenden Magistratsmitglieder zu stellen. Dieselben müssen dann in Uebereinstimmung mit dem Deputationsbeschlusse Vortrag halten und die bezüglichen Anträge machen. Sie sind überhaupt verpflichtet, im Plenum des Magistrats von allen im Geschäftskreise der Deputationen vorkommenden Erheblichkeiten die behufige Mittheilung zu machen, um das Collegium in fortdauernder Kenntniß über die Verwaltung der Deputationen zu erhalten.

Alle Verfügungen derselben gehen unter deren besonderer Firma. Ein Schriftwechsel zwischen den verschiedenen Deputationen ist unstatthaft. Sie theilen sich ihre Beschlüsse br. manu mit, erörtern dieselben bei Verschiedenheit der Meinungen gemeinschaftlich und berichten nöthigenfalls im Falle der Nichteinigung an das Plenum des Magistrats.

V. Beschwerden. Die Beschwerden über die Geschäftsverwaltung der Deputationen gehen an den Magistrat. Liegen dieselben vor, oder gelangt derselbe sonst zur Kenntniß von Unregelmäßigkeiten und Mängeln in deren Geschäftsführung, so ist er zur Untersuchung und Abstellung verpflichtet. Der Dirigent ernennt zu dem Zwecke nöthigenfalls besondere Commissarien, welche die Revision der Mängel vornehmen und demnächst dem Magistrate zur weiteren Beschlußnahme berichten müssen.

Werden nur einzelne Verfügungen der Deputation zur Beschwerde herangezogen, so muß der Magistrat sie in der kürzesten Weise untersuchen und dahin prüfen, ob die angefochtene Verfügung den bestehenden Gesetzen und Verordnungen sowie den daraus hergeleiteten Verwaltungsgrundsätzen entspricht oder nicht. Wird die Beschwerde für begründet begründet befunden, so wird der Deputation die erforderliche Weisung zu deren Abhülfe ertheilt, und dem Beschwerdeführer die betreffende Mittheilung gemacht; wird aber die Beschwerde für unbegründet befunden, so erfolgt eine Zurechtweisung des Beschwerdeführers. Ueberhaupt muß die Deputation in allen Fällen, in denen sie fehlgegangen ist, die Sache unter Leitung des Magistrats selbst wieder in das richtige Geleis bringen und einen förmlichen Instanzenzug möglichst zu vermeiden suchen.

VI. Die Rechte und Pflichten der einzelnen Deputations-mitglieder sind in dem ihnen zugewiesenen Verwaltungskreise dieselben, wie sie oben in den §§ 71—77 rücksichtlich der Magistratsmitglieder bestimmt sind. Wegen der von ihnen zu tragenden Amtszeichen vergl. oben § 51.

VII. Wahlperiode der Deputationsmitglieder. Die Städteordnungen enthalten keine Bestimmung über die Dauer der Wahlperiode; es bleibt deshalb der statutarischen Fest-stellung bezw. einem übereinstimmenden Gemeindebeschlusse vor-behalten, die Zeit, auf welche die Deputationsmitglieder ge-wählt werden sollen, zu fixiren. Dagegen besteht die für die Selbstverwaltung sehr wichtige Bestimmung, daß die zu den bleibenden Verwaltungsdeputationen gewählten stimm-fähigen Bürger und andere von der Gemeindevertretung auf eine bestimmte Zeit gewählten unbesoldeten Gemeindebeamten, jedoch mit Ausschluß der unbesoldeten Magistratsmitglieder, durch Beschluß der Stadtverordneten*) (in der Kreisordnungs-provinzen), bezw. durch übereinstimmenden Beschluß der bei-den städtischen Behörden (in Posen und in der Rheinprovinz) auch vor Ablauf ihrer Wahlperiode von ihrem Amte ent-bunden werden können.**) Es ist dadurch, wie die Motive

---

*) Zust. G. v. 1. August 1883 § 10.
**) O. St.O. § 75, W. St.O. § 75, R. St.O. § 80.

zu § 75 der St.O. vom 30. Mai 1853 sich aussprechen, die
Möglichkeit gewährt, in einer Form, welche keinen disciplina=
rischen Charakter an sich trägt und keine Kränkung mit sich
führt, die als ungeeignet und unbrauchbar befundenen Kräfte
von der Verwaltung fernzuhalten, bezw. durch andere ohne
große Weitläufigkeiten zu ersetzen.

§ 86. Die Schuldeputation.

Die öffentlichen Schulen sind weder kirchliche, noch städti=
sche, sondern staatliche Anstalten. Dieser Gesichtspunct liegt
der Definition des A.L.R. Th. II Tit. 12 § 1 zu Grunde,
wo die Schulen als Veranstaltungen des Staates bezeichnet
werden, welche den Unterricht der Jugend in nützlichen Kennt=
nissen und Wissenschaften zur Absicht haben. Während die
Leitung und Beaufsichtigung des höheren Schulwesens den
Staatsbehörden und unmittelbaren Staatsbeamten auch in
benjenigen Städten, welchen die Errichtung höherer Schulen
auf eigene Kosten gestattet worden, verblieben ist, liegt die
unmittelbare Leitung und Beaufsichtigung des niederen Schul=
wesens einer besonderen städtischen Deputation, der Schul=
deputation, ob, welcher auch die Besorgung der äußeren An=
gelegenheiten des Schulwesens übertragen ist. Es ist nämlich
gesetzlich angeordnet, daß für die inneren Angelegenheiten (interna) und andererseits für die äußeren (externa) Behörden
nicht abgesondert von einander bestehen, sondern nur allein
die Schuldeputation fungiren soll, um das ganze Schulwesen
unter eine einfache und harmonische Leitung zu bringen. Die
Deputation ist eine besondere, in sich geschlossene, mit der
Communalverwaltung zwar zusammenhängende, ihrem Zwecke
nach aber der Unterrichtsverwaltung angehörige Institution.*)

---

*) M. R. vom 19. October 1868.

welche, wenn auch im Auftrage des Magiſtrats, ſo doch ſelbſt-
ſtändig die Schulſachen bearbeiten und das ſtädtiſche Unter-
richtsweſen leiten ſoll*) — eiue Behörde, welche in Maßgabe
des M. R. vom 28. December 1883 dazu beſtimmt iſt, bezüglich der äußeren Verwaltung des Schulweſens als Beirath
und Organ der ſtädtiſchen Behörden, dagegen auf dem Gebiete der Schulaufſicht zur Unterſtützung der ſtaatlichen Auf-
ſichtsbeamten in der Führung ihres Amtes als Hülfsorgan
der Staatsaufſichtsbehörde zu fungiren. Die Einrichtung der
Schuldeputation beruht auf der Miniſterial-Inſtruktion vom
26. Juni 1811 (Anm. Bd. XVII. p. 659). Es ſind in äl-
terer Zeit Bedenken gegen die noch fortdauernde Gültigkeit
derſelben erhoben worden, hauptſächlich aus dem Grunde,
weil ſie die ihr durch den § 179b der Städteordnung von
1808 geſteckten Grenzen (Organiſation der Deputation) überſchritten, und weil ſie mit der Aufhebung der ſolche Organiſation anordnenden Städteordnung von 1808 ihre verbindliche
Kraft verloren habe. Solche Bedenken können als beſeitigt
angeſehen werden. Denn abgeſehen davon, daß die für die
Provinzen Oſt- und Weſtpreußen erlaſſene Schulordnung vom
11. December 1845 und eine Reihe von Miniſterialreſcripten,
welche in dem Centralblatte für die geſammte Unterrichtsverwaltung abgedruckt ſind, jene Inſtruction als fortdauernd
gültig bezeichnen, haben die Circularreſcripte vom 18. Auguſt
1851 und vom 17. Februar 1854 ausdrücklich anerkannt,
daß der Einführung der Gemeindeordnung vom 11. März
1850 und der Städteordnung vom 30. Mai 1853 ein die
ſeither beſtandenen Verhältniſſe abändernder Einfluß auf die
Einrichtung, Verwaltung und Beaufſichtigung des Schulweſens
in den betreffenden Gemeinden nicht zuzugeſtehen iſt.

Die vorberegte Miniſterial-Inſtruction vom 26. Juni 1811
hat nun die Organiſation, den Wirkungskreis und die Geſchäfts-
verwaltung der Schuldeputationen in nachſtehender Weiſe geregelt.

I. **Zusammensetzung.** Die Deputation soll nach Maßgabe der Größe der Städte und des Umfanges ihres Schulwesens zusammengesetzt werden:

a. aus einem bis höchstens drei Mitgliedern des Magistrats,

b. aus ebenso viel Stadtverordneten,

c. einer gleichen Anzahl des Schul= und Erziehungswesens kundiger Männer, und

d. aus einem besonderen Verteter derjenigen Schulen, welche, wenn sie auch nicht städtischen Patronats sind, doch den städtischen Schuldeputationen untergeordnet sind.

Es werden also in der Regel in den großen Städten neun, in den mittleren Städten sechs und in den kleinen Städten drei Personen, und daneben die etwaigen Vertreter derjenigen Schulen, welche nicht städtischen Patronats sind, die Schuldeputationen bilden. Es ist indeß zulässig, in Folge eines erheblichen Umfanges des Stadtschulwesens die Zahl dieser stimmberechtigten Mitglieder der Schuldeputation um weitere Mitglieder zu vermehren, wobei nur zu beachten ist, daß die Zahl der dem Magistrate und der Stadtverordneten= versammlung angehörenden Mitglieder gegenüber der Zahl der sachkundigen derart festgestellt werden muß, daß letztere von den ersteren mit Rücksicht auf das Stimmenverhältniß in Bezug auf die interna nicht zu sehr überwogen werden.*) Es ist ferner durch das M.R. vom 25. Juni 1873 nicht bloß für zulässig, sondern auch für angemessen und üblich anerkannt, daß auch weitere sachkundige Mitglieder wie (z. B. der Rector, wenn er nicht zum stimmberechtigten Mitgliede erwählt ist) zu den Sitzungen der Deputation mit berathender Stimme hinzuzuziehen sind. Bei der Zusammensetzung der Deputation ist im Allgemeinen darauf Rücksicht zu nehmen:

---

*) M. R. vom 19. October 1868.

a. daß dort, wo Schulen verschiedener Confessionen bestehen, welche alle städtischen Patronats sind, das gehörige Verhältniß der den einzelnen Confessionen angehörenden Mitglieder zu beobachten ist, und

b. daß nur rechtschaffene, verständige, für die gute Sache des Schul- und Erziehungswesens erwärmte und von ihren Mitbürgern geachtete Mitglieder in die Schuldeputation gesetzt werden.

II. Ernennung der Mitglieder. Die Mitglieder der Deputation werden in nachstehender Weise ernannt bezw. gewählt:

a. die Magistratsmitglieder werden von dem Bürgermeister ernannt. Die im § 2 der Ministerial-Instruction enthaltene Bestimmung, daß diese von dem Magistrate zu wählen sind, ist durch den § 59 der Städteordnungen obsolet geworden, da hier dem Bürgermeister im Allgemeinen die Befugniß beigelegt ist, zu allen Deputationen die dazu erforderlichen Magistratsmitglieder zu bestimmen, und ihm diese Befugniß niemals, insbesondere auch nicht durch statutarische Anordnungen beschränkt oder entzogen werden kann.*)

b. Die Stadtverordneten werden von der Stadtverordnetenversammlung in der vorgeschriebenen Weise gewählt.

c. Die sachverständigen Mitglieder:

α. In den kleineren Städten, welche nicht über 3500 Einwohner zählen, soll der jedesmalige Superintendent, wenn die betreffende Stadt der Sitz einer Superintendentur, und derselbe der einzige Prediger des Orts ist, sonst aber der erste Ortsprediger schon von Amtswegen ohne weitere Wahl, falls nicht besondere der Regierung genau und bestimmt anzuzeigende Gründe

---

*) M. R. vom 18. Mai 1875 (Centralblatt p. 545).

entgegenstehen, als fachverständiges Mitglied der De=
putation eintreten.*)

β. In den über 3500 Einwohner zählenden Städten treten
die der Deputation angehörenden Magistratsmitglieder
und Stadtverordneten unter sich zusammen, wählen
zu jeder einzelnen mit fachverständigen Mitgliedern zu
besetzenden Stelle drei Personen und machen dem
Magistrate von der getroffenen Wahl die behufige
Anzeige. Letzterer schlägt darauf der Regierung, Ab=
theilung für die Kirchenverwaltung und das Schul=
wesen, die Gewählten vor. Die Regierung ernennt
und bestätigt sodann für jede Stelle einen derselben.

An der durch die Magistratsmitglieder und Stadt=
verordneten zu vollziehenden Wahl können sich die sach=
verständigen Mitglieder, welche der Deputation ange=
hören, nicht betheiligen, da der § 2 der Ministerial=
Instruction ausdrücklich für die erste Errichtung der
Deputation den vorberegten Wahlmodus vorschreibt,
und der § 8 ibidem die Bestimmung enthält, daß die
Deputation auf dieselbe Art, wie zu Anfang, zu er=
neuern ist.

d. Die Vertreter der Schulen nicht städtischen Pa=
tronats werden stets von der Regierung ohne vorher=
gegangene Wahl der städtischen Behörden ernannt.

III. Qualification der Mitglieder. Die Wahl der aus
dem Magistrate und der Stadtverordnetenversammlung zu
ernennenden Mitglieder ist weder von dem Vorhandensein
einer bestimmten Qualification noch von dem Religionsbekennt=
nisse abhängig. In letzterer Beziehung ist insbesondere her=
vorzuheben, daß sowohl evangelische Gemeindemitglieder zu
Mitgliedern eines katholischen Schulvorstandes, katholische Ge=

---

*) M. R. vom 21. November 1827 (Ann. Bd. IX).

meindemitglieder zu Mitgliedern eines evangelischen Schul=
vorstandes, als auch Juden zu Mitgliedern von Vorständen
der vorbezeichneten Confessionen gewählt werden können, und
zwar abgesehen davon, daß das Schulbedürfniß für Kinder
der Juden in gleicher Weise, wie für die Kinder von Mit=
gliedern anderer Confessionen befriedigt werden muß, haupt=
sächlich aus dem Grunde, weil das Reichsgesetz vom 3. Juli
1869 (R.G.Bl. p. 292) bestimmt hat, daß die Befähigung
zur Theilnahme an der Gemeinde= und Landesvertretung, so=
wie zur Bekleidung öffentlicher Aemter vom religiösen Be=
kenntnisse unabhängig sein soll.*) Wenn auch diesem Gesichtspuncte durch eine entgegengesetzte Ansicht in dem M.R. vom
21. November 1881 (M. Bl. p. 53), welches einen Juden
zum Mitgliede des Vorstandes einer einzelnen christlichen
Schule nicht hat zulassen wollen, keine Rechnung getragen ist,
so hat doch ein später erlassenes M. R. vom 10. März 1876
(Centralblatt p. 264) eine reformirende Ansicht, nach welcher
eine solche Ausschließung unzulässig sein soll, kundgegeben.

Dagegen bedürfen die sachverständigen Mitglieder einer
bestimmten Qualification als im Schul= und Erziehungswesen
technisch ausgebildete Fachmänner. In dieser Beziehung gelten
folgende Spezialbestimmungen:

a. Es dürfen auf Grund des § 5 der Min. Instr. zwar
nicht ausschließlich Geistliche, sondern es können auch
andere würdige und einsichtsvolle Männer zu sachver=
ständigen Mitgliedern gewählt werden; es sind jedoch
soviel als möglich Geistliche heranzuziehen. Das M.
R. vom 4. Juli 1873 verwahrt aber ausdrücklich gegen
die Auffassung, daß, wenn Geistliche, denen ein Hinderniß
an der Mitwirkung in der Schuldeputation nicht ent=
gegensteht, an dem Orte vorhanden sind, in jedem Falle

_____

*) M. R. vom 26. Januar 1871.

auch ein Geistlicher als technisches Mitglied gewählt und bestätigt werden muß, und declarirt demgemäß den Ausdruck „so viel als möglich" dahin, daß die schätzenswerthe Mitwirkung der Geistlichen in allen Fällen anzustreben ist, in welchen dieselbe den obwaltenden Umständen nach als dem Interesse des Schulwesens förderlich erscheint.

b. Der § 4 der Min. Instr. erklärt es für zweckmäßig, daß in denjenigen Städten, in welchen mit der Schuldeputation in Verbindung stehende Gelehrtenschulen existiren, zu einem sachkundigen Mitgliede immer ein Rector oder einer der ersten Lehrer solcher Schulen gewählt werde. In dieser Beziehung ist hervorzuheben, daß auf Grund der Städteordnung von 1808 auch für die städtischen höheren Schulen die Schuldeputation als allgemeine Schulaufsichtsbehörde eingesetzt wurde, und daß auch die Ministerial-Instruction vom 26. Juni 1811 den Wirkungskreis der Schuldeputation auf die städtischen Schulen aller Arten und Grade erstreckt. Wenn nun aber durch die Instr. vom 23. October 1817 die Schuldeputationen außer Beziehung zu den auf eigene Kosten errichteten höheren Lehranstalten gesetzt, vielmehr an Stelle der Schuldeputationen besondere mit einem geringeren Wirkungskreise ausgestattete Curatoren getreten sind, so wird die angedeutete Vorschrift der Ministerial-Instruction in Bezug auf die Wahl eines Rectors oder eines anderen Lehrers der höheren Schulen für obsolet zu erachten sein.

c. Der Rector der Stadtschule kann als solcher der Schuldeputation gegen ihren resp. des Magistrats erklärten Willen weder als stimmberechtigtes noch als berathendes Mitglied aufgedrungen werden. (M. R. vom 25. Juni 1873.)

IV. **Wahlperiode.** Alle Stellen der Schuldeputation werden stets auf sechs Jahre besetzt; es steht indeß jedem

Mitgliede frei, schon nach drei Jahren das Amt niederzulegen. Die ausscheidenden Mitglieder können nach Ablauf ihrer Dienstzeit wieder deputirt und gewählt werden, sie bedürfen aber bei jeder neuen Wahl der Bestätigung der Regierung.

V. **Bestätigung der Mitglieder.** Alle Mitglieder bedürfen der Bestätigung Seitens der Königlichen Regierung, Abtheilung für die Kirchenverwaltung und das Schulwesen, und zwar aus dem Grunde, weil die Schuldeputation in erster Linie als ein Hülfsorgan der staatlichen Schulaufsichtsbehörde functionirt. Sie unterscheidet sich dadurch wesentlich von den übrigen städtischen Verwaltungsdeputationen, welche als bloßer Beirath und Organ des Magistrats einer staatlichen Bestätigung nicht benöthigt sind.

VI. **Vorsitz in den Sitzungen.** Der Vorsitz gebührt:

a. in der Regel dem Bürgermeister, wenn er der Schuldeputation angehört, event. dem von dem letzteren zu ernennenden Magistratsmitgliede. Die Bestimmungen des § 7 der Ministerial-Instruction bezw. des § 176 der Städteordnung von 1808, nach welcher das älteste Magistratsmitglied den Vorsitz führen soll, ist durch den § 59 der Städteordnungen, welcher die desfallsige Ernennung dem Bürgermeister zuweist, obsolet geworden.

b. In den Fällen, wenn der einer Schuldeputation nicht angehörende Bürgermeister von der Befugniß, an den Schuldeputationssitzungen mit Stimmrecht Theil zu nehmen, Gebrauch macht, kann er den Vorsitz übernehmen. Das M. R. vom 31. October 1878 hat diese Berechtigung als mit der Stellung des Bürgermeisters und mit den Bestimmungen der Ministerial-Instruction vom 26. Juni 1811 nicht unverträglich anerkannt.

c. Dem Superintendenten gebührt als Kreisschulinspector und Königlichen Commissarius in den Fällen der Vorsitz, wenn er mit dem besonderen Auftrage Seitens der Re-

gierung versehen ist, die Schuldeputation in wichtigen
Fällen außergewöhnlich zusammen zu berufen, und dem=
zufolge eine außerordentliche Sitzung stattfindet (M. R.
vom 21. November 1827 in den Ann. Bd. IX, p. 960).

VII. Stellung der Schuldeputation zu anderen Behörden:

a. zum Magistrate. Die Schuldeputation ist freilich die
einzige städtische Behörde für die inneren und äußeren
Angelegenheiten des Schulwesens; sie bearbeitet aber die
Schulsachen und leitet das Unterrichtswesen im Auftrage
des Magistrats, und ist insofern eine dem Letzteren
untergeordnete Behörde. Diese Unterordnung ist aber
nur eine rein äußerliche, da die Schuldeputation mit
Rücksicht darauf, daß sie als eine der Unterrichtsverwal=
tung angehörige staatliche Institution functionirt, die in=
ternen Angelegenheiten selbstständig und vom Magistrate
unabhängig bearbeitet und leitet. Aus diesem Grunde
erklärt es sich, daß die Urlaubsgesuche der Lehrer nicht
an den Magistrat, sondern an die Schuldeputation zu
richten sind, und letztere sich nach zuvoriger Verhandlung
mit dem Kreisschulinspector über Ablehnung oder Ge=
währung des Urlaubs schlüssig zu machen hat.*) Nur
in Bezug auf die Verwaltung der äußeren Angelegen=
heiten erscheint die Deputation als Organ des Magi=
strats, wenn die Mittel zur Errichtung, Unterhaltung
und Erweiterung der Schulen von den Gemeinden auf=
gebracht werden.

b. Zur Stadtverordnetenversammlung. Die Schul=
deputation ist von dieser Behörde in Bezug auf die
interna völlig unabhängig, da die Leitung und Beauf=
sichtigung des Schulwesens nicht zu den Gemeindeange=
legenheiten gehört. Die Stadtverordnetenversammlung

---

*) M. R. vom 19. October 1868.

ist deshalb weder berufen noch ermächtigt, solche An=
gelegenheiten zu ihrem Geschäftskreise zu ziehen. Aus
diesem Gesichtspunkte steht der Letzteren die Wahl der
technischen Mitglieder der Deputation sowie eine Mit=
wirkung bei den Lehrerwahlen nicht zu.*) Es erklärt sich
daraus ferner, daß ihr in dem Falle, wenn eine Schule
städtischen Patronats nicht aus der Stadtcasse, sondern
mit ihrem eigenthümlichen Vermögen unterhalten wird,
weder der Stadtschuletat noch die Jahresrechnung zur
Feststellung bezw. Décharge vorzulegen ist.**)

c. Zum Superintendenten und Kreisschulinspector.
Dieselben fungiren der Schuldeputation gegenüber als
unmittelbare Aufsichtsbehörde. Sie haben als Kreisschul=
inspectoren und perpetuirliche Commissarien der Regie=
rung in den größeren Städten, wenn sie nicht schon zu
ordentlichen Mitgliedern der Schuldeputation ernannt
sind, das Recht, an den Sitzungen derselben Theil zu
nehmen und die Schulangelegenheiten ihrer Diöcesen, so=
weit diese zur Competenz der Deputation gehören, vor=
zutragen und darüber ihre Stimme abzugeben. Das
M. R. vom 11. December 1876 hat dieses Recht den
Superintendenten in ihrer Eigenschaft als Kreisschul=
inspectoren noch ausdrücklich zugesprochen und die Be=
fugniß der Regierungen, die Hinzuziehung derselben in
der gedachten Eigenschaft zu den Sitzungen der Schul=
deputation anzuordnen, im Einklange mit den M. R.
vom 22. April 1823 und vom 21. November 1827
(Ann. Bd. VII) anerkannt.

Die Bedeutung der besonderen Stellung des Superin=
tendenten als Kreisschulinspector tritt vor Allem auch darin

---

*) M. R. vom 30. Juni 1862 und vom 28. Mai 1845.
**) M. R. vom 23. December 1845 (M. Bl. 1846 p. 8).

hervor, daß alle an die Aufsichtsbehörde einzusendenden Anzeigen, Berichte ꝛc. der Deputation durch seine Vermittelung
zu expediren und von ihm erforderlichenfalls mit seiner gutachtlichen Aeußerung zu begleiten sind.*) Er übt außerdem
neben der Deputation die Specialaufsicht über das Schulwesen
aus und hat als Commissarius der Regierung alle Aufträge
der Letzteren ohne Rücksicht auf etwaigen Einspruch der Deputirten zu erledigen.**)

Es ist hier noch hervorzuheben, daß in den Fällen, in
welchen für die Beaufsichtigung der Schulen eines Kreises ein
besonderer Kreisschulinspector bestellt ist, auf diesen alle vorberegten Rechte des Superintendenten übergehen.

d. Zum Landrath. Auch den Landräthen steht als den
ständigen Commissarien der Regierung bei der Leitung
und Beaufsichtigung des Schulwesens eine Mitwirkung
zu. Ihre Competenz, für welche die ihnen Seitens der
Regierung ertheilten Aufträge allein maßgebend sind, kann
sich indeß nur auf die externa erstrecken, weil die Behandlung der interna ausschließlich den Schulinspectoren
zugewiesen ist.

e. Zum Localschulinspector. Derselbe ist in dem Falle,
wenn die Localschulinspection von dem Amte des Kreis-
schulinspectors getrennt ist, eine der Schuldeputation coordinirte Behörde, selbst wenn er zum Mitgliede dieser
Deputation ernannt ist. Er übt die Aufsicht über das
Schulwesen, unabhängig von der Schuldeputation, aus
und ist deshalb ebensowohl befugt als verpflichtet, sowohl
über das Aeußere und Innere der Schulen regelmäßige
Jahresberichte als über einzelne wichtige Vorfälle und

---

*) M. R. vom 13. August 1861.
**) M. R. vom 12. Mai 1873.

Beschlüsse außerordentliche Anzeigen an den vorgesetzten Superintendenten zu erstatten.*)

f. **Zur Königlichen Regierung, Abtheilung für das Kirchen- und Schulwesen.** Es ist dies die staatliche Schulaufsichtsbehörde, welcher auf Grund des § 18 der Instruction zur Geschäftsführung der Regierungen vom 23. October 1817 folgende Gegenstände ressortmäßig überwiesen sind:

    α. die Aufsicht und Verwaltung des Elementarschulwesens,

    β. Die Aufsicht und Verwaltung sämmtlicher äußerer Schulangelegenheiten, mithin auch die Regulirung des Schulgeldes,

    γ. die gesammte Verwaltung des Schulvermögens, im Falle selbige nicht verfassungsmäßig anderen Behörden oder Gemeinden, Corporationen oder Privaten gebührt, und im letzteren Falle die landesherrliche Oberaufsicht über die Vermögensverwaltung,

    δ. die Befugniß, Schulsocietäten einzurichten und zu vertheilen, wo die Ortschaften es wünschen oder Localumstände es nöthig machen.

VIII. Der Wirkungskreis der Schuldeputation. Aus den bisherigen Darlegungen geht hervor, daß die Schuldeputation hinsichtlich des ihr zugewiesenen Wirkungskreises zwei Functionen in sich vereinigt, und zwar in Bezug auf die Verwaltung der externa als städtische Verwaltungsbehörde, dagegen in Bezug auf die Verwaltung der interna als staatliche Aufsichtsbehörde. In der ersteren Beziehung ist sie an die Mitwirkung des Magistrats gebunden, dagegen in der anderen Beziehung an die Theilnahme der staatlichen Aufsichtsorgane. Sie soll diese Behörden in der Führung ihres

---

*) M. R. vom 21. November 1827 (Ann. Bd. IX).

.Amtes unterſtützen, jedoch .deren Thätigkeit keineswegs aus=
ſchließen. Es ſteht ihr ebenſowenig ein Anſpruch darauf zu,
die Schulangelegenheiten in erſter Inſtanz allein zu führen,
als das Recht, Beſchlüſſe über die inneren Angelegenheiten
ohne jede Mitwirkung der Schulinſpectoren zu faſſen und in
Vollzug zu ſetzen.*) Von Bedeutung iſt in dieſer Beziehung
das Geſetz vom 11. März 1872 (G. S. p. 183), welches
unter Aufhebung aller in den einzelnen Landestheilen ent=
gegenſtehenden Beſtimmungen die Aufſicht über alle öffentlichen
und Privat=Unterrichts= und Erziehungsanſtalten dem Staate
zuweiſt und demzufolge allgemein den Grundſatz zur An=
erkennung bringt, daß alle mit dieſer Aufſicht betrauten Be=
hörden und Beamten im Auftrage des Staates handeln, ferner
daß die Ernennung der Local= und Kreisſchulinſpectoren ſowie
die Abgrenzung ihrer Aufſichtsbezirke dem Staate allein ge=
bührt, ſowie endlich, daß daneben das Aufſichtsrecht der Ge=
meindeorgane ſowie das Recht der Leitung des religiöſen
Unterrichts in den Volksſchulen durch die betreffenden Reli=
gionsgeſellſchaften erhalten bleiben ſoll. Es ſtehen alſo der
Schuldeputation hinſichtlich des ganzen Umfanges ihres Wir=
kungskreiſes in den äußeren Angelegenheiten die Mitwirkung
des Magiſtrats, in den inneren Angelegenheiten die Thätig=
keit der ſtaatlichen Kreis= und Localſchulinſpectoren, ſowie
hinſichtlich der Leitung des religiöſen Unterrichts noch der beſondere Einfluß der Kirche, die Specialaufſicht der Ortsgeiſt-
lichen gegenüber. Die Thätigkeit dieſer Aufſichtsorgane iſt
nicht eine .ſich gegenſeitig ausſchließende, ſondern eine ſich
überall ergänzende.

Was nun den äußeren Umfang des Wirkungskreiſes an=
langt, ſo erſtreckt ſich derſelbe auf Grund des § 10 der Mi-
niſterial=Inſtruction:

---

*) M. R. vom 28. December 1883.

a. auf sämmtliche Lehr= und Erziehungsanstalten innerhalb der Städte und Vorstädte, welche städtischen Patro= nats sind, ohne Unterschied der Confessionen und der verschiedenen Arten und Grade der Schulen. Es muß jedoch hier darauf hingewiesen werden, daß heutzutage der Wirkungskreis auf die niederen Schulen beschränkt worden ist, da die Leitung der inneren Angelegenheiten der höheren Lehranstalten, insbesondere die Leitung des Unterrichtswesens und die Disciplin ausschließlich dem Director der Anstalt zusteht und die unmittelbare Auf= sicht dem Provinzial=Schulcollegium zugewiesen ist.*)

Dagegen sind der Aufsicht der Deputation unterstellt alle städtischen Waisenhäuser, Armen= und milde Stif= tungsschulen, jedoch unter Concurrenz der Armendeputa= tion in Bezug auf die äußere Verwaltung;

b. auf sämmtliche Elementarschulen in den Städten, welche nicht städtischen Patronats sind, und zwar die Kö= niglichen unter Vorbehalt der Vermögensverwaltung für die Patronen der Schulen und mit Ausschluß der Leh= rerwahlen;

c. auf Schulen der jüdischen Gemeinden, welche in Ge= mäßheit des Gesetzes vom 23. Juli 1847 errichtet wer= den können;

d. auf Schulen gemischten städtischen und fremden Patronats, ohne Unterschied des Grades, jedoch mit der Maßgabe, daß ein oder zwei Deputirte des fremden Patronats nach Maßgabe der Wichtigkeit der Schulen den Deputationen zugeordnet werden sollen;

e. auf alle Privatschulen und Privatinstitute in Maßgabe der Cabinetsordre vom 10. Juni 1834 (G. S. p. 135) und der Instruction vom 31. December 1839

*) M. R. vom 11. December 1867 (M. Bl. 1868 p. 98).

(M. Bl. 1840 p. 94), insbesondere auch auf die Kinder-
gärten und Kinderwarteschulen.[1])

IX. Allgemeine Rechte und Pflichten der Schuldeputation.
Dieselben bestehen in Maßgabe der Ministerial-Instruction
§ 11, 14, 15, 16, 20 und 22 in Folgendem:

a. auf genaue Befolgung der Gesetze und Anordnungen
des Staates[2]) in Ansehung des Schulwesens zu halten,

b. auf die zweckmäßigste und den Lokalverhältnissen ange-
messenste Ausführung der Gesetze und staatlichen
Anordnungen bedacht zu sein,

c. das Personal derer, die am Schulwesen arbeiten,
in Bezug auf Pflichterfüllung zu beaufsichtigen
und zur Pflichterfüllung anzuhalten. Die Deputation ist aber nicht befugt, gegen die Lehrer mit Ordnungsstrafen vorzugehen, da das Ordnungsstrafrecht nur
der königlichen Regierung zusteht,

d. sich die Bewirkung und Beförderung eines regelmäßigen
und ordentlichen Schulbesuchs sämmtlicher schulfähiger
Kinder des Orts angelegen sein zu lassen,[3]) zu dem
Zwecke den Prüfungen und Censuren der Schulen, sowie
mitunter außerordentlich dem Unterrichte beizuwohnen.
Der Besuch der Schule ist übrigens den einzelnen Mitgliedern, mit Ausschluß des Vorsitzenden, der Schulinspectoren und überhaupt der Geistlichen, nur in soweit
gestattet, als sie hiezu von der Schuldeputation beauftragt worden sind;[4])

---

[1]) M. R. vom 23. Juni 1879.
[2]) M. Bl. 1872 p. 273 und Centralblatt 1872 p. 598.
[3]) C.O. vom 14. Mai 1825 (p. 149), Verfassungsurkunde vom
31. Januar 1850, Art. 21, Centralblatt 1847 p. 153 und 1874
p. 359.
[4]) M. R. vom 15. Juni 1883.

e. sich überhaupt aufs Genaueste in ununterbrochener
Kenntniß des ganzen inneren und äußeren Zustandes der Schulen zu erhalten. Diese Pflicht ist insbesondere den sachkundigen Mitgliedern der Schuldeputation auferlegt.

f. Bei der Aufsicht über die Töchterschulen die verstän-
digsten und achtbarsten Frauen aus den verschiedenen
Ständen zu Rathe zu ziehen, ihnen wesentlichen Antheil
an Schulbesuchen, Prüfung und Beurtheilung der Arbeiten, der Erziehung und Unterweisung zu geben, sowie
das Interesse der Hausmütter des Orts für die Ver-
besserung der weiblichen Erziehung in jeglicher Weise zu
beleben. Die Schuldeputation darf deshalb zu den
Schulbesuchen nicht immer dieselben Frauen einladen,
sondern kann darin abwechseln; sie ist sogar berechtigt,
die Specialaufsicht über einige Mädchenschulen solchen
Frauen, welche vorzüglich Sinn und Eifer für Beförderung einer guten Erziehung an den Tag legen, zu
übertragen und sie zu Mitvorsteherinnen derselben zu
ernennen.*)

g. Das Schulwesen in guten Stand zu bringen
und darin zu erhalten. Die Schuldeputation hat
demzufolge dafür zu sorgen, daß jeder Ort die seiner
Bevölkerung und seiner Bedeutsamkeit angemessene Anzahl und Art von Schulen erhalte, ferner daß das Vermögen, die Gebäude und sonstigen Pertinentien der
Schulen ungeschmälert in guter Verfassung bleiben, sowie endlich, daß die Schulen nach den Bedürfnissen vermehrt, verbessert, zweckmäßiger eingerichtet und verwaltet
werden. Sie muß es sich deshalb angelegen sein lassen,
sich nach den Bedürfnissen hinsichtlich des Unterrichts und

---

*) cfr. Centralblatt 1873 p. 110 und 569.

feiner Hülfsmittel sorgfältig zu erkundigen und bei et=
waiger Wahrnehmung oder auf etwaige Anzeige den
Bedürfnissen nach Möglichkeit entweder selbst abzuhelfen
oder den competenten Behörden darüber Anträge zu
.machen, bezw. die Befriedigung der Bedürfnisse von den
zur Unterhaltung der Schulen verpflichteten Verbänden
und Corporationen zu fordern. Es sind dazu verpflichtet
nach dem Societätsprincipe die sämmtlichen Hausväter
der Gemeinden, welche die Schulsocietät bilden[1]), oder
nach dem Communalprincipe die politischen Gemeinden,
als solche, wenn sie die Unterhaltung der Schulen als
Gemeindelast übernommen haben. Diesem Gesichtspuncte
liegt die Eintheilung der Volksschulen in Societätsanstalten
und in Gemeindeanstalten zu Grunde.

h. Das Ansehen der Schulen und ihrer Lehrer auf=
recht zu erhalten und durch entsprechende Bemessung
fester Diensteinkommen[2]) dahin zu streben, daß diesen
durch eine sorgenfreie Lage die zur Erfüllung der Pflichten
ihres verdienstlichen und schweren Berufs nöthige Heiter=
keit und Muße erhalten werde; auch das Interesse ihrer
Mitbürger für das Schulwesen zu beleben und dasselbe
zu einem der wichtigsten Gegenstände ihrer Aufmerksamkeit
und Pflege zu machen. Es gehört zu den Pflichten der
Schuldeputation insbesondere auch die Feststellung des
Geldwerthes der Naturalien und des Ertrages der Ländereien bei amtlicher Festsetzung des Einkommens der
Lehrer. In Differenzfällen beschließt über solche Fest=
stellung auf Anrufen der Betheiligten endgültig der Be=
zirksausschuß.[3])

[1]) A. L. R. Th. II, Tit. 12 § 29 ff.
[2]) Verfassung vom 31. Januar 1850 Art. 25.
[3]) Zust. G. § 45.

i. Jährlich vor dem Jahresschlusse einen ausführlichen Bericht an die Regierung für Kirchen- und Schulwesen über die in dem Schulwesen vorgegangenen Veränderungen und den gegenwärtigen inneren und äußeren Zustand desselben zu erstatten.

k. Ihre ordentlichen Zusammenkünfte alle vierzehn Tage auf dem Rathhause des Orts zu halten und außerdem, so oft es nöthig ist, zu versammeln. Es steht der Schuldeputation frei, Geistliche oder andere sachverständige Männer in vorkommenden Fällen zuzuziehen, auch bei außerordentlichen Veranlassungen größere Versammlungen der Prediger, Lehrer und Schulvorsteher des Orts zu veranstalten.

X. **Geschäftsvertheilung.** Dieselbe gebührt, wie bei allen Verwaltungsdeputationen, dem Vorsitzenden. Das M.R. vom 25. Juni 1873 geht in dieser Beziehung von der Voraussetzung aus, daß die Bearbeitung der interna den sachkundigen Mitgliedern zu überweisen ist; es macht aber darauf aufmerksam, daß in dem Falle, wenn dieselben die dahin einschlagenden Geschäfte allein und ohne Betheiligung der übrigen Mitglieder erledigen, dafür Sorge getragen werden muß, daß über alle interna von einiger Bedeutung der Deputation Mittheilung zu machen und, falls über die bezüglichen Maßnahmen eine Differenz zu Tage tritt, die Entscheidung der Regierung einzuholen ist.

XI. **Die Vermögensverwaltung.** Da die öffentlichen niederen Schulen auf Grund des A.L.R. Th. II Tit. 12 § 19 die Eigenschaft juristischer Personen haben, so können dieselben Vermögen jeglicher Art erwerben und besitzen. Die unmittelbare Verwaltung desselben steht der Schuldeputation unter Mitwirkung und Aufsicht des Magistrats zu, sie bedarf indeß zum Erwerbe, sowie zur Veräußerung oder Belastung der Schulgrundstücke mit Gerechtigkeiten und Capitalien nicht bloß

der Einwilligung des Schulpatronats, sondern auch der Zu=
stimmung der vorgesetzten Aufsichtsbehörde, der Königlichen
Regierung. Insbesondere steht auch dort, wo ein gemein=
schaftlicher Schulfonds besteht, dieser unter der unmittelbaren
Administration der Deputation. Diese zur Bestreitung der
Bedürfnisse des Schulwesens erforderlichen Fonds werden,
abgesehen von den Einkünften aus eigenem Vermögen, gebildet:

a. Aus den Abgaben und Leistungen, zu welchen nach
   dem Societätsprinzipe die Hausväter des Ortes mit
   Ausschluß der Militairpersonen des activen Dienststandes
   und ohne Bevorzugung der in Bezug auf die Gemeinde=
   abgaben privilegirten Einwohner in dem Falle, wenn
   die Unterhaltslast der Schulen von der politischen Ge=
   meinde als Communallast nicht übernommen ist, nach
   Maßgabe der directen Staatssteuern heranzuziehen sind.
   Der Art. 25 der Verfassung vom 31. Januar 1850
   bestimmt freilich, daß die Mittel zur Errichtung, Unter=
   haltung und Erweiterung der öffentlichen Volksschule von
   den Gemeinden und im Falle des nachgewiesenen Unver=
   mögens ergänzungsweise vom Staate aufgebracht werden
   sollen; es ist aber die Verwirklichung dieser Bestimmung
   bis zum Erlaß des in dem Art. 26 der Verfassung in
   Aussicht gestellten, aber bisher noch nicht erlassenen
   Unterrichtsgesetzes als ausgesetzt anzusehen.

b. Aus dem Schulgelde. Wenn auch im Art. 25 der
   Verfassung der Grundsatz ausgesprochen ist, daß in der
   öffentlichen Volksschule der Unterricht unentgeltlich ertheilt
   werden soll, so ist derselbe in der Praxis gleichfalls mit
   Berücksichtigung darauf, daß das in Art. 26 angekündigte
   besondere Gesetz über das Unterrichtswesen noch nicht
   erlassen ist, im Allgemeinen nicht zur Geltung gelangt.
   Die Regulirung des Schulgeldes competirt auf Grund
   des § 18 der Regierungsinstruction vom 23. October

1817 der Regierung, während es der Schuldeputation überlassen ist, die Höhe desselben in Vorschlag zu bringen und zu beantragen. Ein solches Schulgeld kann nicht von den Hausvätern des Ortes, sondern nur für die die Schulen besuchenden Kinder gefordert werden.[1]) Eine Befreiung vom Schulgelde steht überhaupt, und insbesondere in Bezug auf die Lehrer,[2]) nur insoweit zu, als dieselbe sich auf Observanz stützen kann oder von der Regierung angeordnet ist.[3]) Das Schulgeld darf nicht durch die Lehrer, sondern muß durch die Vorsteher der einzelnen Schulen erhoben und der Schuldeputation nach den in jeder Stadt angenommenen Grundsätzen verrechnet werden.[4])

c. Aus den nach dem Communalprincipe aufzubringenden Ge-meindesteuern, wenn die politische Gemeinde die Unter-haltungslast in Betreff der Schulen als Communallast übernommen hat. Es wird in diesem Falle von den Gesammtsteuern derjenige Betrag, welcher außer den be-sonderen Einkünften und dem Schulgelde zur Befriedi-gung der Schulbedürfnisse erforderlich ist, zur Bildung des Schulfonds abgezweigt und der besonderen Verwal-tung der Schuldeputation unterstellt.

d. Aus den für Schulversäumnisse eingehenden Strafgel-dern, welche den Schulkassen zufließen sollen.[5])

XII. Streitigkeiten in Schulangelegenheiten mit Aus-schluß der Bauten:

a. Beschwerden und Einsprüche, betreffend die Heran-ziehung zu Abgaben und Leistungen für Volks-

---

[1]) M. R. vom 31. Juli 1862.
[2]) M. R. vom 9. December 1867 (M. Bl. 1868 p. 62).
[3]) M. R. vom 6. Juni 1868 (M. Bl. p. 296).
[4]) Min. Instr. vom 26. Juni 1811 § 18.
[5]) M. R. vom 14. Januar 1867.

schulen. Dieselben sind bei der örtlichen Behörde, welche die Abgaben und Leistungen für die Schule nach dem Societätsprincipe ausgeschrieben hat (Vorstand des Schul= verbandes, der Schulgemeinde, Schulsocietät, Schulcom= mune 2c.), anzubringen. Gegen den Beschluß derselben findet innerhalb zwei Wochen die beim Bezirksausschusse in erster Instanz zu erhebende Klage im Verwaltungsstreit= verfahren statt. Einsprüche gegen die Höhe von Zu= schlägen für Schulzwecke zu den directen Staatssteuern, welche sich gegen den Principalsatz der Letzteren richten, sind jedoch unzulässig.

b. Streitigkeiten zwischen Betheiligten über ihre in dem öffentlichen Rechte begründete Verpflich= tung zu Abgaben und Leistungen für Schulen, welche der allgemeinen Schulpflicht dienen, unterliegen in gleicher Weise der Entscheidung im Verwaltungsstreit= verfahren.

c. Der Anspruch hinsichtlich streitiger Abgaben und sonstiger nach dem öffentlichen Rechte zu fordernden Lei= stungen für Schulen der vorberegten Art oder für deren Beamte, sowie hinsichtlich streitigen Schulgeldes für solche Schulen ist gleichfalls im Verwaltungsstreitverfahren zu verfolgen.

In allen Fällen haben die Beschwerden und die Ein= sprüche, sowie die Klagen keine aufschiebende Wirkung.*)

XIII. Die Schulbaulast. Ueber die Anordnung von Neu= oder Reparaturbauten bei Schulen, welche der allge= meinen Schulpflicht dienen, ferner über die öffentlich=rechtliche Verpflichtung zur Aufbringung der Baukosten, sowie endlich über die Vertheilung derselben auf Gemeinden, Schulverbände und Dritte statt derselben oder neben derselben beschließt im

---

*) Zust. G. § 46.

Streitfalle die Regierung. Gegen den Beschluß findet die binnen zwei Wochen in erster Instanz bei dem Bezirksausschusse im Verwaltungsstreitverfahren zu erhebende Klage statt. Diese Klage ist in dem Falle, wenn der in Anspruch Genommene zu der ihm angesonnenen Leistung aus Gründen des öffentlichen Rechts statt seiner einen Andern für verpflichtet erachtet, zugleich gegen diesen zu richten.

Auch unterliegen der Entscheidung im Verwaltungsstreitverfahren alle Streitigkeiten der bei den Bauten Betheiligten darüber, wem von ihnen die öffentlich-rechtliche Verpflichtung zum Bau oder zur Unterhaltung einer der Erfüllung der allgemeinen Schulpflicht dienenden Schule obliegt.*)

XIV. Haushaltsetat. Dem Grundsatze, daß das Vermögen einer jeden Schule für sich besonders zu verwalten ist, entspricht es, daß auch für jede einzelne Schule ein besonderer Haushaltsetat aufgestellt wird. Die bezügliche Arbeit liegt der Schuldeputation ob, welche demnächst die Etats sämmtlicher Schulen der Regierung, Abtheilung für Kirchen- und Schulwesen, zur Vollziehung einzusenden hat. Unterläßt oder verweigert ein Schulverband (Schulgemeinde, Schulsocietät, Schulcommune ꝛc.) bei Schulen, welche der allgemeinen Schulpflicht dienen, die ihm nach öffentlichem Rechte obliegenden, von der Behörde innerhalb der Grenzen ihrer Zuständigkeit festgestellten Leistungen, jedoch abgesehen von den Neu- oder Reparaturbauten, auf den Haushaltsetat zu bringen oder außerordentlich zu genehmigen, bezw. zu erfüllen, so verfügt der Regierungspräsident die Eintragung in den Etat, bezw. die Feststellung der außerordentlichen Ausgabe. Gegen die Verfügung des Regierungspräsidenten steht dem Schulverbande die Klage bei dem Oberverwaltungsgerichte zu.**)

---

*) Zust. G. § 47.
**) Zust. G. § 48.

Die sämmtlichen Jahresrechnungen werden der Deputation zur Prüfung und Feststellung vorgelegt. Die Decharge der Rechnung bleibt der Stadtverordnetenversammlung vorbehalten, wenn die betreffende Schule aus der Stadtcasse einen Zuschuß erhält, dagegen dem Magistrate, wenn dieselbe nur aus eigenem Vermögen unterhalten wird. Der Regierung ist jährlich ein Rechnungsextract zur Einsicht einzureichen.*)

XV. Die Lehrerwahlen. Hinsichtlich dieser Wahlen, welche zweifellos zu den internen Schulangelegenheiten gehören, besteht die abweichende Bestimmung, daß sie bei den Schulen, welche rein städtischen Patronats sind, den Magisträten, welche nur das Gutachten der sachverständigen Mitglieder der Schuldeputation jedesmal einzuholen verpflichtet sind, zustehen, dagegen bei Schulen gemischten Patronats für Stellen, zu denen die Wahl nicht städtischen Behörden zugestanden ist, nur diesen wahlberechtigten Behörden ohne Concurrenz des Magistrats und der Schuldeputation.**)

Es steht indeß dem Magistrate nicht das Recht zu, einen Lehrer auf Probe anzustellen, noch einem angestellten Lehrer das Amt zu kündigen oder ihn aus dem Amte zu entlassen, da die desfallsigen Befugnisse allein der Aufsichtsbehörde vorbehalten sind.

§ 87. Die Armendeputation.

Die Verwaltung der öffentlichen Armenpflege, für welche früher die Gesetze vom 31. December 1842 und vom 21. Mai 1855 normirten, ist jetzt durch zwei auf dem Principe der Freizügigkeit beruhende Gesetze geregelt, nämlich durch das Reichsgesetz über den Unterstützungswohnsitz vom 6. Juni 1870

---

*) M. R. vom 23. December 1845 (M. Bl. 1846 p. 8).
**) M. Instr. vom 26. Juni 1811 § 21.

und das zur Ausführung desselben erlassene Landesgesetz vom 8. März 1871. Während das Reichsgesetz in den §§ 1 und 2 den Grundsatz zur Anerkennung bringt, daß jeder Deutsche in jedem Bundesstaate in Bezug auf die Art und das Maaß der im Falle der Hülfsbedürftigkeit zu gewährenden öffentlichen Unterstützung, sowie in Bezug auf den Erwerb und Verlust des Unterstützungswohnsitzes als Inländer zu behandeln ist, und daß die öffentliche Unterstützung hülfsbedürftiger Deutscher durch Ortsarmenverbände und Landarmenverbände geübt werden soll, hat es im § 8 der Landesgesetzgebung überlassen, über die Zusammensetzung und Einrichtung der Ortsverbände und Landarmenverbände, sowie über die Art und das Maaß der im Falle der Hülfsbedürftigkeit zu gewährenden öffentlichen Unterstützung zu bestimmen.

Das Preußische Ausführungsgesetz vom 8. März 1871 hat demzufolge den Umfang der Unterstützungspflicht im § 1 dahin festgestellt, daß jedem hülfsbedürftigen Deutschen von dem unterstützungspflichtigen Armenverbande

a. Obdach,

b. der unentbehrliche Lebensunterhalt,

c. die erforderliche Pflege in Krankheitsfällen,

d. im Falle seines Ablebens ein angemessenes Begräbniß zu gewähren ist, und daß die Unterstützung im geeigneten Falle mittelst Unterbringung in einem Armen= und Krankenhause sowie mittelst Anweisung der den Kräften des Hülfsbedürftigen entsprechenden Arbeiten außerhalb oder innerhalb eines solchen Hauses gewährt werden kann. Das Ausführungsgesetz hat sodann hinsichtlich der Verwaltung im § 2 den Grundsatz anerkannt, daß jede Gemeinde für sich einen Ortsarmenverband bildet, wenn nicht eine Zusammenlegung mehrerer Gemeinden zu einem Gesammtverbande erfolgt, ferner, daß die Verwaltung der öffentlichen Armenpflege in den Gemeindebezirken den Gemeindebehörden zusteht, und daß die

Vorschriften der Gemeindeverfassungsgesetze über die Verwal=
tung der Gemeindeangelegenheiten überall auch für die Ver=
waltung der Armenpflege maßgebend sein sollen. Es ist nur
in Gemäßheit des § 3 des Ausführungsgesetzes den Stadt=
gemeinden freigelassen, auf Grund eines Gemeindebeschlusses
für die Verwaltung der öffentlichen Armenpflege besondere
dem Magistrate untergeordnete Deputationen · zu bilden. Hin=
sichtlich derselben ist hier Folgendes zu bemerken:

I. **Zusammensetzung.** Die Armendeputation wird ge=
bildet aus Mitgliedern des Magistrats und der Stadtverord=
netenversammlung, geeigneten Falles auch aus anderen Orts=
einwohnern, und zwar ohne Rücksicht darauf, ob sie stimm=
berechtigte Bürger sind oder nicht. In letzterer Beziehung
ist insbesondere hervorzuheben, daß Ortspfarrer oder deren
Stellvertreter, deren Pfarrbezirk über die Grenzen der poli=
tischen Gemeinde ihres Wohnorts sich erstreckt, selbst hinsichtlich
des in der auswärtigen Gemeinde belegenen Kirchspieltheiles
den dortigen Ortseinwohnern gleich geachtet werden sollen
und deshalb bei Zusammensetzung der Armendeputation heran=
gezogen werden können. Den Vorsitz in derselben führt der
Bürgermeister oder ein dazu von ihm abgeordnetes Magistrats=
mitglied. Die übrigen Magistratspersonen sind als Mitglieder
der Armendeputation vom Bürgermeister zu bestimmen, wäh=
rend die Wahl der Stadtverordneten und der Ortseinwohner
der Stadtverordnetenversammlung zusteht.

II. **Wirkungskreis.** Es liegt der Armendeputation die
Fürsorge für die hülfsbedürftigen Personen sowie die Erledi=
guug der zu diesem Zwecke erforderlichen Verwaltungsgeschäfte
ob. Ihre Verwaltung erstreckt sich auf das gesammte Armen=
wesen, und zwar nicht bloß auf die offene Armenpflege d. h.
die Pflege solcher Armen, welche nicht in eine der geschlosse=
nen Armenanstalten aufgenommen sind, sondern auch auf die
geschlossene Armenpflege d. h. die Pflege solcher Armen, welche

sich in den vorberegten Anstalten aufhalten. Ihre Thätigkeit ist in den meisten Städten nicht bloß eine berathende und vorbereitende, sondern eine innerhalb ihres Wirkungskreises völlig selbstständig verwaltende und ausführende. Ihre Competenz ist in den meisten Städten durch besondere den äußeren Geschäftsgang, vor Allem die Organisation, den Wirkungskreis und die Geschäftsverwaltung ordnende Instructionen, welche den bestehenden localen Verhältnissen angepaßt sind, oder durch gleiche Ziele verfolgende statutarische Anordnungen geregelt.

III. Verpflichtung zur Uebernahme des Amts. Jedes stimmberechtigte Gemeindemitglied ist verpflichtet, eine unbesoldete Stelle in der Gemeindeverwaltung zu übernehmen und mindestens drei Jahre lang zu versehen. Von dieser Verpflichtung befreien nur folgende Gründe:

a. anhaltende Krankheit;

b. Geschäfte, welche eine häufige oder lange dauernde Abwesenheit mit sich bringen;

c. ein Alter von 60 oder mehr Jahren;

d. die Verwaltung eines anderen öffentlichen Amts;

e. sonstige besondere, eine gültige Entschuldigung begründende Verhältnisse, über deren Vorhandensein von der Stadtverordnetenversammlung zu beschließen ist.

Außerdem ist auch derjenige, wer eine unbesoldete Stelle in der Gemeindearmenverwaltung drei Jahre lang wahrgenommen hat, während der nächstfolgenden drei Jahre von der Wahrnehmung einer solchen Stelle befreit;[*] dagegen ist die Thatsache, daß derselbe in den vorhergehenden drei Jahren ein anderes unbesoldetes Gemeindeamt bekleidet hat, kein Befreiungsgrund hinsichtlich der Uebernahme einer unbesoldeten Stelle der Gemeindearmenverwaltung. Es muß hiebei auch

---

[*] Ges. vom 8. März 1871 § 4 und 5.

Steffenhagen, Handbuch. II. Bd.

darauf hingewiesen werden, daß die ärztliche oder wundärzt-
liche Praxis, welche im Uebrigen zur Ablehnung von unbesoldeten Gemeindeämtern berechtigen,*) eine Befreiung von der
Uebernahme des Amtes eines Armendeputationsmitgliedes
nicht begründet.

Wer ohne gesetzlichen Grund die Uebernahme oder Wahrnehmung einer unbesoldeten Stelle in der Gemeindearmenverwaltung verweigert oder sich dieser Wahrnehmung entzieht,
kann auf drei bis sechs Jahre des Rechts zur Theilnahme an
den Gemeindewahlen und zur Wahrnehmung unbesoldeter
Stellen verlustig erklärt sowie um ein Achtel bis ein Viertel
stärker zu den directen Gemeindeabgaben herangezogen werden.**)
Die desfallsige Beschlußfassung steht der Stadtverordnetenversammlung zu. Die in dem § 5 des Gesetzes vom 8. März
1871 enthaltene Bestimmung, daß der Stadtverordneten-
beschluß der Genehmigung der Aufsichtsbehörde bedürfe, ist
durch das Zuständigkeitsgesetz vom 1. August 1883 § 11
aufgehoben.

**IV. Streitigkeiten über öffentliche Unterstützung Hülfs-
bedürftiger.** Mit Rücksicht darauf, daß die von der Armendeputation in Betreff der Fürsorge hülfsbedürftiger Personen
gefaßten Beschlüsse Streitigkeiten hervorrufen können, ist hier
hervorzuheben, daß für solche Streitigkeiten der ordentliche
Rechtsweg ausgeschlossen und durch das Reichsgesetz vom
6. Juni 1870 bezw. Zuständigkeitsgesetz vom 1. August 1883
§§ 39—44 das zur Entscheidung angeordnete Verfahren geregelt ist, und zwar nachstehendermaßen:

a. in Bezug auf Streitigkeiten zwischen Armenverbänden. Die Entscheidung erfolgt im Verwaltungsstreitverfahren. Zuständig ist in den Kreisordnungspro-

---

*) O. St. O. § 74, W. St. O. § 74, R. St. O. § 79.
**) Ges. vom 8. März 1871 § 5.

vinzen in erster Instanz der Bezirksausschuß, in den
übrigen Provinzen die Deputation für das Heimaths=
wesen. Die Berufung gegen Entscheidungen erster In=
stanz führt an das Bundesamt für das Heimathswesen
in Berlin und ist innerhalb 14 Tagen bei der Spruch=
behörde erster Instanz bei Verlust des Rechtsmittels an=
zumelden.

b. Bei Beschwerden von Armen gegen Verfügungen
von Ortsarmenverbänden. Die Beschwerden darüber,
ob, in welcher Höhe und in welcher Weise Armenunter=
stützungen zu gewähren sind, unterliegen:

α. in Städten von mehr als 10 000 Einwohnern der
endgültigen Beschlußfassung des Bezirksausschusses,
dagegen

β. in den kleineren Städten der endgültigen Beschluß=
fassung des Kreisausschusses.

c. Bei Beschwerden von Ortsarmen = Verbänden
gegen Verfügungen der Landarmen = Verbände.
Letztere sind auf Grund des § 36 des Gesetzes vom
8. März 1871 verpflichtet, denjenigen ihrem Bezirke an=
gehörigen Ortsarmenverbänden eine Beihülfe zu gewähren,
welche den ihnen obliegenden Verpflichtungen zu genügen
unvermögend sind. Verfügungen der Landarmenverbände
darüber, ob, in welcher Höhe und in welcher Weise
Beihülfen zu gewähren sind, können von Seiten des be=
theiligten Armenverbandes mit der Beschwerde an=
gefochten werden. Es beschließt darüber nach Anhörung
des Kreistages endgültig in den Kreisordnungsprovinzen
der Provinzialrath, zu dessen Sprengel der betreffende
Ortsarmenverband gehört, dagegen in den übrigen Pro=
vinzen die competente Deputation für das Heimathswesen.*)

*) Zust.G. § 42 und Ges. vom 8. März 1871 § 36, Abs. 1.

7*

V. Die von der Armendeputation zu beachtenden Gesetze.

Es sind dies hauptsächlich:

a. das Reichsgesetz vom 6. Juni 1870 (R.G.Bl. p. 360).

b. Das Landesgesetz, betreffend die Ausführung des Bundesgesetzes über den Unterstützungswohnsitz, vom 8. März 1871 (G.S. p. 130).

c. Der Tarif der von den Preußischen Armenverbänden zu erstattenden Armenpflegekosten vom 2. Juli 1876 (M.Bl. p. 163).

§ 88. Die Servis- und Einquartierungsdeputation.

Die Errichtung dieser Deputation ist in dem Reichsgesetze, betreffend die Quartierleistung ·für die bewaffnete Macht während des Friedenszustandes, vom 25. Juni 1868 (R.G. Bl. p. 523) angeordnet. Dies Gesetz geht von dem Gesichtspunkte aus, daß die Fürsorge für die räumliche Unterbringung der bewaffneten Macht in Friedenszeiten eine Last des Reiches ist, deren Naturalleistung nur gegen Entschädigung, welche in einem alle fünf Jahre einer Revision unterliegenden Servistarife festgestellt ist, gefordert werden kann, sowie daß das Reich berechtigt ist, gegen solche Entschädigung alle benutzbaren Räumlichkeiten mit Ausschluß besonders privilegirter Gebäude*) in Anspruch zu nehmen, soweit dadurch die Quartiergeber in der Benutzung der für seine Wohnungs-, Wirthschafts- und Gewerbebetriebsbedürfnisse unentbehrlichen Räume nicht behindert wird. Diese Einquartierungslast ist somit keine Gemeindelast, sondern eine allgemeine staatsbürgerliche Last der Inhaber der benutzbaren Räumlichkeiten. Dadurch, daß die örtliche Vertheilung der Quartierleistung auf die Gemeinden erfolgt, und die weitere Untervertheilung durch den

---

*) Ges. vom 25. Juni 1868 § 4.

Magistrat, welchem die Pflicht zur gehörigen und rechtzeitigen Erfüllung der Quartierleistungen obliegt, zu bewirken ist, wird die Gemeinde als solche nicht verpflichtet,*) sondern nur die Thätigkeit des Magistrats, als Organ der Staatsgewalt, behufs Vertheilung der Leistungen auf die Einquartierungs= pflichtigen in Anspruch genommen. Die Gemeinden, innerhalb deren sich diese Thätigkeit entwickelt, sind nur Vertheilungs= bezirke und durch den § 5 leg. cit. insbesondere berechtigt, zur Erledigung der zur Untervertheilung erforderlichen Ge= schäfte ihre Hülfsorgane heranzuziehen, und vor Allem einer besonderen Servis = und Einquartierungsdeputation die dau= ernde Verwaltung der Einquartierungsangelegenheiten zu über= tragen. Die Thätigkeit dieser Deputation kann sich auf Grund eines Gemeindebeschlusses auch auf die der Vermittelung der Gemeinden durch das Reichsgesetz über die Naturalleistungen für die bewaffnete Macht im Frieden vom 13. Februar 1875 überwiesenen Geschäfte (Stellung von Vorspann, Gewährung von Naturalverpflegung und Verabreichung von Fourage) er= strecken, sowie auf die Einquartierung und Naturalleistungen im Kriege, welche durch das Reichsgesetz über die Kriegslei= stungen vom 13. Juni 1873 als eine Gemeindelast von Seiten der Gemeinde, als Corporation, zu erfüllen sind.

Es ist hier nun hervorzuheben:

I. **Zusammensetzung der Deputation.** Dieselbe wird auf Grund des Gesetzes vom 25. Juni 1868 § 5 aus Mit= gliedern des Magistrats und der Stadtverordnetenversammlung oder aus letzteren und mehreren von der Stadtverordneten= versammlung gewählten Gemeindemitgliedern gebildet. Die Magistratsmitglieder werden von dem Bürgermeister ernannt. Letzterer bestimmt auch den Vorsitzenden.

---

*) O. V. G E. Bd. V, p. 108.

II. **Obliegenheiten der Deputation:**

a. Die Verwaltung der Einquartierungsangelegenheiten im Allgemeinen.

b. In Garnisonorten die Aufstellung des Serviskatasters. Diese Kataster enthalten alle zur Einquartierung benutzbaren Gebäude des Stadtbezirks unter Angabe ihrer Leistungsfähigkeit, und zwar zu dem Zwecke, um den Umfang, in welchem die Quartierleistungen gefordert werden können, festzustellen. Dieselben müssen alljährlich aufgestellt werden, wenn nicht etwa von einer Aufstellung auf Grund eines übereinstimmenden Gemeindebeschlusses überhaupt Abstand genommen werden soll. In die Kataster sind alle belegten Gebäude mit Ausschluß der von den Gemeinden behufs Casernirung der Truppen in Gemäßheit eines mit der Militärverwaltung getroffenen Uebereinkommens hergerichteten Localitäten aufzunehmen. Sie sind nach geschehener Aufstellung und nach zuvoriger Bekanntmachung während eines Zeitraums von 14 Tagen öffentlich auszulegen. Es steht sowohl der Militärbehörde, als den übrigen Interessenten frei, Erinnerungen gegen die Kataster innerhalb einer praeclusivischen Frist von 21 Tagen nach Offenlegung bei dem Magistrate anzubringen. Gegen den Beschluß des Magistrats findet in den Kreisordnungsprovinzen innerhalb zwei Wochen die Beschwerde an den Bezirksausschuß statt. Der Beschluß des Letzteren ist endgültig.*)

III. **Das Geschäft der Untervertheilung der Einquartierungslast.** Wenn auch der § 4 des Gesetzes vom 25. Juni 1868 dem Reiche das Recht zuspricht, gegen Entschädigung die Beschaffung der Quartierleistungen zu verlangen und dazu alle benutzbaren Baulichkeiten mit Ausschluß einzelner eximirter Gebäude in Anspruch zu nehmen, so bleibt es doch dem übereinstimmenden Gemeindebeschlusse der städtischen Behörden

---

*) Zust. G. § 51.

überlassen, die Untervertheilung ortsstatutarisch zu regeln, und zwar:

a. **Durch Umlegung auf die Häuser schlechthin.** Die Last liegt hier den Hauseigenthümern ob und characterisirt sich somit als Reallast.

b. **Durch Repartition auf die Häuser resp. die Wohnungen in denselben.** Die Last ist hier von dem jedesmaligen Inhaber des belasteteten Wohnraumes zu tragen, und nimmt dadurch den Character einer gemischten Real- und Personallast an.*)

c. **Durch Casernirung der Truppen und Aufbringung der Kosten im Wege der Communalbesteuerung.** In diesem letzteren Falle steht es den Gemeinden frei, die dadurch entstehenden Kosten nach den ortsstatutarisch geltenden Grundsätzen unter Heranziehung aller gemeindeabgabepflichtigen Einwohner aufzubringen.

Es liegt der Deputation vor Allem die Pflicht ob, auf Grundlage der ortsstatutarischen Bestimmungen für eine gleichmäßige Vertheilung der Einquartierungslast Sorge zu tragen.

IV. Die von der Deputation zu beachtenden Gesetze. Es sind dies hauptsächlich die nachfolgenden Reichsgesetze und Reichsverordnungen, nämlich:

a. das Gesetz, betreffend die Quartierleistungen für die bewaffnete Macht während des Friedenszustandes vom 25. Juni 1868 (R. G. Bl. p. 523).

b. Das Gesetz über die Naturalleistungen für die bewaffnete Macht im Frieden vom 13. Februar 1875 (R. G. Bl. p. 52).

c. Das Reichsgesetz über die Kriegsleistungen vom 13. Jun 1873 (R. G. Bl. p. 129).

---

*) M. R. vom 4 Mai 1869 p. 168.

d. das Reichsgesetz vom 28. Mai 1887 (R. G. Bl. p. 159).

e. Das Reichsgesetz vom 21. Juni 1887 (R. G. Bl. p. 245).

f. Die Ausführungsverordnungen vom 1. April 1876 (R. G. Bl. p. 137), vom 6. Juni 1885 (R. G. Bl. p. 197) und vom 26. Januar 1887 (R. G. Bl. p. 9).

§ 89. Die Sanitätsdeputation.

Die Errichtung derselben ist in dem durch die Cabinets-ordre vom 8. August 1835 bestätigten Regulative über sani-tätspolizeiliche Vorschriften angeordnet. Als Zweck derselben ist in diesem Regulative die Verhütung und Beschränkung ansteckender Krankheiten ausgesprochen. Im Einzelnen ist hier hervorzuheben:

I. **Die Zusammensetzung.** Die Sanitätsdeputation soll aus folgenden Mitgliedern bestehen:

a. aus dem Vorstande der Ortspolizeibehörde, als Vor-sitzenden;

b. in dem Falle, wenn die Ortspolizei von Staatsbeamten verwaltet wird, auch aus dem Bürgermeister oder einem von demselben zu deputirenden Magistratsmitgliede;

c. aus einem oder mehreren von der Ortspolizeibehörde zu bestimmenden Aerzten;

d. aus mindestens drei von den Stadtverordneten zu er-wählenden geeigneten Einwohnern der Stadt;

e. in Garnisonorten außerdem noch aus einem oder meh-reren von den Militair-Befehlshabern zu bestimmenden Officieren und einem oberen Militairarzte.

Außer dieser auf den ganzen Umfang des Stadtbezirks ihre Thätigkeit erstreckenden Deputation können noch besondere derselben untergeordnete Specialcommissionen, sog. Schutz- oder Reviercommissionen, auf Anordnung der Ortspolizeibehörde in größeren Städten, wo das Bedürfniß obwaltet, für einzelne Stadttheile oder Bezirke gebildet werden. Diese Specialcommissionen sind so zusammenzusetzen, daß zu jeder mindestens ein Arzt oder Wundarzt, ein Polizei- oder Communalbeamter und endlich mehrere von den Stadtverordneten zu ernennende Mitglieder gehören.

II. Die Functionen. Die Thätigkeit der Deputation und der ihr untergeordneten Commissionen ist im Allgemeinen auf die Unterstützung der Ortspolizeibehörde in Betreff der der letzteren in sanitätspolizeilicher Beziehung zufallenden Obliegenheiten gerichtet, und zwar in der Art, daß dieselben in der angedeuteten Beziehung nicht bloß der Ortspolizeibehörde Rath zu ertheilen, sondern auch deren Aufträge auszuführen sowie die ihr regulativmäßig zugewiesenen speciellen Functionen zu versehen verpflichtet sind. Die Ortspolizeibehörde ist demzufolge befugt, in allen Fällen, in welchen sie der Unterstützung und Berathung bedarf, zu solchem Zwecke die Deputation und die Commissionen zusammenzuberufen, um nach Anhörung der von denselben gemachten Vorschläge die erforderliche Entscheidung zu treffen und die weitere Ausführung ihrer Anordnungen zu veranlassen.

Die speciellen Functionen der Deputation und der Commissionen bestehen in Folgendem:

a. auf den Gesundheitszustand des Orts oder Bezirks, für welchen sie gebildet sind, zu wachen;

b. die Ursachen, welche zur Entstehung und Verbreitung ansteckender Krankheiten Veranlassuug geben können, möglichst zu entfernen;

c. zur Belehrung des Publicum über die Erscheinungen der wichtigeren ansteckenden Krankheiten und das bei deren Ausbruche zu beobachtende Verfahren mit umsichtiger Schonung nach Anleitung der Beilage B. der Cabinetsordre vom 8. August 1835 beizutragen;

d. die für den Fall der Annäherung und des zu befürch=
tenden Ausbruchs solcher Krankheiten etwa erforderlichen
Heil= und Verpflegungsanstalten zu ermitteln und deren
Einrichtung vorzubereiten;

e. die Polizeibehörde überhaupt in allen die Verhütung des
Ausbruchs und der Verbreitung dieser Krankheiten be=
treffenden Angelegenheiten zu unterstützen.

III. Die Kosten der Verwaltung. Soweit solche Kosten
zur Beschaffung der zu den vorstehend angegebenen Zwecken
für erforderlich erachteten Mittel aufzubringen sind, fallen sie
der Gemeinde zur Last. Es liegt deshalb der Sanitätsdepu=
tation die Pflicht ob, die Beschaffung solcher Mittel bei dem
Magistrate zu beantragen und in der geeigneten Weise, event.
bei etwaiger Weigerung der Gemeinde durch eine an die Auf=
sichtsbehörde einzureichende Anzeige, durchzusetzen.

IV. Die von der Deputation zu beachtenden Gesetze.
Es sind dies hauptsächlich:

a. die sanitätspolizeilichen Vorschriften des mehrberegten
Regulativs vom 8. August 1835 und die später erlasse=
nen Sanitätspolizeiverordnungen, welche namentlich vor
oder bei dem Ausbruche ansteckender Krankheiten erlassen
werden und die Verhütung und Beschränkung derselben
bezwecken.

b. Das Reichsimpfgesetz vom 8. April 1874 und das dazu
erlassene Preußische Ausführungsgesetz vom 12. April
1875.

c. Das Reichsgesetz, betreffend den Verkehr mit Nahrungs=
mitteln, Genußmitteln und Gebrauchsgegenständen vom
14. Mai 1879.

d. Das Landesgesetz, betreffend die Errichtung öffent=
licher, ausschließlich zu benutzender Schlachthäuser vom
9. März 1881.

§ 90. Die Waisenräthe.

Dies Institut ist durch die Vormundschaftsordnung vom 5. Juli 1875 (G. S. p. 431) geregelt. Es steht hier zur Erörterung:

I. **Bedeutung und Zweck des Amts.** Dasselbe ist ein unentgeltliches Gemeindeamt, zu dessen Uebernahme jeder stimmfähige Bürger verpflichtet ist und welches derselbe mindestens drei Jahre lang versehen muß. Der Zweck desselben ist darauf gerichtet, daß die mit den Functionen eines Waisenraths bekleideten Gemeindebeamten dem für den Gemeindeort competenten Vormundschaftsgerichte in den sub III angegebenen Beziehungen zur Seite stehen sollen.

II. **Wahl.** Dieselbe steht auch hier, wie bei den Wahlen aller unbesoldeten Gemeindebeamten, der Stadtverordnetenversammlung zu. Die letztere ist befugt, das Amt des Waisenraths entweder einzelnen Gemeindemitgliedern oder einer besonders zu ernennenden Waisenrathsdeputation oder auch anderweitig bestehenden Deputationen und Gemeindeverwaltungsorganen zu übertragen, und zwar entweder für den ganzen Gemeindebezirk oder für örtlich abzugrenzende Theile desselben.

III. **Die Pflichten.** Diese bestehen in Folgendem:
  a. die Aufsicht über das persönliche Wohl des Mündels und über dessen Erziehung zu führen;
  b. insbesondere Mängel und Pflichtwidrigkeiten, welche bei der körperlichen oder sittlichen Erziehung des Mündels wahrgenommen werden, anzuzeigen;
  c. auf Erfordern über die Person des Mündels Auskunft zu ertheilen;
  d. dem Vormundschaftsgerichte diejenigen Personen vorzuschlagen, welche im einzelnen Falle zur Berufung als Vormund oder Gegenvormund geeignet erscheinen;

e. bei einer Verlegung der Wohnung des Mündels in eine andere Gemeinde oder in einen anderen Bezirk hievon dem Waisenrathe des neuen Aufenthaltsortes Kenntniß zu geben.

Zu dem Zwecke, damit den sub d und e beregten Pflichten Genüge geschehen kann, liegt es dem Vormundschafts= gerichte ob, dem Waisenrathe desjenigen Bezirks, in welchem der Mündel wohnt, von der einzuleitenden Vormundschaft, sowie in den Fällen, in welchen für ein uneheliches Kind der Vater der unehelichen Mutter oder für einen in eine staatliche oder städtische Verpflegungsanstalt aufgenommenen Mündel der Vorstand der Anstalt als Vormund zu bestellen ist, von dieser gesetzlichen Vormundschaft Kenntniß zu geben und den betreffenden Vormund namhaft zu machen. Dagegen muß der Vormund den Waisenrath davon benachrichtigen, wenn die Wohnung des Mündels in eine andere Gemeinde oder in einen anderen Bezirk verlegt ist.

IV. Kosten. Die sachlichen Kosten des Amts, namentlich die durch die Correspondenz des Waisenraths erwachsenden Portoauslagen fallen der Gemeinde zur Last.*)

V. Die von dem Waisenrathe zu beobachtenden Gesetze. Es kommt hier hauptsächlich die oben citirte Vormundschafts= ordnung vom 5. Juli 1875 in Betracht.

§ 91. Die Schiedsmänner.

Die Schiedsmannsordnung vom 29. März 1879 (G.S. p. 321) hat den Gemeinden die Pflicht auferlegt, für den Gemeindebezirk oder für die einzelnen Theile desselben, welche durch den collegialischen Magistrat bezw. den Bürgermeister zuvor abzugrenzen sind, zur Sühneverhandlung über streitige

---

*) M. R. vom 6. Dec. 1876 (p. 187).

Rechtsangelegenheiten Schiedsmänner und Stellvertreter der=
selben zu bestellen. Ein solches Amt ist somit ein öffentliches.
Gemeindeamt, welches die Schiedsmänner als städtische Unter=
behörde ehrenamtlich zu versehen haben.*)

I. **Wahl.** Die Wahl erfolgt durch die Stadtverordneten=
versammlung auf drei Jahre, es muß jedoch der gewählte
Schiedsmann bis zum Amtsantritte seines Nachfolgers in
Thätigkeit bleiben. Nicht wählbar sind:

a. Personen, welche das 30. Lebensjahr noch nicht vollendet
haben;

b. Personen, welche nicht in dem Schiedsamtsbezirke wohnen,
für welchen die Berufung erfolgt;

c. Personen, welche in Folge strafgerichtlicher Verurtheilung
die Befähigung zur Bekleidung öffentlicher Aemter ver=
loren haben;

d. Personen, welche in Folge gerichtlicher Anordnung in
der Verfügung über ihr Vermögen beschränkt sind.

Staatsbeamte und besoldete Beamte der Communal= und
Kirchenverwaltung sind wählbar, sie bedürfen aber zur Ueber=
nahme des Amtes der Genehmigung ihrer zunächst vorgesetzten
Behörde.

II. **Bestätigung und Verpflichtung.** Die Bestätigung
der Gewählten erfolgt durch das Präsidium des für den
Wahlort zuständigen Landgerichts, die eidliche Verpflichtung
dagegen durch das Amtsgericht ihres Wohnsitzes. Nach ge=
chehener Beeidigung erlangen sie bei Ausübung ihres Amtes
die Rechte der Beamten.

III. **Das Aufsichtsrecht.** Dasselbe steht dem Justiz=
minister, dem Oberlandesgerichtspräsidenten bezw. dem Prä=
sidenten des Landgerichts zu und bedingt die Befugniß, die
ordnungswidrige Ausführung eines Schiedsmannsgeschäft zu

---

*) M. R. vom 4. Juli 1835.

rügen und über Beschwerden, welche den Geschäftsbetrieb oder Verzögerungen betreffen, zu entscheiden.

IV. Ablehnungs- und Niederlegungsgründe. Zur Ablehnung und Niederlegung des Schiedsmannsamts vor Ablauf der Wahlperiode berechtigen:

a. das Alter von 60 Jahren;

b. die Verwaltung des Schiedsmannsamtes während der voraufgegangenen drei Jahre;

c. anhaltende Krankheit;

d. Geschäfte, welche eine lange oder häufige Abwesenheit vom Wohnorte mit sich bringen;

e. die Verwaltung eines unmittelbaren Staatsamtes;

f. sonstige besondere Verhältnisse, welche nach billigem Ermessen eine gültige Entschuldigung begründen.

Die Entscheidung über die Befugniß zur Ablehnung erfolgt durch die Stadtverordnetenversammlung, diejenige über die Befugniß zur Niederlegung durch das Präsidium des Landgerichts.

V. Dienstentlassung. Dieselbe kann nur durch den ersten Civilsenat des Oberlandesgerichts, in dessen Bezirk der betreffende Schiedsmann seinen Wohnsitz hat, nach Anhörung desselben verfügt werden und muß erfolgen:

a. wenn Umstände eintreten oder bekannt gemacht werden, bei deren Vorhandensein die Berufung nicht erfolgen soll, und

b. aus anderen erheblichen Gründen, welche dem freien Ermessen des Civilsenats unterliegen.

VI. Weigerung der Uebernahme oder der Weiterführung des Amts. Wer ohne gesetzlichen Grund die Uebernahme oder fernere Wahrnehmung des Amts während der vorgeschriebenen dreijährigen Amtsdauer verweigert, kann auf drei bis sechs Jahre der Ausübung seines Rechts auf Theilnahme an der Vertretung und Verwaltung der Gemeinde für verluftig erklärt und um ein Achtel bis ein Viertel stärker, als die übrigen Gemeindeangehörigen, zu den Gemeindeabgaben herangezogen werden. Die desfallsige Beschlußfassung steht der Stadtverordnetenversammlnng zu. Die im § 10 der Schiedsmannsordnung enthaltene Bestimmung, daß der Stadt= verordnetenbeschluß der Genehmigung der Aufsichtsbehörde bedarf, ist durch das Zuständigkeitsgesetz vom 1. August 1883 § 11 aufgehoben. Dagegen findet der § 10 sub III des ebengenannten Gesetzes, nach welchem der Stadtverordneten= versammlung der Beschluß über die Berechtigung zur Nieder= legung von Aemtern in der Gemeindevertretung und Ver= waltung und die eintretendenfalls dieserhalb zu verhängenden Nachtheile und Strafen zusteht, aus dem sub IV angeführten Grunde auf die Schiedsmänner keine Anwendung.

VII. **Stellvertretung.** Für jeden Schiedsmann ist ein Stellvertreter zu wählen; es ist indeß zulässig, die Stellver= tretung dahin zu ordnen, daß bestimmte Schiedsmänner oder alle Schiedsmänner desselben Gemeindebezirks sich wechselseitig vertreten. Im Falle vorübergehender Behinderung oder gleich= zeitiger Erledigung des Amts des Schiedsmanns und der Stellvertreter kann die Aufsichtsbehörde die einstweilige Wahr= nehmung der Geschäfte einem benachbarten Schiedsmann oder Stellvertreter übertragen.

VIII. **Die sachlichen Kosten und Geldstrafen.** Die fach= lichen Kosten des Schiedsmannsamtes, zu welchen auch die Kosten der in Ausübung desselben gemachten nothwendigen Reisen des Schiedsmanns gehören,*) fallen der Gemeinde zur Last; es fließen aber auch die zur Erhebung gelangenden Geldstrafen, welche von Seiten des Schiedsmanns gesetzlich auferlegt werden können, zur Stadtkasse.

---

*) M. R. vom 15. Januar 1881 (M. Bl. p. 17).

§ 92. Das Eichungsamt.

Dies Institut ist hervorgerufen durch die Maaß= und Gewichtsordnung für den Norddeutschen Bund vom 17. August 1868 (B.G.Bl. p. 473), deren Zweck darauf gerichtet ist, daß zum Zumessen und Zuwägen im öffentlichen Verkehre nur in Gemäßheit der gesetzlichen Vorschriften gehörig ge= stempelte Maaße, Gewichte und Waagen angewendet werden dürfen, und daß zur Eichung und Stempelung nur diejenigen Maaße und Gewichte zuzulassen sind, welche den gesetzlich vorgeschriebenen Größen entsprechen. Zur Genügung dieses Zweckes ist im Art. 15 leg. cit. die Errichtung von Eichungs= ämtern angeordnet, welche ausschließlich mit dem Geschäfte der Eichung nnd Stempelung zu betrauen sind und zur Durch= führung ihrer Aufgabe mit den erforderlichen, nach den Nor= malmaaßen und Gewichten hergestellten Eichungsnormalen und mit den erforderlichen Normalapparaten versehen werden müssen. Das vorberegte Reichsgesetz vom 17. August 1868 hat die Errichtung der Eichungsämter den einzelnen Bundes= staaten sowie die Ausführung der bezüglichen Bestimmungen der Landesgesetzgebung überlassen. In Preußen ist demzufolge das Gesetz, betreffend die Eichungsbehörden, vom 26. No= vember 1869 (G.S. p. 1165) erlassen. Auf Grund desselben sind die Eichungsämter in denjenigen Städten, in welchen Eichungsinspectoren ihren Sitz erhalten, unter der unmittel= baren Leitung derselben stehende Staatsanstalten, dagegen in allen übrigen Städten unter der Aufsicht des Magistrats und der Eichungsinspectoren stehende Gemeindeanstalten. Das Personal derselben, welche mindestens aus einem mit der all= gemeinen Leitung des Geschäfts zu betrauenden Vorsteher und einem von dem zuständigen Eichungsinspector nach vorgängiger Prüfung als technisch befähigt anerkannten Sachverständi= gen, dem Eichmeister, bestehen muß, ist eine städtische Unter=

behörde. Die Mitglieder des Eichungsamts sind Gemeinde=
beamten.

Zur Errichtung eines Eichungsamts bedarf es der Ge=
nehmigung des Ministers für Handel, Gewerbe und öffentliche
Arbeiten. Dieselbe darf denjenigen Gemeinden, welche die zu
einem Eichungsamte nöthigen Localitäten und Einrichtungen
beschaffen und eine zum Eichmeister qualificirte Persönlichkeit
nachweisen, nicht vorenthalten werden. Die Eichungsinspec=
toren, welche als Staatsbeamte unmittelbar dem Minister für
Handel, Gewerbe und öffentliche Arbeiten untergeordnet sind,
haben das Recht, die Eichungsämter ihres Districts in tech=
nischen Angelegenheiten durch Vermittelung des Magistrats
mit Anweisung zu versehen. Die Eichungsämter können auf
einen einzelnen Zweig des Eichungsgeschäfts beschränkt sein,
oder mehrere Zweige desselben umfassen. Es ist auch für
zulässig erklärt, daß solche Zweige, welche eine besondere
Sachkunde und Geschicklichkeit erfordern, ausschließlich einzel=
nen Eichungsämtern übertragen werden können.

Was die financielle Seite dieses Instituts anlangt, so
fallen alle mit der Errichtung und Unterhaltung der Ge=
meindeanstalten verbundenen Kosten den betreffenden Stadt=
gemeinden, in deren Bezirk Eichungsämter errichtet werden,
zur Last, wogegen aber als Aequivalent die bei ihnen zur
Hebung gelangenden Gebühren der Stadtcasse zufließen. Die
Kosten der Staatsanstalten bestreitet hingegen der Staat,
welcher andererseits auch die bei den letzteren aufkommenden
Gebühren bezieht.

§ 93. Die Bezirksvorsteher.

Jeder Bezirksvorsteher ist ein öffentlicher Beamter und
bildet eine Unterbehörde des Magistrats, dazu bestimmt, dem=
selben als Hülfsorgan in Bezug auf die örtliche Verwaltung

zur Seite zu stehen. Sein Wirkungskreis erstreckt sich auf
denjenigen Bezirk, welchem er vorgesetzt wird. Das Bedürfniß hat die Bestimmung veranlaßt, daß Städte von größerem
Umfange oder von zahlreicherer Bevölkerung durch den Magistrat nach Anhörung der Gemeindevertretung in Ortsbezirke
getheilt, und daß jedem Bezirke ein Vorsteher und für den
Fall seiner Behinderung ein Stellvertreter zugewiesen werden.
Die Bezirksvorsteher und deren Stellvertreter werden von
Seiten der Gemeindevertretung aus den stimmfähigen Bürgern des Bezirks auf sechs Jahre erwählt und von dem Magistrate bestätigt. Bei Anfechtung ihrer Wahl beschließt über
die Gültigkeit derselben der Bezirksausschuß.*)

Der § 182 der Städteordnung vom 19. November 1808
hat die ihnen obliegende Geschäfte näher bezeichnet, und dazu namentlich die Besorgung der kleineren Angelegenheiten und die
Controle der Polizeianordnungen gerechnet, nämlich: die Aufsicht auf Straßen, Brücken, Brunnen, Wasserleitungen ꝛc.,
deren Reinigung, kleine Ausbesserungen derselben, Controle der
Erleuchtung und Nachtwache, Aufsicht auf öffentliche Plätze
und deren Reinigung, Besorgung von Leistungen dieser Art
für Rechnung säumiger Particuliers, Verwaltung und Aufsicht
über Rettungsanstalten des Bezirks und Befolgung der Aufträge der Deputationen in Beziehung auf die Polizeianstalten
— kurz die Beachtung aller Angelegenheiten des Gemeinde-
wesens innerhalb ihres Bezirks, die Abstellung der etwa hervortretenden Mängel und namentlich bei Unglücksfälle drohenden Gefahren sofortige Anzeige derjenigen Mängel, welche
nicht beseitigt werden können. Die neueren Städteordnungen
haben dagegen von der Specialisirung der einzelnen Geschäfte ganz
abgesehen, diesen Gemeindebeamten vielmehr nur die allgemeine
Pflicht auferlegt, den Anordnungen des Magistrats als dessen Or-

*) Zust. G. vom 1. August 1883 § 14.

gan Folge zu leisten und ihn besonders in den örtlichen Geschäften des Bezirks zu unterstützen. Es bleibt somit jetzt dem Magistrate jeder Stadt überlassen, unter Berücksichtigung der localen Verhältnisse den Wirkungskreis der ihnen untergeordneten Bezirksvorsteher in einer Instruction festzustellen.

Hinsichtlich der Berechtigung derselben, Amtszeichen zu tragen, ist das Nähere bereits in § 51 dargestellt worden.

Drittes Capitel: Die Communalbeamten.

§ 94. Die Dienstpflichten in disciplinarischer Beziehung.

Bei der Erörterung dieses Gegenstandes ist zunächst von dem § 2 des Disciplinargesetzes vom 21. Juli 1852 auszugehen. Derselbe enthält nämlich die Bestimmung, daß ein Beamter, welcher die ihm durch sein Amt auferlegten Pflichten verletzt oder sich durch sein Verhalten in oder außer dem Amte der Achtung, des Ansehens oder des Vertrauens, die sein Beruf erfordert, unwürdig zeigt, sich dadurch disciplinarisch verantwortlich und strafbar macht. Während hier die den Beamten obliegenden Berufs- und Dienstpflichten theils nur angedeutet, theils nur im Allgemeinen begrenzt sind, hat das vorgenannte Gesetz von einer namentlichen Aufzählung solcher Pflichten ganz Abstand genommen. Es ist damit einerseits dem Ermessen der Disciplinarbehörde ein sehr weiter Spielraum darüber, wann eine strafbare Pflichtverletzung bezw. eine disciplinarisch zu ahndende Unwürdigkeit eintritt, gelassen worden; andererseits aber haben diejenigen gesetzlichen Bestimmungen, welche bestimmte Handlungen und Unterlassungen eines Beamten als eine Pflichtverletzung kennzeichnen und behandeln, nicht aufgehoben, vielmehr insoweit, als nicht die Vorschriften des Gesetzes vom 21. Juli 1852 entgegenstehen, also namentlich in Bezug auf das Requisit der Strafbarkeit

8*

aufrecht erhalten werden sollen. Bei einem solchen Stande
der Gesetzgebung wird es sich vernothwendigen, diejenigen
Pflichten bezw. Pflichtverletzungen, welche Gegenstand beson=
derer gesetzlicher Bestimmungen sind, hier aufzuführen:

I. **Treue im Berufe.** Es liegt dem Beamten vor Allem
die Pflicht ob, das ihm übertragene Amt in Befolgung und
Beobachtung der darüber ergangenen Gesetze, der ihm beson=
ders ertheilten Dienstinstruction und event. in Ermangelung
beider der dem Wesen und der Natur seines Amtes entspre=
chenden Grundsätze zu verwalten, und demgemäß alle aus
solchem Amte sich ergebenden Dienstfunctionen unweigerlich
und mit getreuer Pflichterfüllung zu verrichten.*) Er muß
sich insbesondere auch die Erledigung aller bei einer etwaigen
Geschäftserweiterung eintretenden vermehrten Arbeiten und
die Besorgung aller ihm von Seiten seiner vorgesetzten Dienst=
behörde übertragenen besonderen Geschäfte, welche in den Kreis
seiner Amtsthätigkeit fallen, mit der Natur seiner berufs=
mäßigen Arbeiten harmoniren und mit seiner beamtlichen
Stellung und Würde vereinbar sind, ohne jeglichen Anspruch
auf Erhöhung des Gehalts oder auf die in der Verwaltung
leider oft mißbräuchlich zur Verwendung kommenden Gratifi=
cationen angelegen sein lassen. Er ist ferner verpflichtet, alle
Geschäfte des ihm übertragenen Dienstes und Amtes mit
pflichtmäßiger Sorgfalt zu führen und hierauf die genaueste
Aufmerksamkeit zu verwenden.**) Es ist ihm in Folge dessen
nicht gestattet, die ihm obliegenden Geschäfte seines öffentlichen
Amtes, abgesehen von den Fällen der Krankheit und der dieser
gleichstehenden entschuldigten Verhinderung in Bezug auf die
ohne Gefahr für den Dienst unaufschiebbaren Geschäfte bis
zur anderweitigen, sofort zu beantragenden Anordnung seiner

---

*) A. L. R. Th. II, Tit. 10 § 87.
**) A. L. R. Th. II, Tit. 10 §§ 88 und 89.

Dienſtbehörde, einem Anderen eigenmächtig an ſeiner Statt zu übertragen.*)

II. Treue und Gehorſam gegen den König und deſſen Regierung. Unter den Unterthanen, welchen die gleiche Pflicht obliegt, ſind es vorzugsweiſe die Beamten, welche dazu be= rufen ſind, die Sicherheit, die gute Ordnung und den Wohl= ſtand des Staats unterhalten und befördern zu helfen, und demzufolge zu einer durch das Verhältniß des unmittelbaren oder mittelbaren Staatsdienſtes bedingten beſonderen Treue und Gehorſam gegen den König und die in ſeinem Auftrage functionirende Staatsregierung verbunden ſind.**) Aus dieſem Geſichtspunkte hat das Erkenntniß des Obertribunals vom 14. September 1863 (J.M.Bl. p. 243) die Betheiligung an öffentlichen Demonſtrationen und Agitationen gegen die be= ſtehende Regierung als eine Verletzung der dem Beamten durch das Amt auferlegten Pflichten erklärt. Es hat damit dem Beamten das Recht der eigenen freien politiſchen Ueber= zeugung, ſowie die Befugniß, dieſelbe bei der Ausübung des allgemeinen Wahlrechts zu bethätigen und insbeſondere durch Abgabe ſeiner Stimme derſelben Ausdruck zu geben, keines= wegs abgeſprochen ſein ſollen; es hat vielmehr mit Berück= ſichtigung des Grundſatzes, daß bezüglich der Beamten die Grenzen einer ſolchen Betheiligung nicht bloß, wie bei den Nichtbeamten, durch die allgemeinen Strafgeſetze, ſondern auch durch das beſondere Dienſtverhältniß und die daraus origi= nirenden Disciplinarvorſchriften gezogen ſind, die Unzuläſſigkeit der oſtenſiblen Agitationen der öffentlichen Demonſtrationen und der das Volk gegen die Regierung beeinfluſſenden Par= teiumtriebe Seitens der mit der guten Ordnung des Staates betrauten Beamten ausgeſprochen ſein ſollen. Dieſer Grund= ſatz iſt übrigens insbeſondere noch in dem allerhöchſten Erlaſſe

---

*) A. L. R. Th. I, Tit. 13 § 41.
**) A. L. R. Th. II, Tit. 10 §§ 1—3.

vom 4. Januar 1882 zum Ausdrucke gekommen, indem dort
der König proclamirt, daß es ihm fern liege, die Freiheit der
Wahlen zu beeinträchtigen, daß er aber von allem Beamten
erwarte, daß sie sich im Hinblicke auf ihren Eid und Treue
von jeder Agitation gegen seine Regierung auch bei den
Wahlen fernhalten. Der die Pflicht zur Treue und Gehorsam gegen den Landesherrn besonders gelobende und somit verstärkende Verfassungseid ist es denn auch, welcher eine
Scheidung der Beamten und Nichtbeamten in Bezug auf die
obenberegten Grenzen der öffentlichen politischen Wirksamkeit
herbeiführt und insbesondere auch den Beamten die Theilnahme
an den statutengemäß oder factisch eine der Staatsregierung
feindselige Tendenz verfolgenden und eine systematische Oppo-
sition gegen dieselbe unterhaltenden Vereinen verbietet.*)

**III. Gehorsam und Folgsamkeit gegen die Vorgesetzten
und die vorgesetzte Dienstbehörde.** Die strenge Erfüllung
dieser beiden Pflichten, welche das Princip der äußeren Disciplin erfordert, ist im Interesse eines ordnungsmäßigen Geschäftsbetriebes sowie einer durchgreifenden, thatkräftigen und
sowohl das Staats- als auch das Gemeindeinteresse fördernden
Verwaltung unerläßlich. Der Beamte hat sich deshalb der
Ausführung aller von Seiten seiner Vorgesetzten und seiner
vorgesetzten Dienstbehörde in ordnungsmäßiger Weise an ihn
ergehenden Aufträge, Arbeiten und Dienste, falls dieselben
nicht der Rechtsidee oder der Idee des sittlich Guten, und
vor Allem nicht den Gesetzen widersprechen, unweigerlich zu
unterziehen. Die Ausführung muß der Vorschrift entsprechend
event. im gewöhnlichen Gange des Geschäftsbetriebs erfolgen;
es bleibt dem Beamten in dem Falle, wenn er sich zur Erledigung nicht für verpflichtet hält, nur der Weg der Beschwerde in dem angeordneten Instanzenzuge offen. Eine

---

*) M. R. v. 11. Mai 1850 (M. Bl. p. 122).

Directive dafür, wie sich der Beamte den vorhin bezielten unzulässigen Aufträgen gegenüber, durch deren Ausführung er sich selbst verantwortlich oder strafbar macht, zu verhalten habe, ist in den Preußischen Gesetzen und Ministerialanweisungen nicht angegeben. Wie hier der zur Aufrechterhaltung der Disciplin erforderliche Gehorsam nicht soweit reicht, daß der Beamte durch ihn zur Ausführung gezwungen wird, so wird es andererseits seine Pflicht sein, den Sachverhalt der seiner Dienstbehörde vorgesetzten Aufsichtsbehörde zur weiteren Entscheidung vorzutragen. In dieser Beziehung soll darauf hingewiesen werden, daß einzelne Verfassungsgesetze Deutscher Staaten den Grundsatz aussprechen, daß gesetzmäßig erlassene Befehle vorgesetzter Dienstbehörden den mit der Ausführung betrauten Verwaltungsbeamten von der eigenen Verantwortung befreien und nur den befehlenden Beamten der vorgesetzten Behörde verantwortlich machen, indem dort an dem Grundsatze festgehalten wird, daß der Beamte den Befehlen seiner Vorgesetzten unbedingt gehorchen muß.

Hinsichtlich der Mitglieder und Unterbeamten des Magistrats enthält die für die östlichen Provinzen erlassene Instruction der Magisträte vom 25. Mai 1835 (Ann. p. 733) folgende Vorschriften. Der § 20 bestimmt, daß die Mitglieder des Magistrats und alle Unterbeamten verpflichtet sind, dem Bürgermeister in den zu seinem Ressort gehörigen Angelegenheiten Folge zu leisten, während der § 25 besagt, daß die Unterbeamten diesem und dessen Mitgliedern, sowie insbesondere dem Dirigenten Achtung und Folgsamkeit schuldig sind.

IV. Unanstößiges Verhalten in und außer dem Berufe. In Bezug hierauf sind verschiedene Specialbestimmungen erlassen, und zwar

a. im § 38 der Regierungsinstruction vom 23. October 1817, nach welcher gegen Beamte, welche lau in Erfüllung ihrer Pflichten sind, sie vernachlässigen oder gar abſichtlich verletzen, oder ihr Amt dazu mißbrauchen, um ihren Eigennutz oder andere Privatleidenſchaften oder Nebenrückſichten zu befriedigen, ohne die geringſte Nach= ſicht, ohne den mindeſten Unterſchied, weß Standes und Ranges ſie ſind, mit aller Energie und Strenge verfahren werden muß, und daß ebenſowenig Subjecte in öffent= lichen Bedienungen gelitten werden ſollen, welche durch ihr Privatleben Gleichgültigkeit gegen Religion und Moral an den Tag legen, oder ſich ſonſten durch ihren Wandel, namentlich auch durch Trunkenheit und Spiel, verächtlich machen.*) Dieſelben ſind, wenn ſie durch ihre Lebensweiſe Veranlaſſung dazu geben, protocollariſch vor deren Folgen zu verwarnen.**)

b. In der Cabinetsordre vom 24. December 1836 (Ann. Bd. XXI, p. 13), nach welcher jeder Staatsbeamte, welcher ſich des Laſters der Trunkenheit ſchuldig macht, ohne Penſion aus dem Dienſte entlaſſen werden ſoll, wenn ein Vorgeſetzter deſſelben und ſeine Mitarbeiter auf ihren Amtseid verſichern, daß er ſich zu wiederholten Malen betrunken im Dienſte habe betreten laſſen, ſowie auch, wenn durch die Ausſage des Vorgeſetzten auf ſeinen Amtseid oder durch die eidliche Verſicherung zweier un= verwerflicher Zeugen dargethan wird, daß der Beamte zu wiederholten Malen auf der Straße oder an einem öffentlichen Orte im Zuſtande der Trunkenheit geſehen worden iſt.

c. In der Cabinetsordre vom 12. Mai 1841 (M. Bl. p. 202), nach welcher gegen Beamte, welche den ihnen von ihren Gläubigern, insbeſondere von Handwerkern gegebenen Credit durch Verleitung der Gläubiger zum Creditgeben durch falſche Vorſpiegelungen oder ſonſt be=

---

*) C. O. vom 31. December 1835 (G. S. 1836 p. 10).
**) M. R. vom 21. April 1845 (M. Bl. p. 115).

trügerische Mittel mißbrauchen und sich bei der Execution durch das Privilegium der Abzugsfähigkeit ihres Ge=haltes schützen, in Maßgabe der Verordnung vom 28. Fe=bruar 1806 § 8 ff. mit aller Strenge, nach Bewandniß der Umstände mit der Strafe der Dienstentlassung zu verfahren ist, und daß Beamte schon dann zur Entlassung angezeigt werden sollen, wenn sie ihren Credit durch unverhältnißmäßigen Aufwand, unmotivirtes und lieder=liches Schuldenmachen mißbrauchen, ohne daß gerade eine betrügerische Verleitung der Gläubiger im strengen Sinne des Wortes dabei vorwaltet.*)

d. In dem § 2 des Disciplinargesetzes vom 21. Juli 1852, wonach Beamte, welche die Pflichten, die ihnen ihr Amt auferlegen, verletzen oder sich durch ihr Ver=halten in oder außer dem Amte der Achtung, des An=sehens oder des Vertrauens, welche ihr Beruf erfordert, unwürdig zeigen, der disciplinarischen Bestrafung unter=liegen sollen.

V. Dauernde Anwesenheit am Amtsorte. Es muß der Beamte an dem ihm zur Ausübung seines Amts überwiesenen Wohnorte, abgesehen von der Zeit des ihm bewilligten Ur=laubs, dauernd anwesend sein; er darf denselben ohne Vorwissen und Genehmigung seiner Vorgesetzten nicht ver=lassen.**)

Das Nähere über die Urlaubsertheilung ist rücksichtlich der Magistratsmitglieder in dem M. R. vom 5. December 1867 — cfr. oben § 64 — und rücksichtlich der Magistrats=unterbeamten in der Magistratsinstruction vom 25. Mai 1835 (Ann. p. 733) — cfr. unten § 101 — enthalten.

---

*) M. R. vom 24. September 1841 (M. Bl. p. 262).
**) A. L. R. Th. II, Tit. 10 § 92.

VI. Amtsverſchwiegenheit. Sowohl das A. L. R. Th. II Tit. 20 als auch ſpätere Geſetze haben den Beamten die Amtsverſchwiegenheit ausdrücklich zur Pflicht gemacht. Es hat ſodann die Allerhöchſte Cabinetsordre vom 21. November 1835 (G. S. p. 237) Veranlaſſung genommen, dieſe Pflicht der Beamten, ſich über Gegenſtände ihres Amts und das= jenige, was amtlich zu ihrer Kenntniß gelangt, ohne amtliche Veranlaſſung der mündlichen oder ſchriftlichen Mittheilung an Dritte, ſowie der öffentlichen Verbreitung zu enthalten, wieder= holt einzuſchärfen nnd hat ferner die Departementschefs an= gewieſen, diejenigen Beamten, welche ſolche Pflicht verletzen, unnachſichtlich zur Verantwortung und Beſtrafung zu ziehen.

VII. Enthaltung von Börſenſpeculationen. Allen bei Geldinſtituten angeſtellten Beamten iſt es bei Strafe der ſo= fortigen Entlaſſung aus dem Dienſte im Disciplinarwege unterſagt, in Papieren oder Waaren zu ſpeculiren d. h. ſelbige zum Wiederverkaufe anzukaufen,*) während ihnen ſelbſtver= ſtändlich die zinsbare Anlegung ihres Vermögens in Staats= oder anderen öffentlichen Papieren nicht verwehrt ſein ſoll.

VIII. Einholung der Erlaubniß zum Gewerbebetriebe. Auf Grund der Geſetze vom 7. September 1811 und der Landesgewerbeordnung vom 17. Januar 1845 bedürfen alle Beamten, auch ſolche, die ihr Amt unentgeltlich verwalten, zum Betriebe eines Gewerbes der Erlaubniß der vorgeſetzten Behörde, ſofern nicht das Gewerbe mit der Bewirthſchaftung eines ihnen gehörigen ländlichen Grundſtücks verbunden, oder ſonſt durch geſetzliche Beſtimmungen ein Anderes angeordnet iſt; ſie ſind auch verpflichtet, die Erlaubniß zu dem Gewerbe= betriebe ihrer Ehefrauen, der in ihrer väterlichen Gewalt ſtehenden Kinder, ihrer Dienſtboten und anderer Mitglieder

---

*) Cab. O. vom 30. December 1826 und M. E. vom 26. Mai 1827 (Ann. Bd. XI, p. 363).

ihres Hausstandes einzuholen. Diese Bestimmungen sind auch auf die **Beamten** der seit 1866 neuerworbenen Provinzen ausgedehnt und durch die später erlassene Reichsgewerbeordnung vom 21. Juni 1869 § 12 bei Bestand gelassen.

IX. **Enthaltung des Betriebs gewisser Gewerbe.** Der Betrieb der Schank= und Gastwirthschaft ist allgemein den Beamten,[1]) und insbesondere dem Bürgermeister[2]), verboten. Es ist dem Letzteren gleichfalls untersagt: der Kleinhandel mit Getränken, die Gastwirthschaft, überhaupt die gewerbsweise Verabreichung von zubereiteten Speisen oder Getränken zum Genusse auf der Stelle gegen Bezahlung — cfr. Bd. I § 57. — Der Betrieb des Handels ist dem Gemeindesteuerempfänger untersagt.[3])

X. **Erwirkung der Genehmigung zur Uebernahme von Nebenämtern.** Die Grundsätze über die Berechtigung zur Uebernahme von Nebenämtern Seitens der besoldeten Magistratspersonen sowie über die Pflicht zur Einholung der Genehmigung sind bereits oben Bd. I § 63 näher dargelegt. Diese Grundsätze finden auch auf die übrigen besoldeten Communalbeamten entsprechende Anwendung, jedoch mit der Maßgabe, daß die Genehmiguug zur Uebernahme hinsichtlich der städtischen Unterbeamten nicht dem Regierungspräsidenten oder der Stadtverordnetenversammlung, sondern allein dem Magistrate, als der vorgesetzten Dienstbehörde, zusteht. Es ist hier indeß noch zu erwähnen, daß die Uebertragung von Nebenämtern in der Regel nur auf Widerruf erfolgen soll, und daß die Erlaubniß zur Uebernahme jederzeit zurückgenommen werden kann, wenn dies im Interesse des Dienstes für nothwendig erachtet wird.

---

1) M. R. vom 25. Mai 1842 (M. Bl. p. 229).
2) Ges. vom 7. Febr. 1835 (G. S. p. 18).
3) M. R. vom 29. Februar 1840 (M. Bl. p. 114).

In allen vorstehenden Fällen gestaltet sich die Verletzung der dort benannten Pflichten als ein Disciplinarvergehen, welches nach Vorschrift des Gesetzes vom 21. Juli 1852 entweder dem Ordnungsstrafrechte der Vorgesetzten oder der Entscheidung einer Disciplinarbehörde unterliegt. Es giebt nun aber außerdem noch Verletzungen von Amtspflichten, welche der strafrichterlichen Entscheidung unterliegen, und welche unter dem Namen „Amtsverbrechen und Vergehen" zusammengefaßt werden. Davon soll das Nähere in dem folgenden § erörtert werden.

§ 95. Die Dienstpflichten in criminell strafbarer Beziehung.

Die Verbrechen und Vergehen im Amte unterliegen als criminell strafbare Verletzungen einer Amtspflicht der Beamten ausschließlich der Aburtheilung durch die Strafgerichte, welche in Gemäßheit der Strafgesetze darüber zu erkennen und die angedrohten Strafen zu verhängen haben. Das Reichsstrafgesetz hat diese Amtsverbrechen und Vergehen in den §§ 331—358 zusammengestellt und im § 359 ausgesprochen, daß unter Beamten in dem hier vorliegenden Sinne insbesondere auch die in mittelbarem Staatsdienste auf Lebenszeit, auf Zeit oder nur vorläufig angestellten Personen ohne Unterschied, ob sie einen Diensteid geleistet haben oder nicht, zu verstehen sind. Es werden im Allgemeinen unterschieden:

a. eigentliche Amtsverbrechen und Vergehen, durch welche eine besondere Amtspflicht verletzt wird,
  uneigentliche — diejenigen gemeinen Verbrechen ꝛc., welche für den Fall, daß sie von einem Beamten bei der Ausübung seines Amtes begangen werden, mit besonderer Strafe bedroht sind,

b. allgemeine, welche von Beamten aller Gattungen begangen werden können.

besondere, welche nur von Beamten einer besonderen Gattung zu begehen möglich find;

c. gemischte, an welchen noch ein Dritter, welcher auch nicht Beamter zu sein braucht, nothwendig betheiligt sein muß,

reine, welche durch einen Beamten nur allein ohne die nothwendige Betheiligung eines Dritten begangen werden können.

Was nun die einzelnen Arten anlangt, so gruppiren sich dieselben, insoweit die Communalbeamten in Betracht kommen, folgendermaßen:

I. Bestechung des Beamten.

a. zu einer in sein Amt einschlagenden, an sich nicht pflicht= widrigen Handlung, (St. G. B. § 331), falls derselbe sich die nur ausnahmsweise zu ertheilende Erlaubniß zur Annahme eines Geschenks oder anderer Vortheile für Amtsverrichtungen bei dem Minister des Innern nicht verwirkt hat,*)

b. zu einer pflichtwidrigen Handlung, welche eine Verletzung der Amts= oder Dienstpflicht enthält. (St.G.B. § 332).

II. Rechtsbeugung durch einen Beamten, welcher bei der Leitung oder Entscheidung einer Rechtssache eine Parthei vorsätzlich begünstigt oder benachtheiligt. (St.G.B. § 336).

III. Mißbrauch der Amtsgewalt Seitens des Beamten.

a. Widerrechtliche Nöthigung eines Dritten zu einer Hand= lung, Duldung oder Unterlassung (St.G.B. § 339) durch Mißbrauch der Amtsgewalt oder durch Androhung eines bestimmten Mißbrauchs derselben. Der Versuch ist gleich= falls strafbar.

---

*) M. R. vom 8. März 1855 (M. Bl. p. 116) und vom 15. Juni 1856 (M. Bl. p. 219). g

b. Vorsätzliche Begehung oder Begehenlassen einer Körper=
verletzung bei Ausübung oder in Veranlassung der Aus=
übung seines Amtes (St.G.B. § 340).

c. Vorsätzliche, unberechtigte Vornahme oder Anordnung
einer Verhaftung oder einer vorläufigen Ergreifung und
Festnahme oder einer Zwangsgestellung, oder vorsätzliche,
unberechtigte Verlängerung der Dauer einer Freiheits=
entziehung (St.G.B. § 341).

d. Begehung eines Hausfriedensbruchs in Ausübung oder
in Veranlassung der Ausübung seines Amtes. (St.G.
B. § 342).

e. Anwendung oder Anordnung von Zwangsmittel in einer
Untersuchung zum Zwecke der Erpressung von Geständ=
nissen oder Aussagen. (St.G.B. § 343).

f. Vorsätzliche Beantragung oder Beschließung der Eröffnung
oder Fortsetzung einer Untersuchung zum Nachtheile einer
Person, deren Unschuld ihm bekannt ist (St.G.B. § 344).

g. Vorsätzliche oder fahrlässig bewirkte Vollstreckung einer
Strafe, von welcher er weiß, daß sie überhaupt nicht
oder nicht in der Art oder dem Maaße nach vollstreckt
werden darf. (St.G.B. § 345).

h. Unterlassung der Verfolgung einer strafbaren Handlung
mit der Absicht, Jemand der gesetzlichen Strafe zu ent=
ziehen, oder Begehung einer Handlung, welche geeignet
ist, eine Freisprechung oder eine dem Gesetze nicht ent=
sprechende Bestrafung zu bewirken, oder Nichtbetreibung
der Vollstreckung der ausgesprochenen Strafe oder Voll=
ziehung einer gelinderen als die erkannte Strafe, und
zwar in allen Fällen, wenn der Beamte vermöge seines
Amtes bei Ausübung der Strafgewalt oder bei Voll=
streckung der Strafe mitzuwirken hat. (St.G.B. § 346).

i. Vorsätzliche oder fahrlässige Zulassung, Beförderung oder
Erleichterung der Entweichung eines Gefangenen, dessen

Beaufsichtigung, Begleitung oder Bewachung dem Be=
amten anvertraut ist, sowie vorsätzliche oder fahrlässige
Bewirkung oder Beförderung der Befreiung eines solchen
Gefangenen. (St.G.B. § 347).

k. Verhinderung eines Mitglieds der gesetzgebenden Ver=
sammlung des Reichs oder des Staates, sich an den
Ort der Versammlung zu begeben oder zu stimmen, durch
Mißbrauch seiner Amtsgewalt oder Androhung eines
bestimmten Mißbrauchs derselben. (St.G.B. §§ 339
und 106).

l. Verhinderung eines Deutschen, in Ausübung seiner staats=
bürgerlichen Rechte zu wählen oder zu stimmen, durch
Mißbrauch seiner Amtsgewalt oder Androhung ꝛc. (St.
G.B. §§ 339 und 107).

m. Verhinderung einer Person, den Gottesdienst einer im
Staate bestehenden Religionsgesellschaft auszuüben, oder
vorsätzliche Verhinderung oder Störung des Gottesdienstes
oder einzelner gottesdienstlicher Verrichtungen einer im
Staate bestehenden Religionsgesellschaft in einer Kirche
oder in einem andern zu religiösen Versammlungen be=
stimmten Orte durch Erregung von Lärm oder Unord=
nung, und zwar in allen Fällen, wenn er sich bei der
Hinderung oder Störung des Mißbrauchs seiner Amts=
gewalt oder der Androhung eines bestimmten Mißbrauchs
derselben schuldig macht. (St.G.B. §§ 339 und 167).

n. Erpressung durch Nöthigung eines Dritten zu einer Hand=
lung, Duldung oder Unterlassung durch Mißbrauch seines
Amts oder Androhung eines bestimmten Mißbrauchs des=
selben in der Absicht, sich oder einem Anderen einen
rechtswidrigen Vermögensvortheil zu verschaffen. (St.G.B.
§§ 339 und 253).

IV. Urkundenfälschung. Seitens des zur Aufnahme
öffentlicher Urkunden befugten Beamten, welcher innerhalb seiner

Zuständigkeit vorsätzlich eine rechtlich erhebliche Thatsache falsch beurkundet oder in öffentliche Register oder Bücher falsch einträgt, oder welcher eine ihm amtlich anvertraute oder zugängliche Urkunde vorsätzlich vernichtet, bei Seite schafft, beschädigt oder verfälscht. (St.G.B. §§ 348 und 349).

V. **Unterschlagung amtlich empfangener oder anvertrauter Gelder oder Sachen.** Auch der Versuch ist strafbar. Die Strafe wird verschärft, wenn der Beamte in Beziehung auf die Unterschlagung die zur Eintragung oder Controle der Einnahmen oder Ausgaben bestimmten Rechnungen, Register oder Bücher unrichtig geführt, verfälscht oder unterdrückt, oder unrichtige Abschlüsse oder Auszüge aus diesen Rechnungen, Registern oder Büchern, oder unrichtige Beläge zu denselben vorlegt, oder wenn er in Beziehung auf die Unterschlagung auf Fässern, Beuteln oder Packeten den Geldinhalt fälschlich bezeichnet. (St.G.B. §§ 350 und 351).

VI. **Abschließung einer Doppelehe** durch einen Personenstandsbeamten. (St.G.B. § 338).

VII. **Ueberhebung von Gebühren und Abgaben** in folgenden Fällen:

a. wenn ein Beamter, welcher Gebühren oder andere Vergütungen für amtliche Verrichtungen zu seinem Vortheile zu erheben hat, solche erhebt, von denen er weiß, daß der Zahlende sie überhaupt nicht oder nur in geringerem Betrage verschuldet.

b. Wenn ein Beamter, welcher Steuern, Gebühren oder andere Abgaben für eine öffentliche Kasse zu erheben hat, solche Abgaben erhebt, von denen er weiß, daß der Zahlende sie überhaupt nicht oder nur in geringerem Betrage verschuldet, und wenn er das rechtswidrig Erhobene ganz oder zum Theil nicht zur Kasse bringt.

c. Wenn ein Beamter, welcher bei amtlichen Ausgaben an Geld oder Naturalien dem Empfänger vorsätzlich und

rechtswidrig Abzüge macht und die Ausgaben als voll=
ständig geleistet in Rechnung stellt. (St.G.B. §§ 352
und 353).

VIII. **Verleitung und Connivenz zu Pflichtwidrigkeiten
Seitens des Amtsvorgesetzten.** Es macht sich derjenige Amts-
vorgesetzte strafbar, welcher seine Untergebenen zu einer strafbaren Handlung im Amte vorsätzlich verleitet oder zu verleiten
unternimmt, oder eine solche strafbare Handlung seiner Unter=
gebenen wissentlich geschehen läßt. Dasselbe ist der Fall in
Betreff desjenigen Beamten, welchem eine Aufsicht oder Controle über die Amtsgeschäfte eines anderen Beamten übertragen
ist, sofern die von dem Letzteren begangene strafbare Handlung
die zur Aufsicht oder Controle gehörenden Geschäfte betrifft.
(St.G.B. §§ 357 und 358.)

§ 96. Die Haftpflicht der Communalbeamten im Allgemeinen.

Die Frage, ob und inwieweit ein öffentlicher Beamte
aus seiner amtlichen Thätigkeit haftet, findet ihre Beantwortung im A.L.R. Th. II, Tit. 10 §§ 88 und 89. Es ist
nämlich dort ausgesprochen, daß der Beamte alle Geschäfte
des ihm übertragenen Amtes mit pflichtmäßiger Sorgfalt zu
führen sowie darauf die genaueste Aufmerksamkeit zu verwenden hat, und sodann, daß er jedes in Ausübung seines
Amtes begangene Versehen vertreten muß, welches bei gehöriger Aufmerksamkeit und nach den Kenntnissen, welche bei
der Verwaltung des Amtes erfordert werden, hätte vermieden
werden können und sollen. Der Beamte trägt somit nicht
bloß für die in Ausübung seiner Amtsthätigkeit ausgeführten
Handlungen, sondern auch für Unterlassung der ihm amtlich
zur Ausführung obliegenden Handlungen volle Verantwortung,
und haftet in beiderlei Beziehung nicht bloß für Vorsatz und

grobes Versehen, sondern überhaupt für jegliches Versehen, welches bei gehöriger Aufmerksamkeit und bei Anwendung der zur Verwaltung des betreffenden Amtes erforderlichen Kenntnisse vermieden werden konnte und mußte. Die aus einer solchen Haftpflicht sich ergebende Verantwortlichkeit tritt nun nach mehreren Richtungen hervor, und zwar insofern, als der Beamte sich in disciplinarischer Beziehung vor seinen Dienstvorgesetzten, bezw. seiner vorgesetzten Aufsichtsbehörde, in strafrechtlicher Beziehung vor den Strafgerichten und in civilrechtlicher Beziehung wegen Ansprüche, für welche er sowohl der Gemeinde und der Regierung, als auch Privatpersonen gegenüber haftpflichtig werden kann, vor den Civilgerichten zu verantworten hat. In letzterer Beziehung ist hervorzuheben, daß civilrechtliche Ansprüche niemals in dem Disciplinarverfahren zum Austrage kommen können, sondern event. dem gerichtlichen Verfahren vorbehalten sind, sowie daß die Grenze, innerhalb welcher die gerichtliche Verfolgung eines Beamten aus seiner Amtsthätigkeit offen steht, durch das Gesetz vom 13. Februar 1854 gezogen ist. Dasselbe enthält nämlich die Bestimmung, daß in dem Falle, wenn gegen einen Beamten wegen einer in Ausführung oder in Veranlassung der Ausübung seines Amtes vorgenommenen Handlung oder Unterlassung einer Amtshandlung die Verfolgung im Wege des Civil- oder Strafprocesses eingeleitet worden ist, der vorgesetzten Provincial- oder Centralbehörde des Beamten, welcher im geeigneten Falle von Seiten des Magistrats oder des Bürgermeisters Anzeige gemacht werden muß, die Erhebung des Conflicts bei dem Gerichtshofe zur Entscheidung der Competenzconflicte freisteht, falls sie die Ansicht vertreten, daß dem angeklagten oder gerichtlich belangten Beamten eine zur gerichtlichen Verfolgung geeignete Ueberschreitung seiner Amtsbefugnisse oder pflichtwidrige Unterlassung einer ihm obliegenden Amtshandlung nicht zur Last fällt, und daß hierauf der vorgenannte Gerichtshof endgültig darüber zu entscheiden hat, ob solche Amtsüberschreitung oder Pflichtwidrigkeit zur gerichtlichen Verfolgung geeignet ist oder nicht. Durch diese Bestimmung wird im Beihalte des Art. 97 der Verfassung der Grundsatz anerkannt, daß sich die Haftpflicht des Beamten nur auf die durch Ueberschreitung seiner Amtsbefugnisse oder durch pflichtwidrige Unterlassung der ihm obliegenden Amtshandlungen entstandenen Gesetzes- und Rechtsverletzungen erstreckt.*) Es darf hier indeß nicht unerwähnt bleiben, daß in den Fällen der durch Fahrlässigkeit des Beamten oder durch vernachlässigte Aufsicht des Dienstvorgesetzten herbeigeführten Beschädigungen der bezügliche Schadensersatzanspruch gegen den Beamten in Ermangelung anderweitiger, zur Abwendung des Schadens geeigneter Rechtsmittel gerichtlich verfolgt werden kann.**) Im Uebrigen kommen in Bezug auf die Communalbeamten auch die rücksichtlich der Haftpflicht der Beamten im A. L. R. Th. I, Tit. 6 und Th. II, Tit. 10 im Allgemeinen gegebenen Vorschriften zur Anwendung.

Es steht hiermit im Zusammenhange die den Gegenstand einer desfallsigen Controverse bietende Frage, ob und inwieweit die Gemeinde für den aus der obenberegten Ueberschreitung oder pflichtwidrigen Unterlassung erwachsenen Schaden dritten Personen gegenüber regreßpflichtig wird. Diese Frage, welche von Koch verneint und von dem früheren Obertribunal bejaht worden ist, findet ihre Entscheidung im A. L. R. Th. II, Tit. 6 §§ 151—156. Dieselben enthalten den Grundsatz, daß die Rechte und Pflichten der Beamten nach ihren Anstellungen und Amtsinstructionen, im Uebrigen aber nach der Lehre von Vollmachtsaufträgen zu behandeln sind, und daß die Corporationen die Handlungen und Verträge ihrer

---

*) C. C. E. vom 10. März 1855 (M. Bl. p. 114).
**) A. L. R. Th. II, Tit. 10 § 91 und Tit. 18 § 302.

Beamten soweit vertreten müssen, als diese, nach der Natur ihres Auftrages, denselben, ohne dergleichen Handlungen vorzunehmen, nicht würden ausführen können. Hierin liegt das Princip ausgesprochen, daß die Gemeinde nur aus denjenigen Handlungen, welche ihre Beamten innerhalb ihrer Zuständigkeit und innerhalb ihrer Amtsbefugnisse in legaler Weise ausführen, in Anspruch genommen werden können, daß sie dagegen für den aus einer Ueberschreitung oder aus einer Pflichtwidrigkeit des Beamten entstehenden Schaden an sich, falls nicht etwa ein sonstiger Verpflichtungsgrund hinzutritt, dritten Personen gegenüber in der Regel nicht regreßpflichtig wird.

Die Gemeinde selbst kann den ihr in einem solchen Falle erwachsenen Schaden wider ihre Beamten schon dann verfolgen, wenn diese die in ihren Dienstinstructionen, den Gemeindeverfassungsgesetzen oder sonstigen gesetzlichen Bestimmungen vorgeschriebenen Formalitäten und Bedingungen außer Acht gelassen haben.

§ 97. Die Haftpflicht der Beamten in Bezug auf Cassendefecte.

Die im vorigen § entwickelten Grundsätze finden auch ihre volle Anwendung in Bezug auf die von Beamten vorsätzlich oder fahrlässig bewirkten Cassendefecte. Dieselben setzen keineswegs ein Verbrechen des betreffenden Cassenbeamten voraus. Ein Cassendefect kann vielmehr schon durch ein bloß zufälliges Ereigniß entstehen, welches dem Cassenbeamten entweder gar nicht oder nur als ein geringes, seine Erstattungspflicht begründendes Versehen anzurechnen ist, oder auch nur in einer leichtsinnigen, unordentlichen, nachlässigen Geschäftsführung seinen Grund haben.*) Wenn hier nun der bezüg-

---

*) M. R. vom 4. Januar 1886 (Ann. Bd. XX, p. 35).

lichen Haftpflicht besonders gedacht wird, so hat dies darin seinen Grund, daß ein besonderes administratives Verfahren durch das Gesetz vom 24. Januar 1844 (G. S. p. 52)[1]) und durch das Zuständigkeitsgesetz vom 1. August 1883 § 17 sub 5 in Betreff der Festsetzung und des Ersatzes der bei den Cassen und andern öffentlichen Verwaltungen vorkommenden Defecte angeordnet worden ist. Die wesentlichsten Bestimmungen des Defectengesetzes vom 24. Januar 1844, welches auf alle Kassenverwaltungen Anwendung findet, und welches auch auf die seit 1866 erworbenen Provinzen erstreckt ist, sind nun in Verbindung mit dem Zust.G. § 17 in Bezug auf die Stadtgemeinden folgende.

Die Defecte an öffentlichen oder Privatvermögen, welche bei den städtischen Kassen oder anderen städtischen Verwaltungen entdeckt werden, sowie die Defecte an solchen öffentlichen oder Privatvermögen, welches vermöge besonderer amtlicher Anordnung bloß in die Gewahrsam eines Communalbeamten gekommen ist, sind zunächst von dem Bezirksausschusse festzustellen, ebenso die für den Defect haftende Person, sowie die Höhe der Erstattungssumme bei dem Defecte an Materialien durch Berechnung in Geld. Der Bezirksausschuß hat sodann einen motivirten Beschluß über den Betrag des Defects, die Person des ersatzpflichtigen Beamten und den Grund seiner Verpflichtung abzufassen.[2]) Ein solcher Beschluß ist vorbehaltlich des ordentlichen Rechtsweges endgültig[3]) und ohne Weiteres vollstreckbar. Der Gang des weiteren Verfahrens wird durch den Inhalt des Defectenbeschlusses bestimmt, für

---

[1]) Verordnung v. 29. Sept. 1867 in Betreff der seit 1866 erworbenen Provinzen.

[2]) M. R. vom 30. Juni 1847 (J. M. Bl. p. 197) und vom 15. October 1853 (J. M. Bl. p. 362).

[3]) Zust. G. § 17 sub 5.

welchen die §§ 4, 8—11 des Gesetzes vom 24. Januar 1844 maßgebend sind.

Sind Beamte, gegen welche die executivische Einziehung des Defects zulässig ist, in der Verwaltung ihres Amtes, wofür sie eine Amtscaution bestellt haben, belassen worden, so ist die Execution nicht zunächst in die Caution, sondern in das übrige Vermögen zu vollstrecken, jedoch, soweit die Caution reicht, nur auf Sicherstellung eines gleichen Betrages zu richten.

Bei Gefahr im Verzuge können der Magistrat oder der Bürgermeister vorläufige Sicherheitsmaßregeln durch Beschlagnahme des Vermögens oder Gehalts gegen diejenigen Beamten ergreifen, welche nach seinem Ermessen den Defect durch Vorsatz (Unterschlagung oder Veruntreuung) bewirkt oder durch grobes Versehen veranlaßt haben; der Magistrat bezw. der Bürgermeister müssen aber davon dem Bezirksausschusse ungesäumt Anzeige machen und dessen Genehmigung einholen. Die Gerichte und Hypothekenbehörden sind verpflichtet, den an sie ergehenden Requisitionen zu genügen, die Execution ohne vorgängiges Verfahren schleunig zu vollstrecken, die Beschlagnahme der zur Deckung erforderlichen Vermögensstücke zu verfügen und die beantragten Eintragungen, wenn sonst kein Umstand obwaltet, im Hypothekenbuche zu veranlassen, ohne auf eine Beurtheilung der Rechtmäßigkeit einzugehen.

Der dem Beamten gegen den Defectenbeschluß sowohl hinsichtlich des Betrags, als hinsichtlich der Ersatzverbindlichkeit überhaupt offen gelassene Rechtsweg ist innerhalb der praeclusivischen Frist eines Jahres, gerechnet vom Tage der Bekanntmachung des vollstreckbaren Beschlusses an, zu beschreiten; er hat indeß auf die Execution keine suspensive Wirkung. Gegen den die vorläufige Beschlagnahme des Vermögens oder Gehalts anordnenden Beschluß, welcher im Falle der Gefahr auf Anordnung des Magistrats unter nachträglicher Erwirkung der

Genehmigung des Bezirksausschusses erfolgen kann, steht dem Beamten die Berufung auf rechtliches Gehör in derselben Weise zu, wie dies gegen einen gerichtlich angelegten Arrest zulässig ist.

Die vorstehenden Bestimmungen finden nicht bloß auf die im Amte befindlichen, sondern auch auf die bereits ausgeschiedenen Beamten Anwendung.*)

§ 98. Die Civilversorgungsberechtigung der Gemeindeunterbeamten.

Zu den Gemeindeunterbeamten gehören ausnahmslos alle städtischen Beamte, welche nicht Sitz und Stimme in dem Magistratscollegium haben. Die Anstellung derjenigen, welche eine Besoldung aus der Stadtkasse empfangen, erfolgt durch den Magistrat nach zuvoriger Anhörung der Stadtverordnetenversammlung. In dem § 66 sub VI ist bereits das Nähere über die Anstellungsgrundsätze zur Darstellung gelangt. Hier soll die Erörterung darüber folgen, inwieweit das Anstellungsrecht der städtischen Behörden durch die über die Civilversorgungsberechtigung bestehenden gesetzlichen Bestimmungen beschränkt ist.

In den Städteordnungen ist einer solchen Beschränkung überhaupt nicht gedacht. Es ist dies in Maßgabe der Ministerialinstructionen vom 20. Juni 1853, vom 9. Mai 1856 und 18. Juni 1856 aus dem Grunde geschehen, weil die über die Anstellung der Militairinvaliden erlassenen Vorschriften, welche als solche einen integrirenden Theil der Armeeverwaltung bilden, nicht aus dem Bereiche der hierüber bestehenden besonderen Gesetzgebung in das Gebiet specieller Communalordnungen haben gezogen werden, sondern unab-

---

*) M. R. vom 20. August 1845 (M. Bl. p. 282).

hängig von letzteren nach wie vor zur Anwendung kommen
sollen. Die Verpflichtung der Gemeinden, die städtischen
Subalternbeamten und die unteren Beamten aus der Zahl
der civilversorgungsberechtigten Militairanwärter zu wählen,
stützte sich früher im Wesentlichen auf das Reglement über
die Civilversorgung und Civilanstellung der Militairpersonen
vom 18. Juni 1867 (M.Bl. p. 280). Die §§ 1—9 und
§§ 14—37 sind dann durch den Allerhöchsten Erlaß vom
10. September 1882 (M.Bl. p. 225) aufgehoben. An Stelle
dieser aufgehobenen Bestimmungen sind nun in Maßgabe der
Allerhöchsten Ordre vom 10. September 1882 (M.Bl. p. 225)
diejenigen Vorschriften getreten, welche durch den Bundesrath
im März 1882 in Bezug auf die Besetzung der Subaltern-
und Unterbeamtenstellen bei den Reichs- und Staatsbehörden
mit Militäranwärtern festgestellt worden sind. Es normiren
also jetzt für die Besetzung solcher Stellen im städtischen Communaldienste die §§ 10—13 des Reglements vom 18. Juni
1867, die darin aufrecht erhaltenen älteren Bestimmungen
der Allerhöchsten Cabinetsordres vom 29. Mai 1820 (G. S.
p. 79) und vom 1. August 1835 (G. S. p. 179), sowie endlich
die im Ministerialblatte für die innere Verwaltung von
1882 p. 225 festgestellten Grundsätze des Bundesraths.

Der § 11 des Reglements vom 18. Juni 1867 giebt
dem Principe Ausdruck, inwieweit bei der Besetzung der Com-
munalbeamtenstellen die civilversorgungsberechtigten Militäranwärter Berücksichtigung finden sollen. Nachdem dort im
Allgemeinen der Grundsatz ausgesprochen ist, daß die städtischen Behörden zu den besoldeten Unterbeamtenstellen keine
anderen als versorgungsberechtigte Militäranwärter wählen
dürfen, sind dann unter Aufrechterhaltung der bezüglichen
Cabinetsordres vom 29. Mai 1820 und 1. August 1835
zwei Ausnahmen gestattet, und zwar dahin:

a. daß die Stellen der städtischen Subalternbeamten, welche

eine höhere oder eigenthümliche Geschäftsbildung erfordern,[1]) in dem Falle, wenn dergleichen versorgungsberechtigte Militäranwärter nicht vorhanden sind, auch
mit anderweitig geeigneten Personen besetzt werden
können, und

b. daß den städtischen Behörden hinsichtlich der Anstellung
der Cämmerei-Rendanten und Communal-Cassenbeamten,[2])
zu welchen auch die Cämmerei-Cassendiener,[3]) dagegen
nicht die städtischen Executoren gehören,[4]) völlig freie
Hand gelassen ist.

Bei der Besetzung aller übrigen Unterbeamtenstellen ist
das dazu erforderliche Personal ausschließlich aus der Zahl
der Militäranwärter zu wählen d. h. aus der Zahl derjenigen
activen oder inactiven Militärpersonen, welche sich im Besitze
des Civilversorgungsscheins befinden. Was die Classe der
dazu berechtigten Militärpersonen anlangt, so bestimmt der
§ 10 des Reichsgesetzes vom 4. April 1874 (R. G. Bl. p. 25),
daß Unteroffiziere, welche nicht schon als Invaliden versor-
gungsberechtigt sind, durch zwölfjährigen activen Militärdienst
bei fortgesetzter guter Führung den Anspruch auf den Civil-
versorgungsschein erlangen. Im Einzelnen sind bei der gesetzlich vorgeschriebenen Berücksichtigung dieser Militäranwärter
folgende Grundsätze zu beachten:

I. **Allgemeine Grundsätze.** Die civilversorgungsberechtigten Stellen sind, solange sich dazu befähigte und bereite
Militäranwärter finden, nur mit diesen zu besetzen, und zwar
ohne Unterschied, ob die Stellen dauernd oder nur zeitweise
bestehen, ob mit ihnen ein etatsmäßiges Gehalt oder nur eine

---

[1]) Cab. Ordre vom 29. Mai 1820 (G. S. p. 79).
[2]) Cab. Ordre vom 1. August 1835 (G. S. p. 179).
[3]) M. R. vom 1. August 1835 (M. Bl. 1841 p. 56).
[4]) M. R. vom 10. November 1841 (M. Bl. p. 319).

diätarische oder eine anderweitige Remuneration verbunden ist, ob die Anstellung auf Lebenszeit, auf Kündigung oder sonst auf Widerruf erfolgen soll. Sind befähigte und bereite Militäranwärter nicht zu finden, so ist es den Gemeinden gestattet, auch nicht versorgungsberechtigte Personen zu wählen. Eine gleiche Berechtigung ist den Gemeinden freigelassen, wenn zu einer vorübergehenden Beschäftigung Hülfsarbeiter erforderlich, und qualificirte Militäranwärter nicht vorhanden sind, deren Eintritt ohne verhältnißmäßigen Zeitverlust oder Kostenaufwand herbeigeführt werden kann.

II. **Qualification der Militäranwärter.** Nur befähigte Bewerber können Berücksichtigung finden. Sie müssen auf Erfordern die genügende Qualification für die zu besetzende Stelle, bezw. den fraglichen Dienstzweig event. durch Zeugnisse über die etwa vorgeschriebenen Prüfungen nachweisen. Es kann übrigens auch den Städten die Befugniß nicht abgesprochen werden, zur Feststellung solcher Qualification besondere Prüfungen einzuführen, welchen sich die Militäranwärter bei der Bewerbung um städtische Beamtenstellen jedenfalls unterziehen müssen, sowie die Zulassung zu dieser Prüfung oder die Annahme der Bewerbung überhaupt von einer vorgängigen informatorischen Beschäftigung in dem betreffenden Dienstzweige abhängig zu machen; jedoch darf eine solche Beschäftigung in der Regel die Dauer von drei Monaten nicht übersteigen. Die Städtegemeinden sind im Falle von Bewerbungen nicht befähigter Anwärter zur Besetzung der betreffenden Stelle mit einer anderen geeigneten Persönlichkeit berechtigt.

Zur Feststellung der körperlichen Qualification haben die Militärbehörden auf Verlangen der Anstellungsbehörde diejenigen ärztlichen Atteste mitzutheilen, auf Grund deren die Ertheilung des Civilversorgungsscheins wegen Invalidität erfolgt ist, wenn seit deren Ausstellung noch nicht drei Jahre verflossen sind. Im Uebrigen müssen die Bewerber auf Er-

fordern ihre körperliche Qualification durch diejenigen ärzt=
lichen Atteste feststellen, welche von Seiten der Anstellungs=
behörde gefordert werden.

III. Die Vacanzenliste. Solche Stellen, für welche Stellen=
anwärter, d. h. qualificirt befundene Bewerber nicht notirt
sind, werden im Falle der Vacanz in einer wöchentlich heraus=
zugebenden Liste, der sog. Vacanzenliste, bekannt gemacht. Die
Aufnahme der Stellen in die Liste wird durch eine besondere
Militärbehörde, die sog. Vermittelungsbehörde, veranlaßt. Ist
innerhalb einer vom Tage der Veröffentlichung der Vacanz
zu berechnenden Frist von sechs Wochen eine Bewerbung
Civilversorgungsberechtigter bei der Anstellungsbehörde nicht
eingegangen, so hat dieselbe in der Stellenbesetzung freie
Hand.

IV. Der Probedienst. Die Stadtgemeinden sind berech=
tigt, die definitive Anstellung von einem längeren Probedienste
oder einer Probedienstleistung abhängig zu machen; jedoch soll
die Probezeit, vorbehaltlich der Abkürzung bei früher erwiese=
ner Qualification, in der Regel höchstens sechs Monate be=
tragen. Die Anstellungsbehörde ist andererseits verpflichtet,
spätestens bei Beendigung der Probezeit Beschluß darüber zu
fassen, ob der Bewerber in seiner Stelle zu bestätigen, bezw.
in den Communaldienst zu übernehmen oder wieder zu ent=
lassen ist. Diejenigen Bewerber, welche sich noch im activen
Dienststande befinden, werden auf Veranlassung der An=
stellungsbehörde durch die vorgesetzte Militärbehörde für die
Dauer der Probezeit abcommandirt, welche indeß über die
Zeit von sechs Monaten nicht verlängert werden darf.

Den Bewerbern ist im Falle der Anstellung auf Probe
das volle Stelleneinkommen zu zahlen, dagegen während der
Zeit einer etwaigen Probedienstleistung eine fortlaufende Re=
muneration von nicht weniger als Dreiviertheil des Stellen=
einkommens.

Schließlich soll hier noch darauf hingewiesen werden, daß hinsichtlich der Anstellung der Forstversorgungsberechtigten in den Stellen der Gemeindeforstbeamten das Regulativ vom 15. Februar 1879 (M. Bl. p. 164) und das M. R. vom 9. April 1880 (M. Bl. p. 119) normiren.

§ 99. Der Diensteid.

Während die Städteordnungen die Specialbestimmung enthalten, daß die Mitglieder des Magistrats vor ihrem Amts-antritte in Eid und Pflicht genommen werden sollen, schreibt der Art. 108 der Verfassung im Allgemeinen vor, daß alle Staatsbeamten, und somit auch alle Gemeindebeamten, den Eid der Treue und des Gehorsams leisten und die gewissen-hafte Beobachtung der Verfassung beschwören sollen. Der des-fallsige Eid ist in der Form, wie er jetzt abzuleisten ist, in dem § 1 der Verordnung vom 6. Mai 1867 (G. S. p. 715) normirt. Der Wortlaut ist bereits Bd. I p. 280 wieder-gegeben. In die Formel dieses Eides ist nicht bloß der vor-beregte Inhalt des Art. 108 der Verfassung, sondern auch das Versprechen der getreuen Erfüllung der Amtspflichten aufgenommen. Alle diese Pflichten, welche durch ihn angelobt werden sollen, werden nun durch die Ableistung nicht erst be-gründet, sondern nur in erhöhtem Maaße verstärkt. Jeder Gemeindebeamte ist immer bei Strafe des Verlustes seines Amtes zur körperlichen Ableistung des obenberegten Ver-fassungseides verpflichtet; es soll indeß von demjenigen Be-amten, welcher eine anderweitige Wirksamkeit erhält oder zu einem anderen Verwaltungszweige übergeht, nur die schriftliche oder zu Protocoll abgegebene Erklärung erfordert werden, daß er sich bei Uebernahme des neuen Amtes durch den schon abgeleisteten Eid für alle seine neuen Amtsverhältnisse eidlich verpflichtet erachte.*) Ueber die Vereidigung selbst, bezw. über die bei der Uebernahme eines neuen Amtes nachgelassene Erklärung ist ein Protocoll aufzunehmen, welches von dem verpflichteten Beamten eigenhändig zu unterschreiben ist.

Der Verfassungseid ist insbesondere auch von den städtischen Forstschutzbeamten abzuleisten und wird keineswegs durch denjenigen Eid ersetzt, welcher in dem Forstdiebstahlsgesetze vom 15. April 1878 § 24 vorgeschrieben ist und dahin lautet:

. daß der Forstschutzbeamte die Zuwiderhandlungen gegen dieses Gesetz, welches den seinem Schutze gegenwärtig anvertrauten oder künftig anzuvertrauenden Bezirk betreffen, gewissenhaft anzeigen, bei seinen gerichtlichen Vernehmungen über dieselben nach bestem Wissen die reine Wahrheit sagen, nichts verschweigen und nichts hinzusetzen, und die ihm obliegenden Schätzungen unpartheiisch und nach bestem Wissen und Gewissen bewirken werde.

Mit diesem Eide hat es folgende Bewandniß. Die mit dem Forstschutze betrauten Personen, zu welchen auf Grund des § 23 des Gesetzes vom 15. April 1878 auch die von dem Magistrate auf Lebenszeit angestellten Forstbeamten und die für den Forstdienst bestimmten oder mit Forstversorgungsschein entlassenen Militärpersonen gehören, können in dem Falle, wenn dieselben eine Anzeigegebühr nicht empfangen, nach zuvoriger Genehmigung des Bezirksausschusses (in den Kreisordnungsprovinzen) bezw. der Regierung (in den übrigen Provinzen) in der angegebenen Form bei demjenigen Amtsgerichte, in dessen Bezirke sie ihren Wohnsitz haben, ein= für allemal beeidigt werden. Durch die Ableistung dieses gerichtlichen Eides werden die Forstbeamten von der jedesmaligen

---

*) Cab. O. vom 10. Februar 1835 und M. R. vom 9. November 1867 (M. Bl. p. 327).

besonderen Beeidigung entfreit und erlangen in dem Falle, wenn sie mit ihrem Diensteinkommen nicht auf Pfandgelder, Denunciantenantheil oder Strafgelder angewiesen sind, auf Grund des Gesetzes vom 31. März 1837 (G. S. p. 65) die Befugniß, in ihrem Dienste zum Schutze der Forsten und Jagden gegen Holz= und Wilddiebe, gegen Forst= und Jagd=contravenienten von ihren Waffen Gebrauch zu machen. Die vorberegte Befugniß ist für den Fall der gerichtlichen Be=eibigung auch ausgedehnt worden:

a. auf die zum 20jährigen Militärdienst verpflichteten, als Forstschutzbeamte interimistisch angestellten Corpsjäger (Cab.O. vom 6. October 1837 und 19. April 1838).

b. auf die im Communaldienste als Forstschutzbeamte ange=stellten und vorschriftsmäßig vereideten, zur Reserve oder als Halbinvalide beurlaubten Corpsjäger (Cab.O. vom 21. Mai 1840), und

c. auf die auf Forstversorgung dienenden Jäger, welche nach dreijähriger Dienstzeit während der sechs Wintermonate oder zur Disposition ihres Truppentheils beurlaubt werden. (Allerhöchster Erlaß vom 21. August 1855).*)

§ 100. Die Amtscautionen.

Der Erwerb einzelner Gemeindeämter ist bedingt durch die zuvorige Bestellung einer Amtscaution. Während das Cautionswesen der unmittelbaren Staatsbeamten mehrfach der Gegenstand der gesetzgeberischen Thätigkeit gewesen ist, wird dasjenige der Gemeindebeamten nur in den Städteordnungen insoweit berührt, als dort ausgesprochen ist, daß die zu lei=stenden Cautionen in den sechs östlichen Provinzen durch den Magistrat nach Anhörung der Stadtverordnetenversammlung,**)

---

*) G.S. 1855 p. 633.
**) O. St. O. § 56 sub 6.

in Westphalen*) und in der Rheinprovinz**) dagegen von der Letzteren bestimmt werden, sowie daß in der Rheinprovinz zur Festsetzung der Caution des Gemeindeeinnehmers die Genehmigung der Aufsichtsbehörde erforderlich ist.

Cautionspflichtig sind nur die städtischen Cassenbeamten. Welche Beamten dazu gehören und in welcher Höhe die Caution derselben zu leisten ist, bleibt der Bestimmung jeder einzelnen, Gemeinde überlassen. Man hat sich daran gewöhnt, die für die unmittelbaren Staatsbeamten erlassenen Bestimmungen auch analog auf die Gemeindebeamten in Anwendung zu bringen. Solche Bestimmungen enthielt früher die Cabinetsordre vom 11. Februar 1832, betreffend die Regulirung des Cautionswesens für die Staats=Kassen= und Magazinbeamten, (G. S. p. 61), welche auch auf die seit 1866 neuerworbenen Provinzen erstreckt worden ist. Da das Cautionswesen der Staatsbeamten jetzt durch das Gesetz vom 25. Mai 1873 (G. S. p. 125) neugeregelt ist und die darin festgestellten Grundsätze auch den städtischen Verhältnissen angepaßt werden können, so sollen hier die wichtigsten Bestimmungen desselben hervorgehoben werden.

Von den Staatsbeamten sind cautionspflichtig diejenigen, welchen die Verwaltung einer Staatskasse oder Staatsmagazins oder die Annahme, Aufbewahrung oder der Transport von dem Staate gehörigen oder ihm anvertrauten Geldern oder geldwerthen Gegenständen obliegt, oder welche überhaupt vermöge ihres Amtes anderweitig mit der Annahme, Aufbewahrung oder dem Transporte fremder Gelder oder geldwerther Gegenstände betraut sind. Die Bestellung der Amtscaution durch dritte Personen ist zulässig, sofern dem Staate an der Caution dieselben Rechte gesichert werden, welche ihm an einer

---

*) W. St. O. § 55.
**) R. St. O. § 52.

durch den Beamten selbst gestellten Caution zugestanden haben
würden. Die Bestellung erfolgt durch Verpfändung von auf
den Inhaber lautenden Obligationen über Schulden des Staats
oder des Deutschen Reichs nach deren Nennwerthe, die Ver=
pfändung dagegen durch Uebergabe zum Faustpfande. Der
Obligation ist der dazu gehörige Talon bezw. derjenige Zins,
an dessen Inhaber die neue Zinsschein=Serie ausgereicht wird,
beizufügen, während die Zinscheine für einen vier Jahre nicht
übersteigenden Zeitraum dem Cautionsbesteller belassen, bezw.
nach Ablauf dieses Zeitraums oder nach Ausreichung neuer
Zinsscheine verabfolgt werden. Die Einziehung der neuen
Zinsscheine erfolgt durch die Casse, welche indeß zur Ueber=
wachung der Ausloosung der niedergelegten Werthpapiere nicht
verpflichtet ist. Die Bestellung der Amtscaution ist vor der
Einführung des Beamten in das cautionspflichtige Amt zu
bewirken, und zwar in Gemäßheit des bereits in dem A.L.R.
Th. II, Tit. 10 § 83 anerkannten Grundsatzes, daß derjenige,
welcher einem Kassenbeamten die Kasse vor der Berichtigung
der Caution übergiebt, für allen daraus entstandenen Schaden
haftet.

Die Amtscaution haftet für alle von dem cautionspflich=
tigen Beamten aus seiner Amtsführung zu vertretenden
Schäden und Mängel an Capital und Zinsen, sowie an ge=
richtlichen und außergerichtlichen Kosten der Ermittelung des
Schadens. Tritt der Fall der Haftung ein, so ist die vorge=
setzte Dienstbehörde berechtigt, die verpfändeten Werthpapiere
bis auf Höhe des zu deckenden Schadens an einer innerhalb
des Deutschen Reichs belegenen, von ihr zu bestimmenden
Börse außergerichtlich verkaufen zu lassen, zu diesem Zwecke
von dem Cautionsbesteller die Ausantwortung der ihm be=
lassenen noch nicht fälligen Zinsscheine zu verlangen und im
Falle der Nichterlangung wider den Besteller den Geldwerth
der zurückgehaltenen Zinsscheine im Verwaltungszwangsver=

fahren beizutreiben. Die Werthpapiere sind im Falle des Concurses des Bestellers an die Concursmasse nicht einzuliefern. Die Caution wird nach Beendigung des cautionspflichtigen Dienstverhältnisses zurückgegeben, sobald amtlich festgestellt ist, daß aus demselben Vertretungen nicht mehr zu leisten sind, und zwar gegen Aushändigung des quittirten Empfangsscheines oder des gerichtlichen Amortisations=Documents, wenn solcher Schein verloren gegangen ist.

Es bleibt den Gemeinden überlassen, ob sie die Bestellung der Caution in baarem Gelde oder in sicheren Staats = oder Reichspapieren fordern will. In dem letzteren Falle vernoth= wendigt sich die zuvorige Feststellung der gegenseitigen Rechte und Pflichten in Bezug auf die hinterlegten Werthpapiere, und empfiehlt sich dann die Anwendung der in dem Gesetze vom 25. März 1873 dargelegten Grundsätze auf den einzelnen Bestellungsfall.

§ 101. Der Urlaub.

In dem A.L.R. Th. II, Tit. 10 §§ 92 und 93 ist der Grundsatz ausgesprochen, daß kein Beamter den zur Ausübung seines Amts ihm angewiesenen Wohnort ohne Vorwissen und Genehmigung seiner Vorgesetzten verlassen darf, und daß nach den einer jeden Klasse von Beamten vorgeschriebenen beson= deren Gesetzen und Amtsinstructionen zu bestimmen ist, inwie= fern zu bloßen Reisen und Entfernungen auf eine Zeit lang die Erlaubniß der unmittelbaren oder höheren Vorgesetzten erforderlich ist. Für die Communalbeamten kommen in dieser Beziehung die nachfolgenden Bestimmungen in Betracht.

I. **Ertheilung des Urlaubs.** In dem § 64 ist bereits das Nähere über die Beurlaubung der Mitglieder des Ma= gistrats dargelegt. Hinsichtlich der Unterbeamten ist zu be= merken, daß denselben auf Grund der Magistratsinstruction

vom 25. Mai 1835 § 20 sub IX ein Urlaub bis auf vier
Wochen von dem Bürgermeister ertheilt werden kann, daß
dagegen ein längerer Urlaub beim Magistrats-Collegium nachgesucht werden muß. Bei den zu Reisen bewilligtem Urlaub
liegt den Beamten die Pflicht ob, sämmtliche in ihrem Gewahrsam befindlichen Magistratsacten in die Registratur abzuliefern. Nur in einem einzigen Falle bedarf es zu Reisen
keines Urlaubs, sondern nur einer Anzeige an die vorgesetzte
Dienstbehörde. Dieser Fall betrifft den Eintritt eines gewählten Beamten in den Landtag und in den Reichstag
(Art. 78 der Verfassung vom 31. Januar 1850 und Art.
21 der Reichsverfassung).

**III. Entfernung vom Amte ohne Urlaub und Urlaubs-
überschreitung.** Ein Beamter, welcher den ihm angewiesenen
Wohnort ohne Urlaub verläßt oder den ihm ertheilten Urlaub
überschreitet oder das ihm übertragene Amt an dem zur
Uebernahme bestimmten Tage ohne Urlaub nicht antritt und
sich vom Amte entfernt hält,*) geht in dem Falle, wenn ihm
nicht besondere Entschuldigungsgründe zur Seite stehen, auf
Grund des Disciplinargesetzes vom 21. Juli 1852 § 8 für
die Zeit der unerlaubten Entfernung seines Diensteinkommens
verlustig. Diese Bestimmung findet Anwendung ausnahmslos
auf sämmtliche Beamte, also auch auf die nur auf Probe,
Kündigung oder Widerruf angestellten, die bereits gekündigten
und selbst die vom Amte suspendirten, da letztere sich zur
Verfügung der Aufsichtsbehörde stets bereit halten müssen und
ohne zuvorige Genehmigung nicht einmal andere Stellungen
bei Verlust des Anrechts auf die ihnen belassene Gehaltshälfte übernehmen dürfen.**)

----

*) Bericht der Verhandlungen der I. Kammer p. 66.
**) M. R. vom 19. Januar 1874 im Centralblatt p. 214.

Dauert die unerlaubte Entfernung länger als acht
Wochen, so hat der Beamte die Dienstentlassung verwirkt.
Letztere ist auch schon nach fruchtlosem Ablaufe von vier
Wochen verwirkt, wenn der Beamte dienstlich aufgefordert ist,
sein Amt anzutreten oder zu demselben zurückzukehren, und er
der desfallsigen Aufforderung keine Folge leistet.[1]   Die vor=
beregte vierwöchige Frist läuft vom Tage der ergangenen
Aufforderung, welche dadurch als bewirkt gilt, wenn sie
dem Beamten unter Beobachtung der für gerichtliche Insinua=
tionen in dem § 165—179 der Deutschen Civilprozeßordnung
vorgeschriebenen Formen durch Gerichtsvollzieher oder auch
nur durch vereidete Verwaltungsbeamten in Person zugestellt
oder in seiner letzten Wohnung an dem Orte insinuirt sind,
wo er seinen letzten Wohnsitz im Inlande hatte.[2]

Die Entziehung des Diensteinkommens wird von dem
Magistrate verfügt. Im Falle des Widerspruchs Seitens des
Beamten wird darüber im förmlichen Disciplinarverfahren
durch den Bezirksausschuß entschieden. Die Dienstentlassung
dagegen kann in den vorberegten Fällen nur im Wege des
förmlichen Disciplinarverfahrens ausgesprochen werden und
wird nicht verhängt, wenn sich ergiebt, daß der Beamte ohne
seine Schuld von seinem Amte ferngewesen ist.[3]   Die Ein=
leitung des Disciplinarverfahrens wegen unerlaubter Entfer=
nung vom Amte und die Dienstentlassung kann übrigens auch
vor Ablauf der obenberegten Fristen erfolgen, und zwar dann,
wenn dies durch besonders erschwerende Umstände als gerecht=
fertigt erscheint.[4]

Das für die Zeit der unerlaubten Entfernung entzogene
Diensteinkommen, welches den Character einer Disciplinar=

---

[1] Disciplinargesetz vom 21. Juli 1852 § 9.
[2] ibidem § 13.
[3] ibidem § 10 und 11.
[4] ibidem § 12.

bezw. Ordnungsstrafe an sich trägt, fließt insoweit, als der=
selbe nicht zu den Stellvertretungskosten aufzuwenden ist, zu
den Ordnungsstraffonds.*)

**III. Stellvertretung und Gehaltsforderung eines beur-
laubten Beamten.** Die Stadtgemeinde ist verpflichtet, für die
Vertretung eines erkrankten Gemeindebeamten Sorge zu tragen
und die Kosten der erforderlichen Vertretung im Falle von
Erkrankungen der Beamten oder im Falle der zur Wieder=
herstellung der Gesundheit derselben bewilligten Beurlaubungen
zu bestreiten, ohne zum Abzuge eines Theils des Gehalts
berechtigt zu sein. Dagegen wird bei sonstigen Beurlaubungen,
jedoch abgesehen von der Einberufung zum Militärdienste, das
Gehalt nur auf die ersten ein und einhalb Monate des Urlaubs
unverkürzt gezahlt, während für weitere vier und einhalb Monate
ein Gehaltsabzug zum Betrage der Hälfte des Gehalts des
Beurlaubten eintritt, und bei weiterem Urlaube die Zahlung
des Gehalts ganz wegfällt.**)

Hinsichtlich der für den Zweck der Einberufung zum
Militärdienste erfolgten Beurlaubung bestimmt der § 66 des
Reichsmilitärgesetzes vom 2. Mai 1874 (R.G.Bl. p. 63),
daß Reichs=, Staats= und Communalbeamte dadurch in ihren
bürgerlichen Dienstverhältnissen keinen Nachtheil erleiden sollen.
Ihre Stellen, ihr persönliches Diensteinkommen und ihre An=
ciennität, sowie alle sich daraus ergebenden Ansprüche bleiben
ihnen in der Zeit der Einberufung zum Militärdienste ge=
wahrt. Es kann indeß denjenigen Beamten, welche Offizier=
besoldung erhalten, der reine Betrag derselben auf die Civil=
besoldung angerechnet werden. Denjenigen, welche einen eige=
nen Hausstand mit Frau oder Kind haben, beim Verlassen

---

*) Ministerialbeschluß vom 14. April 1860 (M. Bl. p. 81).
**) Allerhöchster Erlaß vom 15. Juni 1863 (M. Bl. p. 137).

ihres Wohnortes jedoch nur, wenn und soweit das reine Ci-
vileinkommen und Militärgehalt zusammen den Betrag von
3600 Mark jährlich beträgt.

§ 102. Die Amtszeichen und Uniformen.

I. Die Amtsketten und Medaillen. Es ist das Nähere
über das Tragen dieser Amtszeichen in Bezug auf die Berechtigung der Magistratsmitglieder, Stadtverordneten, Bezirksvorsteher und der Beisitzer der Deputationen und Commissionen bereits im § 51 des I. Bandes dargelegt. Hier soll nur
hervorgehoben werden, daß auch einzelne Gemeindebeamten
mit einer solchen Auszeichnung decorirt werden können. Der
König hat sich nämlich in der Cabinetsordre vom 9. April
1851 (M. Bl. p. 87) ausdrücklich vorbehalten, auch einzelnen
Gemeindebeamten für besondere Berufstreue und wahren
Bürgersinn die Erlaubniß zur Tragung der Kette nebst Me-
daille auf ihre Amtsdauer zu gewähren.

II. Die Uniform der städtischen Polizeibeamten. Es
sind dies die einzigen Communalbeamten, für welche eine bestimmte Uniform vorgeschrieben ist. Dies ist die für die
Königlichen Polizeibeamten angeordnete Dienstuniform, jedoch
mit der Abänderung, daß die städtischen Polizeibeamten statt
der rothen Aufschläge derselben blaue wählen müssen, und die
Achselklappen den Preußischen Adler tragen können.*) Eine
solche Uniform kann von allen Polizeiexecutivbeamten, und
insbesondere auch von den mit der Polizeiverwaltung speciell
und für ihre Person betrauten Magistratsmitgliedern mit
Ausschluß der Bürgermeister angelegt werden. Hinsichtlich

---

*) M. R. vom 24. Juli 1845 (M. Bl. p. 297), vom 31. März
1836 (Ann. Bd. XX, p. 157), vom 14. Juni 1836 (Ann. Bd. XX,
p. 158) und vom 20. October 1845 (M. Bl. p. 347).

der Letzteren bestimmt nämlich das M. R. vom 31. März 1836, daß wegen der mit der persönlichen Leitung der Polizeiverwaltung einer Stadt beauftragten Oberbürgermeister oder Bürgermeister in Bezug auf die Anlegung einer Uniform speciell in jedem einzelnen Falle bei dem Minister des Innern anzutragen ist. Diese Bestimmung ist auch später durch das M. R. vom 16. Juni 1854 noch ausdrücklich aufrechterhalten, nachdem bereits auf Grund der Städteordnung vom 30. Mai 1853 die Handhabung der Ortspolizei stets, wenn nicht etwa andere Magistratsmitglieder ausnahmsweise damit beauftragt werden, dem Bürgermeister überwiesen ist.

III. Die Abzeichen oder Uniform der städtischen Forstbeamten. Der § 2 des Gesetzes über den Waffengebrauch der Forst= und Jagdbeamten vom 31. März 1838 (G. S. p. 65) schreibt vor, daß diese Beamten mit Einschluß der im Communaldienste stehenden in Uniform gekleidet oder mit einem amtlichen Abzeichen versehen sein müssen, wenn sie in ihrem Dienste zum Schutze der Forsten und Jagden gegen Holz= und Wilddiebe sowie gegen Forst= und Jagdcontravenienten von ihren Waffen Gebrauch machen wollen. Während der Art. 9 der Instruction vom 17. April 1837 bestimmt, daß die Uniform mindestens in dem Uniforms=Oberrocke mit Dienstknöpfen, oder das Amtszeichen in dem Hirschfänger mit der vorgeschriebenen Koppel bestehen soll, läßt das M. R. vom 18. Juni 1837 (Ann. Bd. XXI p. 347) als amtliches Abzeichen auch den Königlichen Adler von Messing oder Tombach vorne an der Dienstmütze oberhalb des Schirms und den Hirschfänger an beliebiger Koppel zu. Für die Communalforst= und Jagdbeamten ist zu dem vorberegten Zwecke entweder eine Dienstkleidung, welche als solche leicht erkenntlich sein muß, oder ein Abzeichen erforderlich, welches in einem metallenen Schilde von mindestens drei Zoll Breite und Höhe mit einer entsprechenden, dem Landrathe zuvor be=

kannt zu machenden Bezeichnung bestehen, und entweder an der Kopfbedeckung, oder auf der Brust oder auf dem Oberarm oder an der Koppel des Hirschfängers getragen werden kann. Die Bestimmung über die Dienstkleidung sowie über die Form und Bezeichnung des Schildes ist dem Belieben der Stadtgemeinden mit der vorstehend angegebenen Beschränkung überlassen, wenn sie ihren Forst- und Jagdbeamten die Befugniß zum Waffengebrauche beigelegt wissen wollen. Für die Provinz Westphalen und die Regierungsbezirke Coblenz und Trier sind besondere Vorschriften über die Uniform der Gemeindeforstbeamten erlassen.

IV. Die Dienstabzeichen der Feldhüter, Ehrenfeldhüter und Forsthüter. Die von der Stadtgemeinde für den Feld- und Forstschutz mit Besoldung angestellten Feld- und Forsthüter, welche der Bestätigung des Regierungspräsidenten bedürfen, sowie die aus der Zahl der Gemeindeglieder ernannten Ehrenfeldhüter müssen in Gemäßheit des § 65 des Feld- und Forstpolizeigesetzes vom 1. April 1880 (G. S. p. 230) ein Dienstabzeichen bei sich führen und bei Ausübung ihres Amtes auf Verlangen vorzeigen. Die Form desselben ist der Bestimmung der Gemeinden überlassen.

Hinsichtlich ihrer eidlichen Vernehmung besteht die singuläre Bestimmung, daß sie für sämmtliche in einer Gerichtssitzung zu verhandelnden Feld- und Forstpolizeisachen, in welchen sie als Zeugen vernommen werden sollen, in dieser Sitzung durch einmalige Leistung des Zeugeneides im Voraus beeidigt werden können.*)

§ 103. Die Amtstitel.

Die Gemeinden sind ebenso, wie Privatpersonen, Vereine, und Corporationen, berechtigt, den von ihnen angestellten Be-

---

*) Ges. vom 1. April 1880 (G. S. p. 230) § 68.

amten solche Amtsbezeichnungen beizulegen, welche nicht als Auszeichnung gelten, sondern nur dazu dienen sollen, um die Beschäftigung und die Thätigkeit der einzelnen Beamten anzudeuten. Diese Amtsbezeichnungen, welche man auch „Amtstitel" nennt, werden nicht besonders verliehen, sondern sind mit dem verwalteten Amte verbunden, mit welchem sie auch zugleich erworben werden. Es widerspricht dies nicht dem auch im Art. 50 der Verfassung anerkannten Grundsatze, daß das Recht, Titel zu verleihen, ein Majestätsrecht ist, und deshalb ausschließlich der Krone oder ihren Organen zusteht. Dieses Recht bezieht sich nur auf diejenigen Titel, welche durch Uebertragung eines Königlichen Amtes oder durch besondere Beilegung als Auszeichnung staatlicherseits verliehen werden. Es können deshalb auch zur Bezeichnung der im Communaldienste stehenden Beamten nicht solche Titel gewählt werden, welche als Character höherer Königlicher Stellen verliehen zu werden pflegen. Das M. R. vom 28. October 1855 erklärt es sogar für unzulässig, für einen Stadt- und Polizeisecretär einer Commune den Titel „Polizeirath" bei dem Könige zu beantragen. Es ergiebt sich hieraus, daß für Communalbeamte solche Titel nicht gewählt werden dürfen, welche über den Zweck einer bloßen Amtsbezeichnung hinausgehen und den Character einer Auszeichnung, insbesondere einer Königlichen Auszeichnung an sich tragen.

Im Uebrigen dürfen sich die städtischen Beamten aller Titel bedienen, welche ihnen durch das Gesetz oder durch die Krone gewährt werden. Gesetzlich sind z. B. festgestellt die Titel der unbesoldeten Schöffen: Rathsmann, Rathsherr und Stadtrath. — (cfr. Bd. I, § 56 p. 258). —

Der Verlust des Titels tritt ein:

a. in Folge eines rechtskräftigen Erkenntnisses, welches die Aberkennung der bürgerlichen Ehrenrechte zur nothwendigen Folge hat oder solche Aberkennung ausdrücklich entweder dauernd oder nur für eine bestimmte Zeitdauer ausspricht,[1]) oder

b. in Folge der im Disciplinarverfahren rechtskräftig er= kannten Dienstentlassung.[2])

§ 104. Das Diensteinkommen.

Der Communalbeamte erwirbt das Recht auf Bezug des mit seinem Amte verbundenen Diensteinkommens durch seine definitive Anstellung in Maßgabe der Anstellungsbedingungen und der ihm in der Bestallung gemachten Zusicherungen. Das Diensteinkommen besteht entweder aus einem baaren Gehalte oder aus anderweitigen Dienstemolumenten, welche sich als Gewährung an Dienstwohnung, Nutzung von Dienstgrund= stücken oder Bezug von Naturalien (Heizung, Beleuchtung ꝛc.) gestalten. Die Berechtigung zum Bezuge der vollen Besoldung beginnt mit dem Tage des Amtsantritts, falls nicht die An= stellungsbedingungen oder in der Bestallung anderweitige Zu= sicherungen gemacht sind und endigt, abgesehen von dem Falle einer Amtssuspension, erst mit dem Ablaufe des Dienstver= hältnisses. Es sind hier nachfolgende Bestimmungen besonders hervorzuheben.

I. **Besoldungsberechtigte Communalbeamte.** Der Bürger= meister und die sachverständigen Mitglieder des Magistrats beziehen stets eine Besoldung. Dem Beigeordneten kann eine Besoldung oder statt dessen ein fester Entschädigungsanspruch mit Genehmigung des Bezirksausschusses[3]) iu den Kreisord= nungsprovinzen (bezw. der Regierung in den übrigen Pro= vinzen) bewilligt werden.[4]) Die Schöffen, die Mitglieder

---

[1]) Reichsstrafgesetzbuch §§ 33—36.
[2]) Disciplinargesetz vom 21. Juli 1854 § 16.
[3]) Zust. G. § 16, Abs. 3.
[4]) O. St. O. § 31 und 64, W. St. O § 65, R. St. O. § 59.

der Verwaltungsdeputationen und Commissionen, sowie die Bezirksvorsteher erhalten weder Gehalt noch Remuneration; sie haben nur Anspruch auf Vergütung baarer Auslagen, welche für sie aus der Ausrichtung von Aufträgen entstehen. Die Subaltern = und Unterbeamten des Magistrats erhalten diejenige Besoldung, welche für die Verrichtung ihres Amtes vor der Anstellung oder später ausdrücklich festgesetzt ist. Sämmtliche besoldete Beamte haben in Ermangelung anderweitiger statutarischer Anordnungen oder desfallsiger Anstellungsbedingungen oder Vereinbarungen auch Anspruch auf Erstattung derjenigen baaren Auslagen, welche ihnen aus der Ausführung von Aufträgen erwachsen; sie können somit in Ermangelung anderweitiger Festsetzungen für Dienstreisen nur die Erstattung der wirklich verausgabten Kosten beanspruchen, da die über die Höhe derselben erlassenen gesetzlichen Bestimmungen sich nur auf die aus Staatskassen zu ersetzenden Kosten be= beziehen,*) jedoch mit Ausschluß der Communal=Forstadministratoren und Oberförster, welche in Gemäßheit der Ministerialverfügung vom 6. Mai 1865 (M. B. p. 154) an Diäten für Dienstreisen außerhalb ihres Verwaltungsbezirks sechs Mark pro Tag liquidiren dürfen. Die Beamten sind auch zu dem Bezuge von Gebühren oder Sporteln nicht berechtigt, wenn ihnen eine desfallsige Berechtigung nicht etwa ausdrücklich ertheilt ist. Es ist in dem Ministerialbescheide vom 29. Juni 1858 (M. Bl. p. 135) insbesondere ausgesprochen, daß den Vorsitzenden der Innungsprüfungscommission eine Theilnahme an den Prüfungsgebühren nicht zusteht.

II. **Festsetzung der Besoldung.** Die Festsetzung competirt der Stadtverordnetenversammlung und erfolgt:

  a. entweder in einem von dem Magistrate zu entwerfenden Normalbesoldungsetat,

---

*) M. R. vom 14. September 1888 (Ann. p. 117).

b. oder beim Mangel desselben durch einen Beschluß der Stadtverordneten, welcher stets der Wahl des betreffenden Beamten vorgehen muß.

Die in dem Normalbesoldungsetat oder in dem Beschlusse festgestellte Besoldung normirt für die ganze Dauer des Dienst= verhältnisses der Beamten. Aus diesem Grunde haben spä= tere Abänderungen und Erhöhungen eines Normalbesoldungs= etats nur die Folge, daß bei der nächsten anderweitigen Be= setzung der Stellen, für welche höhere Besoldungen festgesetzt werden, letztere gewährt werden müssen, während dem bereits angestellten Beamten solche Erhöhungen nicht zu statten kommen, falls nicht etwa Abweichendes bei der Anstellung festgestellt oder später vereinbart ist, oder falls nicht etwa der Regie= rungspräsident die sofortige Anwendung des Normaletats auch auf die bereits angestellten Beamten angeordnet hat.*)

III. **Mitwirkung der Aufsichtsbehörden bei der Fest=stellung der Besoldungen.**

a. Die Besoldungen der Bürgermeister und der besoldeten Magistratsmitglieder bedürfen in den Kreisordnungspro= vinzen der Genehmigung des Bezirksausschusses (bezw. der Regierung in den übrigen Provinzen), und zwar ohne Unterschied, ob dieselben in einem Normaletat oder in einem Stadtverordnetenbeschlusse festgesetzt sind: Der Regierungspräsident ist dagegen berechtigt und verpflichtet, zu verlangen, daß den vorgenannten Beamten die zu einer zweckmäßigen Verwaltung angemessenen Besoldungsbeträge bewilligt werden. Die Besoldungen der übrigen Communalbeamten bedürfen keiner Geneh= migung Seitens der Aufsichtsbehörde, sondern nur der Zustimmung des Magistrats, weil in Folge der dem letz=

---

*) M. R. vom 22. Juni 1848 (M. Bl. p. 193) und M. R. vom 11. September 1847 (M. Bl. p. 250).

teren obliegenden Anweisung eine Angelegenheit vorliegt, welche ihm gesetzlich zur Ausführung überwiesen ist.

b. Der Regierungspräsident ist befugt, nicht bloß die Gehälter der Bürgermeister und der besoldeten Magistratsmitglieder, sondern auch diejenigen aller übrigen Communalbeamten zu prüfen, demzufolge nöthigenfalls, da er die Aussetzung der zu einer zweckmäßigen Verwaltung angemessenen Besoldungsbeträge verlangen kann, diese auf eine angemessene Höhe bringen zu lassen und bei einer etwaigen Weigerung der Gemeinde die zwangsweise Eintragung in den Etat bezw. die Anordnung der außerordentlichen Ausgabe zu veranlassen. Es muß indeß auf den nachfolgenden Unterschied aufmerksam gemacht werden. Während der Regiernngspräsident die Erhöhung des Gehalts des Bürgermeisters und der besoldeten Magistratsmitglieder niemals im Laufe der Amtsperiode, sondern nur vor der Anstellung derselben fordern und zwangsweise feststellen kann,[1]) so besteht solche Beschränkung hinsichtlich der übrigen Communalbeamten nicht; es kann vielmehr in Betreff der letzteren, insbesondere auch der Gemeindeforstbeamten,[2]) zu jeder Zeit die qu. angemessene Erhöhung erwirkt werden.

IV. Streitigkeiten über Besoldungen. Während bereits früher in der Praxis durch verschiedene Erkenntnisse des Gerichtshofes zur Entscheidung der Competenzconflicte[3]) der Grundsatz ausgesprochen ist, daß gegen die eine Erhöhung der Besoldung der Communalbeamten anordnenden Verfügungen

---

[1]) M. R. vom 14. Mai 1861 (M. Bl. p. 116) und vom 28. Juni 1861 (M. Bl. p. 162).

[2]) M. R. vom 6. Juni 1862 (M. Bl. p. 245).

[3]) Z. B. C. C. vom 5. April 1856 (J. M. Bl. p. 186), vom 24. Januar 1857 (J. M. Bl. p. 242) und 13. Nov. 1858 (M. Bl. 1859 p. 121).

der Aufsichtsbehörde der Rechtsweg ausgeschlossen ist, hat jetzt der § 19 des Zuständigkeitsgesetzes vom 1. August 1883 bestimmt, daß gegen solche Verfügungen die Klage bei dem Oberverwaltungsgerichte im Verwaltungsstreitverfahren zusteht.

Dagegen ist bei allen Streitigkeiten, welche über das Diensteinkommen zwischen den Communalbeamten und der Stadtgemeinde auf Grund des Vertragsverhältnisses entstehen, der Rechtsweg zulässig, und zwar ohne Unterschied, ob das Diensteinkommen von der Aufsichtsbehörde festgestellt ist oder nicht;[1] es steht indeß der letzteren die Befugniß zu, während des gerichtlichen Verfahrens ein Intermisticum anzuordnen und zwangsweise durchzuführen, wenn die Einwendungen der Stadtgemeinde als offenbar unbegründet erscheinen und damit für den Beamten die Gefahr naheliegt, daß ihm ein erheblicher Nachtheil aus einer Verzögerung der definitiven Erledigung droht.[2] Der Rechtsweg steht auch offen:

a. für Ansprüche eines bereits gewählten, aber nicht eingeführten Beamten wegen Entschädigung für die ihm entgangenen Diensteinkünfte,[3]

b. für Ansprüche pensionirter Beamte aus ihrem früheren Dienstverhältnisse,[4]

c. für Ansprüche der im Disciplinarwege aus dem Dienste entlassenen Beamten wegen Nachzahlung des ihm während der Amtssuspension zu viel entzogenen Theils ihres Diensteinkommens,[5]

---

[1] M. R. vom 4. Juni 1847 (M. Bl. p. 158), C. C. E. vom 16. December 1854 (J. M. Bl. 1855 p. 81), C. C. E. vom 20. October 1855 (J. M. Bl. p. 40).

[2] M. R. vom 11. November 1847 (M. Bl. p. 276).

[3] C. C. E. vom 30. Mai 1875 (J. M. Bl. p. 446).

[4] C. C. E. vom 12. April 1862 (J. M. Bl. p. 35).

[5] C. C. E. vom 17. Februar 1855 (M. Bl. p. 134).

d. für Ansprüche eines früher suspendirten, später wieder-
eingesetzten Beamten wegen Nachzahlung der ihm während
seiner Amtssuspension ohne Grund zurückbehaltenen Ge-
haltsquote.[1]

V. Diensteinkommen der suspendirten Beamten. Dieselben beziehen während der Amtssuspension bis zum Tage
der Rechtskraft des die Dienstentlassung aussprechenden Ur-
theils die Hälfte ihres Diensteinkommens an den üblichen
Zahlungsterminen in pränumerando zu zahlenden gleichen
Raten,[2] und zwar von dem ersten Tage des auf die Suspension folgenden Monats an, so daß also derjenige Beamte,
welcher vor dem Eintritte der Suspension bereits das volle
Gehalt der nachfolgenden Monate erhoben hat, zur Zurück-
erstattung des überhobenen Gehaltsbetrags, jedoch ohne Zulassung der Compensation auf die zu empfangende Gehaltshälfte, verpflichtet ist.

Bei der Berechnung der Gehaltshälfte wird auf die für
Dienstunkosten besonders angesetzten Beträge keine Rücksicht
genommen. Der innebehaltene Theil des Diensteinkommens
ist zunächst zu den auf die Stellvertretung des suspendirten
Beamten verursachten Kosten zu verwenden, dagegen der etwa
übrigbleibende Rest zu den Untersuchungskosten.[3] Der nach
Deckung der Untersuchungskosten verbleibende Ueberschuß wird
dem Beamten nicht nachgezahlt, wenn im Disciplinarverfahren
dessen Dienstentlassung rechtskräftig erkannt wird. Dagegen
wird ihm der innebehaltene Theil des Diensteinkommens vollständig nachgezahlt, wenn er freigesprochen wird, und in dem
Falle, wenn er nur mit einer Ordnungsstrafe belegt wird,
nach Abzug des Betrags der Untersuchungskosten und der er-

---

[1] C. C. E. vom 26. Juni 1849 (J. M. Bl. p. 373).
[2] M. R. vom 7. Mai 1883 (M. Bl p. 83).
[3] Disciplinargesetz vom 21. Juli 1852 § 51.

kannten Ordnungsstrafe, jedoch ohne Abzug der etwaigen Stellvertretungskosten.*) Im Falle der nachfolgenden Dienstentlassung haftet für letztere Kosten der suspendirte Beamte weder mit seiner etwa bestellten Amtscaution noch mit seinem übrigen Vermögen, während er für die Untersuchungskosten, soweit diese nach Deckung der Stellvertretungskosten nicht aus der innebehaltenen Gehaltshälfte gedeckt werden können, mit seinem Vermögen haftpflichtig ist und dieserhalb in dem administrativen Zwangsvollstreckungsverfahren in Anspruch genommen werden kann.

§ 105. Die Pensionen.

Die Grundsätze, welche die Feststellung der aus den städtischen Cassen zu zahlenden Pensionen betreffen, sind in verschiedener Art für die einzelnen Categorien der Beamten geregelt. Es kommen hier hauptsächlich in Betracht:

I. **Die Pensionen der Bürgermeister und der besoldeten Magistratsmitglieder.** Die Höhe der Pensionen dieser Beamten ist nur für den Fall gesetzlich festgestellt, wenn eine rechtsgültige Vereinbarung über die Pensionsverhältnisse zwischen den Beamten und den städtischen Behörden nicht voraufgegangen ist. Zur Rechtsgültigkeit ist vor Allem die Genehmigung der desfalls abgeschlossenen Verträge von Seiten des Bezirksausschusses in den Kreisordnungsprovinzen (bezw. der Regierung in den übrigen Provinzen) in dem Falle erforderlich, wenn dieselben andere als die gesetzlich bestimmten Pensionsbedingungen enthalten. Ist ein Vertrag solchen abweichenden Inhalts nicht zur Genehmigung vorgelegt, so ist der Regierungspräsident bezw. die Regierung im geeigneten Falle befugt, die ohne Kenntniß des Vertrages bestätigte

---

*) Disciplinargesetz vom 21. Juli 1852 §§ 52 und 53.

Wahl zurückzunehmen und eine neue Wahl anzuordnen.[1]) In den dazu genehmigenden Verträgen, welche jeder freien Vereinbarung Raum bieten, kann selbstverständlich festgestellt werden, daß die Grundsätze des die Pensionirung der unmittelbaren Staatsbeamten regelnden Gesetzes vom 27. März 1872 und der Novelle vom 31. März 1882 auch auf die Bürgermeister und besoldeten Magistratsmitglieder Anwendung finden sollen. Auch können solche Verträge sogar die gänzliche Verzichtleistung auf Pension Seitens der vorgenannten Beamten enthalten.[2])

Die gesetzlichen Pensionsbedingungen, welche beim Mangel eines genehmigten Vertrags Platz greifen, sind nun folgende. Der Pensionirte erhält von seinem Diensteinkommen mit Ausschluß der Dienstaufwandsgelder

$1/_4$ des Gehalts nach 6jähriger Dienstzeit,

$1/_2$ des Gehalts nach 12jähriger Dienstzeit,

$2/_3$ des Gehalts nach 24jähriger Dienstzeit,

und zwar beim Eintritte nachfolgender Ereignisse:

a. bei eintretender Dienstunfähigkeit nach erfolgter Pensionirung,

b. oder nach Ablauf der Wahlperiode, wenn der betreffende Beamte nicht wiedergewählt, oder wenn die Wiederwahl staatlicherseits nicht bestätigt wird.[3])

In letzterer Beziehung ist es auf die Pensionsfrage ohne Einfluß, ob der nicht wiedergewählte Beamte sich um die betreffende Stelle, aus welcher er ausscheidet, nicht beworben hat,[4]) oder ob er eine ihm mit Rücksicht auf eine etwaige

---

[1]) Verordnung vom 11. Mai 1839.

[2]) M. R. vom 9. Juni 1845.

[3]) Min. Instr. vom 20. Juni 1853 Art. XI, vom 9. Mai 1856 Art. IX und vom 18. Juni 1856 §§ 11 und 12.

[4]) M. R. vom 15. April 1837 (Ann. p. 437).

Wiederwahl gestellte Bedingung abgelehnt hat. Dagegen geht der Anspruch auf Pension verloren:

α. wenn der Gewählte eine etwaige Wiederwahl, für welche die bisherigen Anstellungs= und Pensionsbedingungen bei Bestand gelassen werden, überhaupt ausschlägt,[1])

β. wenn er wegen einer ihm zur Last fallenden Schuld überhaupt nicht wiedergewählt werden kann,[2])

γ. wenn und solange er ein schon neben dem Communal= amte bekleidetes anderes Amt nach Ablauf der Wahl= periode gegen Besoldung weiterverwaltet.[3])

II. **Pensionen der auf Lebenszeit angestellten besoldeten Gemeindebeamten.** Zu diesen gehören nur die städtischen Subaltern= und Unterbeamten, dagegen nicht die städtischen Elementarlehrer und die an den städtischen höheren Unter= richtsanstalten fungirenden Lehrer. Auch hinsichtlich der erst= genannten besoldeten Gemeindebeamten unterliegt die Fest= stellung der Pensionsverhältnisse der freien Vereinbarung; es sind indeß hier die desfallsigen Verträge von der Genehmigung der Aufsichtsbehörde nicht abhängig gemacht worden, wie dies bei den Berathungen über den Entwurf der Städteord= nungen in den Kammern ausdrücklich hervorgehoben ist. Beim Mangel einer Vereinbarung wird ihnen bei eintretender Dienstunfähigkeit die Pension nach denselben Grundsätzen ge= währt, welche bei der Pensionirung der unmittelbaren Staats= beamten zur Anwendung kommen. Es normirt also bei solchem Mangel das Pensionsgesetz vom 27. März 1872[4]) und die dazu erlassene Novelle vom 31. März 1882.[5]) Bei

---

[1]) M. R. vom 31. Juli 1821 (Ann. p. 646).

[2]) Obertribunalserkenntniß vom 11. April 1837.

[3]) Obertribunalserkenntniß vom 1. Mai 1863 (Entscheidungen Bd. 49 p. 238).

[4]) (G.S. p. 268).

[5]) (G.S. p. 133).

dieser Bedeutung der beiden Gesetze vernothwendigt sich die nachfolgende Darstellung ihrer Hauptgrundsätze, soweit dadurch die städtischen Beamten berührt werden:

a. Die Pensionsberechtigung tritt erst nach einer Dienstzeit von 10 Jahren ein, wenn der Beamte in Folge eines körperlichen Gebrechens oder wegen Schwäche der körperlichen oder geistigen Kräfte zur Erfüllung seiner Amtspflichten dauernd unfähig wird, dagegen auch nach kürzerer Dienstzeit in dem Falle, wenn die Dienstunfähigkeit die Folge einer Krankheit, Verwundung oder sonstigen Beschädigung ist, welche der Beamte sich bei Ausübung des Dienstes oder aus Veranlassung desselben ohne eigene Verschuldung zugezogen hat.

b. Die Pension beträgt, wenn die Pensionirung im letztberegten Falle erfolgt, oder wenn sie nach vollendetem zehnten, jedoch vor vollendetem elften Dienstjahre eintritt, $15/60$ und steigt von da ab mit jedem weiter zurückgelegten Dienstjahre um $1/60$ des Diensteinkommens. Ueber den Betrag von $45/60$ desselben findet eine Steigerung nicht statt. Bei jeder Pension werden überschießende Thalerbrüche auf volle Thaler abgerundet.

c. Der Berechnung der Pension wird das zuletzt bezogene gesammte Diensteinkommen, soweit es nicht zur Bestreitung von Repräsentations= oder Dienstaufwandskosten gewährt wird, nach Maßgabe der folgenden näheren Bestimmungen zu Grunde gelegt:

α. Feststehende Dienstemolumente, namentlich freie Dienstwohnung, sowie die anstatt derselben gewährte Miethsentschädigung, Feuerungs= und Erleuchtungsmaterial, Naturalbezüge an Getreide, Winterfutter 2c., sowie der Ertrag von Dienstgrundstücken kommen nur soweit in Anrechnung, als deren Werth in den Besoldungsetats auf die Geldbesoldung des Beamten in Rechnung ge=

stellt, oder zu einem bestimmten Geldbetrage als an=
rechnungsfähig bezeichnet ist.

β. Dienstemolumente, welche ihrer Natur nach steigend
und fallend sind, werden nach den in den Besoldungs=
etats oder sonst bei Verleihung des Rechts auf diese
Emolumente deshalb getroffenen Festsetzungen und in
Ermangelung solcher Festsetzungen nach ihrem durch=
schnittlichen Betrage während der drei letzten Kalender=
jahre vor dem Jahre, in welchem die Pension fest=
gesetzt wird, zur Anrechnung gebracht.

γ. Bloß zufällige Diensteinkünfte, wie widerrufliche Tan=
tièmen, Commissionsgebühren, außerordentliche Remu=
nerationen, Gratificationen und dergleichen kommen
nicht zur Berechnung.

δ. Das gesammte zur Berechnung zu ziehende Dienstein=
kommen einer Stelle darf den Betrag des höchsten
Normalgehalts derjenigen Dienstcategorie, zu welcher
die Stelle gehört, nicht übersteigen. Ohne diese Be=
schränkung kommen jedoch solche Gehaltstheile oder
Besoldungszulagen, welche zur Ausgleichung eines von
dem betreffenden Beamten in früherer Stellung be=
zogenen Diensteinkommens demselben mit Pensions=
berechnung gewährt sind, zur vollen Anrechnung.

ε. Wenn das nach den vorstehenden Bestimmungen er=
mittelte Einkommen eines Beamten insgesammt mehr
als 12 000 Mark beträgt, wird von dem überschießen=
den Betrage nur die Hälfte in Anrechnung gebracht.

d. Das mit Nebenämtern oder Nebengeschäften verbundene
Einkommen begründet nur dann einen Anspruch auf
Pension, wenn eine etatsmäßige Stelle als Nebenamt
bleibend verliehen ist.

e. Die Dienstzeit wird vom Tage der Ableistung des Dienst=
eides gerechnet; jedoch bleibt die Dienstzeit, welche vor

dem Beginn des 21. Lebensjahres fällt, außer Berechnung.

f. Die Versetzung in den Ruhestand tritt, sofern nicht auf den Antrag oder mit ausdrücklicher Zustimmung des Beamten ein früherer Zeitpunct festgesetzt wird, mit dem Ablaufe desjenigen Vierteljahres ein, welches auf den Monat folgt, in welchem dem Beamten die Entscheidung über seinen Pensionirungsantrag und die Höhe der ihm etwa zustehenden Pension bekannt gemacht worden ist.

g. Die Pensionen werden monatlich im Voraus gezahlt. Dieselben können weder abgetreten noch verpfändet werden. In Bezug auf Beschlagnahme normiren die desfalls erlassenen besonderen Bestimmungen.

h. Ein Pensionair, welcher später ein zur Pension berechtigendes städtisches Amt wiederübernimmt, erwirbt bei der dann folgenden abermaligen Pensionirung den Anspruch auf Gewährung einer nach Maßgabe seiner nunmehrigen verlängerten Dienstzeit und des in der neuen Stellung bezogenen Diensteinkommens berechneten Pension nur dann, wenn die neu hinzutretende Dienstzeit wenigstens ein Jahr betragen hat.

Auch diejenigen Beamten, welche vor dem Inkrafttreten der Städteordnung vom 30. Mai 1853 angestellt worden sind, werden in Maßgabe der vorstehenden Principien pensionirt, wenn dieselben ihnen größere Vortheile bieten, als die Uebergangsbestimmung des § 84 leg. cit., nach welcher diese älteren Beamten zwei Drittel ihres seitherigen reinen Diensteinkommens nach vierundzwanzigjähriger Dienstzeit als Pension beanspruchen können.

Dagegen erhalten die auf Kündigung oder sonst auf Widerruf angestellten Beamten überhaupt keine städtische Pension, sondern nur in dem Falle, wenn sie zu den Militärverforgungberechtigten gehören, eine Pension aus Staatsfonds bei eintretender unverschuldeter Dienstunfähigkeit.*)

III. Pensionen der Lehrer höherer städtischer Lehranstalten. Bei der Pensionirung derjenigen Lehrer, welche an städtischen Gymnasien, Progymnasien, Realschulen, Taubstummen- und Blindenanstalten, Kunst- und höheren Bürgerschulen angestellt sind, kommen die Gesetze vom 27. März 1872 und vom 31. März 1882 gleichfalls in Anwendung. Bei der Berechnung ihrer Dienstzeit kommt auch diejenige Zeit in Anrechnung, während welcher sie das vorgeschriebene Probejahr abgehalten haben.

IV. Pensionen der Elementarlehrer. Die Pensionsverhältnisse derselben sind durch das vom 1. April 1886 in Kraft getretene Pensionsgesetz vom 6. Juli 1885 geregelt. Dasselbe findet ausschließlich Anwendung auf die Elementarlehrer und Lehrerinnen, also nur auf diejenigen, welche an einer über den Rahmen einer Volksschule nicht hinausgehenden obligatorischen Lehranstalt angestellt sind, dagegen nicht auf Lehrer an höheren und mittleren Töchterschulen, sonstigen Mittelschulen und ähnlichen Lehranstalten, welche weder zu den höheren Unterrichtsanstalten im technischen Sinne, noch zu den obligatorischen Volksschulen gehören. Jenes Gesetz normirt die Pensionen nur für die definitiv angestellten Elementarlehrer und Lehrerinnen einschließlich der Rectoren, welche nach einer Dienstzeit von mindestens 10 Jahren oder bei kürzerer Dienstzeit in Folge einer Krankheit, Verwundung oder sonstiger Beschädigung, welche bei Ausübung des Dienstes oder aus Veranlassung desselben ohne eigene Verschuldung erfolgt, dauernd dienstunfähig geworden sind. Wegen der Berechnung der Pension und der sonstigen Grundsätze muß auf den Inhalt des Pensionsgesetzes vom 6. Juli 1885 ver-

---

*) M. R. vom 19. November 1844 (M. Bl. 1845 p. 2).

wiesen werden; es soll hier nur hervorgehoben werden, daß in dem Falle, wenn die nach Maßgabe des letztgenannten Gesetzes bemessene Pension geringer ist als die Pension, welche dem Lehrer in Gemäßheit des früheren Rechts bei einer Pensionirung am 31. März 1886 hätte gewährt werden müssen, diese letztere Pension zu bewilligen ist, und ferner, daß eine Pension nach Maßgabe der bis zum 31. März 1886 geltenden Bestimmungen dem Lehrer auch dann zu gewähren ist, wenn ihm solche auf Grund derselben bei einer Pensionirung am 31. März 1886 zugestanden haben würde, dagegen auf Grund des Gesetzes vom 6. Juli 1885 nicht zusteht.

Dagegen haben die nur provisorisch angestellten Elementarlehrer keinen Anspruch auf ein Ruhegehalt.*)

V. Die Pensionen der an höheren Töchterschulen, Mittelschulen und ähnlichen Lehranstalten angestellten Lehrer. Für den Fall, daß die Pensionsverhältnisse dieser Lehrer weder vereinbarungsmäßig noch ortsstatutarisch geordnet sind, greifen bezüglich derselben diejenigen Grundsätze Platz, welche vor dem Elementarlehrerpensionsgesetze vom 6. Juli 1885 hinsichtlich aller Schullehrer mit Ausschluß der an den höheren Lehranstalten fungirenden Lehrer in der Praxis zur Anwendung gekommen sind. Die Bestimmung der Höhe der Pension competirte der Regierung, Abtheilung für Kirchen- und Schulwesen, wenn eine Einigung zwischen dem Lehrer und der Gemeinde nicht erfolgte. Das Verfahren in denjenigen Fällen, in denen der Festsetzung der Pension entweder von dem Lehrer oder von der zur Aufbringung verpflichteten Commune widersprochen wurde, hat eine besondere Regelung in dem Ministerialerlasse vom 30. November 1881 (Centralblatt für das Unterrichtswesen 1881 p. 668) erfahren. Danach soll die Höhe der Pension im Falle des eingetretenen Widerspruchs

---

*) M. R. vom 16. März 1859.

durch Plenarbeschluß der Regierung festgestellt werden, und in der Recursinstanz der Oberpräsident endgültig Entscheidung treffen. Es hat nun vor dem Pensionsgesetze vom 6. Juli 1885 an einer gesetzlichen Bestimmung über die Höhe der Pension der fraglichen Schullehrer gefehlt. Die Gesetze, betreffend die Pensionirung der unmittelbaren Staatsbeamten sowie der Lehrer an den höheren Unterrichtsanstalten, vom 27. März 1872 und 31. März 1882 konnten ebensowenig Anwendung finden, wie der § 28 Tit. 12, Th. II A. L. R. in Verbindung mit § 529 Tit. 11, weil diese landrechtlichen Bestimmungen nur von „Amtsentsetzung der Schullehrer" handeln. Wenn nun auch die Schulverwaltung allgemein den Grundsatz angenommen hatte, daß dienstunfähigen Schullehrern mit Ausschluß der an den höheren Unterrichtsanstalten angestellten ein Drittel ihres Diensteinkommens zu gewähren sei, so stand es doch in Ermangelung einer gesetzlichen Vorschrift den Regierungen frei, nach ihrem pflichtmäßigen Ermessen unter Umständen über jenes ein Drittel hinauszugehen. Die so von der Regierung festgestellte Pension bildete für die zur Schulverwaltung verpflichtete Gemeinde eine ihr gesetzlich obliegende Last. Eine Abänderung war einzig und allein durch Anrufen des Oberpräsidenten zu erreichen, während das Verwaltungsgericht eine Entscheidung über die in das Ermessen der Regierung gestellte Höhe der Pension nicht treffen konnte.[1]) Es hatte sich so in der Praxis der Grundsatz behauptet, daß nur die definitiv angestellten Lehrer zum Bezuge der Pension berechtigt seien,[2]) und daß die Höhe derselben nicht weniger als ein Drittel der Stelleneinkünfte betragen dürfe.[3])

---

[1]) O. V. G. E. Bd. XI p. 47 und M. R. vom 20. October 1863 (Centralblatt p. 616).

[2]) M. R. vom 16. März 1859 (Centralblatt p. 355).

[3]) M. R. vom 27. Juni 1860 (Centralblatt p. 421).

Die vorstehenden Grundsätze sind auch jetzt noch auf die=
jenigen Lehrer anwendbar, welche an solchen städtischen Lehr=
anstalten angestellt sind, welche, wie die höheren Töchterschulen,
Mittelschulen u. s. w., weder zu den höheren Unterrichtsan=
stalten im technischen Sinne, noch zu den obligatorischen Ele=
mentarvolksschulen gehören.

Nach dieser Darstellung der einzelnen Pensionsverhält=
nisse sind noch nachfolgende Gegenstände einer Erörterung zu
unterziehen.

**VI. Streitigkeiten über Pensionsansprüche der besoldeten
Communalbeamten.** Auf Grund der Städteordnungen*) hatte
früher über solche Ansprüche in streitigen Fällen die Regie=
rung zu entscheiden, und war gegen den Beschluß der Regie=
rung, soweit derselbe sich nicht auf die Thatsache der Dienst=
unfähigkeit oder darauf bezog, welcher Theil des Dienstein=
kommens als Gehalt anzusehen sei, die Berufung auf richter=
liche Entscheidung zulässig. In der Verwaltungspraxis war
constant der Grundsatz festgehalten, daß die Regierung nicht
bloß über den streitigeg Pensionsanspruch, sondern überhaupt
über die Pensionirung zu beschließen hatte. Eine Aenderung
dieser Sachlage ist durch das Zuständigkeitsgesetz vom 1. August
1883 § 20, Abs. 4 insofern eingetreten, als an die Stelle
der Regierung in den Kreisordnungsprovinzen der Bezirks=
ausschuß getreten ist. Letzterer hat also dort jetzt über die
streitigen Pensionsansprüche aller besoldeten Gemeindebeamten
sowie über deren Pensionirung überhaupt zu beschließen, und
zwar, soweit der Beschluß sich darauf erstreckt, welcher Theil
des Diensteinkommens bei Feststellung des Pensionsanspruchs
als Gehalt anzusehen ist, vorbehaltlich der den Betheiligten
gegen einander zustehenden Klage im Verwaltungsstreitver=
fahren, im Uebrigen vorbehaltlich des ordentlichen Rechts=

*) O. St. O. § 65, W. St. O. § 65, R. St. O. § 59 und 78.

weges. Der Beschluß des Bezirksausschusses ist vorläufig voll=
streckbar. Es ist also hinsichtlich der Frage, welches Dienst=
einkommen als Gehalt anzusehen sei, ebenso, wie früher[1]),
der ordentliche Rechtsweg ausgeschlossen, vielmehr nur die in
dem Verwaltungsstreitverfahren bei dem Oberverwaltungsge=
richte zu erhebende Klage gestattet. Die nach Vorstehendem zu=
lässigen Klagen können sowohl von dem Beamten als von
dem Magistrate angestellt werden.[2])

VII. Fortfall und Ruhen der Pension. Die Pension
fällt fort oder ruht insoweit, als der Pensionirte durch ander=
weitige Anstellung im Staats= oder Gemeindedienste ein Ein=
kommen oder eine neue Pension erwirbt, welche mit Zurech=
nung der ersten Pension sein früheres Einkommen übersteigen.
Unter „Einkommen" werden alle Einnahmen verstanden, welche
dem Pensionirten sein neues Amt wiederkehrend verschafft,
also auch, wie in dem M. R. vom 9. Juli 1855 (M. Bl.
p. 135) entschieden ist, Calculatur=, Auctions= und ähnliche
Gebühren, sowie die Einnahmen eines Rechtsanwalts oder
Notars.[3])

Auch die im förmlichen Disciplinarverfahren erkannte
Dienstentlassung zieht den Verlust des Pensionsanspruchs von
selbst nach sich; es ist indeß die Disciplinarbehörde auf Grund
des Gesetzes vom 21. Juli 1852 § 16 in dem Falle, wenn
besondere Umstände eine mildere Beurtheilung zulassen, er=
mächtigt, in ihrer Entscheidung festzusetzen, daß dem zu ent=
lassenden Beamten ein Theil des reglementsmäßigen Pensions=
betrages auf Lebenszeit oder auf gewisse Jahre als Unter=
stützung zu verabreichen sei.

---

[1]) C. C. E. vom 14. April 1860 (R. Bl. 1861 p. 130).
[2]) C. C. E. vom 23. Juni 1858 (J. M. Bl. p. 263).
[3]) Obertribunalserkenntniß vom 20. Juni 1853 (Entscheidungen
Bd. 25 p. 440).

Früher hatte auch ein Straferkenntniß, welches den Verlust der bürgerlichen Ehrenrechte oder die zeitweise Untersagung der Ausübung solcher Rechte nach sich zog, für den pensionirten Beamten den Verlust der Pension zur Folge. Eine solche Bestimmung ist jedoch in das Reichsstrafgesetzbuch nicht aufgenommen.

VIII. Anrechnung einer früheren Dienstzeit bei Abmessung der Pension. Wenn eine solche Anrechnung nicht besonders vereinbart worden ist, so kann bei Abmessung der einem Communalbeamten zu gewährenden Pension die von ihm früher in unmittelbarem Staatsdienste oder im Dienste anderer Gemeinden zugebrachte Zeit, sowie die Zeit des geleisteten Militärdienstes nicht mit in Anrechnung gebracht werden. Es wird nur die Zeit, welche im Dienste der die Pension gewährenden Gemeinde zugebracht ist, bei der Berechnung berücksichtigt.*)

IX. Anrechnung persönlicher Gehaltszulagen bei der Pensionirung von Communalbeamten. Als Theil des der Berechnung zu Grunde zu legenden Gehalts will der Ministerialerlaß vom 30. September 1866 (M. Bl. p. 212) auch die von den städtischen Behörden gewährte persönliche Zulage betrachtet wissen. Es ist deshalb auf die Pensionsberechtigung ohne Einfluß, ob die Gehaltszulage als eine persönliche bezeichnet ist, da der Ausdruck „persönlich" nur den Gegensatz gegen eine mit der Stelle auf die Dauer verbundene Gehaltserhöhung bildet, und nicht gegen eine pensionsberechtigte.**) Characterisirt sich dagegen eine Zulage nicht als eine Gehaltserhöhung, sondern lediglich als eine Entschädigung für Re-

---

*) M. R. vom 17. December 1867 (M. Bl. 1868 p. 126), vom 19. März 1872 (M. Bl. p. 102) und vom 28. Juli 1848 (M Bl. p. 220).

**) O. V. G. Bd. XIII p. 174.

präsentationskoften, so ist der Betrag bei der Berechnung der Höhe der Pension nicht zu berücksichtigen.*) Ein Gleiches ist der Fall, wenn eine Zulage nur als temporäre Remuneration für einzelne Amtsverrichtungen bewilligt wird, oder wenn sie als widerrufliche gewährt ist.

X. Berechnung der Pension mit Rücksicht auf bezogene Nebeneinnahmen. Es kommen hier die oben sub II, c dargestellten Grundsätze zur Anwendung. Aus den sich daraus ergebenden Gesichtspunkten hat der Ministerialbescheid vom 21. October 1867 (M. Bl. 168 p. 63) anerkannt, daß die Pension nur von dem anstellungsmäßig ausgesetzten Gehalte, nicht von etwaigen zufälligen Nebeneinnahmen an steigenden und fallenden Dienstemolumenten, wie Tantièmen, und an sonstigen accidentiellen Dienstgenüssen zu berechnen ist.

§ 106. Die Gemeindecompetenzen der Hinterbliebenen verstorbener Communalbeamten.

In Ermangelung besonderer Vereinbarungen finden alle Bestimmungen über das Sterbe- und Gnadenquartal der Staatsbeamten in Gemäßheit der Cabinetsordre vom 22. Januar 1826 (G. S. p. 13) auch auf die Hinterbliebenen städtischer Beamten volle Anwendung. Die letzteren erhalten demnach:

a. außer dem Sterbemonate noch die volle Besoldung für die zunächst folgenden drei Monate, wenn der Verstorbene Mitglied oder Subalternbeamter eines Magistratscollegium gewesen ist, dagegen in allen anderen Fällen solche Besoldung nur für den auf den Sterbemonat folgenden Kalendermonat, den sog. Gnadenmonat, event. nach Umständen auch auf zwei oder drei Gnadenmonate,

---

*) Striethorst, Archiv für Rechtsfälle Bd. 17 p. 239.

wenn die Uebertragung der Stelle des Verstorbenen ohne besonderen Kostenaufwand für die Stadtcasse erfolgen kann. — cfr. C. O. vom 27. April 1816 § 1 (G. S. p. 134). —

b. Die Benutzung der Dienstwohnung während des Gnadenquartals, wenn der Verstorbene Mitglied oder Subalternbeamter eines Magistratscollegium gewesen ist, event. in allen anderen Fällen während des Gnadenmonats, jedoch mit Ausschluß einer etwa dazu gehörigen Sessions- und Arbeitsstube oder eines anderen dazu geeigneten Zimmers. Fällt das Miethsquartal nicht mit dem Ende des Gnadenquartals zusammen und macht dadurch das anderweitige Unterkommen der Familie Schwierigkeiten, so muß sie entweder, wenn das Miethsquartal früher eintritt, mit diesem die Dienstwohnung räumen und enthält dafür eine entsprechende Entschädigung vom Nachfolger des Verstorbenen, oder sie muß, wenn das nächste Miethsquartal später fällt, bis dahin in der Dienstwohnung mit der Verpflichtung belassen werden, dem Amtsnachfolger ein gewöhnliches Absteigequartier für sich und einen oder mehrere Domestiken einzuräumen. — cfr. C. O. vom 27. April 1816 § 3. —

c. Nur dasjenige, was die Hinterbliebenen an Besoldung außer dem Sterbequartal erhalten, ist für dieselben eine Gnadenbewilligung, auf welche die Gläubiger des Verstorbenen keinen Anspruch haben. Diese Gnadenbewilligung steht nur der Wittwe, Kindern und Enkeln des Verstorbenen zu, und zwar ohne Unterschied, ob sie Erben desselben geworden sind oder nicht. — cfr. C. O vom 15. November 1819 (G. S. p. 45). — Ausnahmsweise kann in dem Falle, wenn der Verstorbene der Ernährer armer Eltern, Geschwister und Geschwisterkinder oder Pflegekinder gewesen ist, diesen Personen das

Gnadengehalt mit Genehmigung der Stadtverordneten-versammlung überwiesen werden.

d. Die Hinterbliebenen eines pensionirten Beamten haben außer dem Sterbemonate noch Anspruch auf den Gnaden-monat mit der sub c beregten Wirkung. — cfr. C. O. vom 27. Mai 1816 und vom 15. November 1819. —

e. Den Hinterbliebenen ist das Gnadengehalt auch in dem Falle zu gewähren, wenn die Pensionirung des Beamten von einem bestimmten Zeitpunkte an bereits verfügt ist, der Beamte aber vor Eintritt dieses Zeitpunktes verstorben ist. — cfr. C. O. vom 30. März 1842 (J. M. Bl. p. 206). —

f. Die Hinterbliebenen eines suspendirten Beamten, welcher vor der Entscheidung über die eingelegte Berufung gegen ein die Dienstentlassung aussprechendes Disciplinar-erkenntniß verstorben ist, erhalten für den Sterbemonat nur dasjenige Einkommen, welches der Verstorbene wäh-rend der Amtssuspension selbst bezogen hat, dagegen für die drei Gnadenmonate das volle Einkommen der Stelle, wie solches der Verstorbene vor seiner Amtssuspension bezogen hatte, ohne Abzug für etwaige Stellvertretungs-kosten (Ministerialcircular vom 26. Mai 1841 im M. Bl. p. 159). Auch wird den Erben eines solchen suspen-dirten Beamten die während der Amtssuspension inne-behaltene Hälfte des Diensteinkommens für alle Fälle unverkürzt nachgezahlt. — cfr. Ministerialcircular vom 3. Mai 1876 (M. Bl. p. 123).

g. Die Hinterbliebenen eines in der letzten Zeit vor seinem Tode wegen Krankheit ganz oder theilweise in seinen Geschäften gegen Abtretung eines Theils seines Ein-kommens vertretenen Beamten erhalten für den Sterbe-monat nur dasjenige Einkommen, welches der Verstorbene während der Vertretung bezogen hat, dagegen für die drei Gnadenmonate das volle Einkommen der Stelle, wie der Verstorbene solches vor der Vertretung bezogen hatte. — cfr. Ministerialcircular vom 5. August 1843 (M. Bl. p. 231). —

h. Die Hinterbliebenen derjenigen Beamten, welche nicht zu den etatsmäßigen gehören, sondern nur als Hülfsarbeiter oder als Hülfsschreiber fixirte Remunerationen oder Diäten beziehen, haben gleichfalls Anspruch auf den Sterbemonat und das Gnadenquartal. — cfr. Ministerialerlaß vom 18. April 1855 (J. M. Bl. p. 166 und M. Bl. p. 113).

i. Die Gläubiger des Verstorbenen können zu ihrer Befriedigung nur den auf das Sterbequartal entfallenden Gehaltstheil durch Beschlagnahme in Anspruch nehmen bezw. zur Masse heranziehen.

Die vorstehenden Grundsätze finden auch Anwendung auf die Hinterbliebenen der von den Stadtgemeinden bei den höheren Schulen und Lehranstalten angestellten Lehrer und Beamten, welche ihre Besoldung aus städtischen Cassen empfangen, dagegen auf die Hinterbliebenen der im Amte verstorbenen Geistlichen und diejenigen der aus städtischen Cassen besoldeten Elementarlehrer nur dann, wenn ihnen in Betreff der Gnadencompetenzen die Bestimmungen der C. O. vom 27. April 1816 größere Vortheile bieten, als die Vorschriften des A. L. R. Th. II, Tit. 11 §§ 833—856, welche im entgegengesetzten Falle maßgebend bleiben. — cfr. Ministerialverfügung vom 31. März 1859 (M. Bl. p. 144). —

§ 107. Die Beendigung des Gemeindedienstes.

Die Gründe, welche die Beendigung veranlassen können, sind folgende:

1. Der Tod des Beamten.
2. Der Ablauf der Zeit, auf welche Gemeindebeamte

wie z. B. die Bürgermeister, Beigeordneten, Schöffen, Mit=
glieder der Verwaltungsdeputationen ꝛc. gewählt sind.

3. Die freiwillige Ausscheidung aus dem Amte,
und zwar

  a. ohne Rücksicht auf die Dienstfähigkeit durch freiwillige
    Entlassung. Dieselbe muß bei derjenigen Behörde
    nachgesucht werden, welche über die Besetzung der auf=
    zugebenden Stelle zu verfügen hat, und soll nur dann
    versagt werden, wenn daraus ein erheblicher Nachtheil
    für das gemeine Beste zu besorgen ist.*) Dem Beamten,
    welchem die Entlassung aus solchen Gründen versagt ist,
    steht die Berufung auf die landesherrliche Entscheidung
    offen. In keinem Falle darf der Beamte seinen Posten
    eher verlassen, als bis wegen Wiederbesetzung oder einst=
    weiliger Verwaltung desselben verfügt worden ist. Es
    beziehen sich indeß diese Bestimmungen des Allgemeinen
    Landrechts nur auf die besoldeten Beamten.

  b. Bei eingetretener Dienstunfähigkeit durch Pensionirung,
    welche von dem Beamten nachzusuchen und von der zur
    Besetzung der betreffenden Stelle competenten Behörde
    in Maßgabe der Gemeindepensionsgesetze zu ertheilen ist.

4. Die unfreiwillige Versetzung in den Ruhestand.

  a. im Wege des Disciplinarverfahrens. Der § 95
    des Disciplinargesetzes vom 21. Juli 1852 enthält die
    Bestimmung, daß die mittelbaren Staatsbeamten, wenn
    sie vor dem Zeitpunkte, mit welchem ihre Pensionsberech=
    tigung für sie eingetreten sein würde, dienstunfähig werden,
    auch gegen ihren Willen unter den für die Disciplinar=
    untersuchung vorgeschriebenen Formen in den Ruhestand
    versetzt werden können. Die desfalls competente Disci=
    plinarbehörde war vor der Emanation des Zuständigkeits=

---

*) A.L.R. Th. II, Tit. 10 § 94—97.

gesetzes vom 1. August 1883 die Regierung, welche nach einer allgemein geübten Praxis nicht bloß über die streitigen Pensionsansprüche, sondern auch über die Pensionirung selbst zu entscheiden hatte.*) An die Stelle der Regierung ist in den Kreisordnungsprovinzen auf Grund des vorgenannten Gesetzes § 20, Abs. 4 der Bezirksausschuß getreten. Wenn nun überdies derselbe im § 10, Abs. 2 bestimmt: „In dem bezüglich der Entfernung aus dem Amte vorgesehenen Verfahren ist entstehenden Falles auch über die Thatsache der Dienstunfähigkeit der Bürgermeister, Beigeordneten, Magistratsmitglieder und sonstigen Gemeindebeamten Entscheidung zu treffen", so wird der Bezirksausschuß für competent zu erachten sein, nicht bloß über die streitigen Pensionsansprüche, sondern auch im Falle der Dienstunfähigkeit eines Beamten vor Eintritt der Pensionsberechtigung über die unfreiwillige Versetzung in den Ruhestand, sowie über die zu Grunde liegende Thatsache selbst zu entscheiden. Von Brauchitsch, die neuen Preußischen Verwaltungsgesetze, vertritt in Band III p. 52 die Ansicht, daß über Beschwerden städtischer pensionsberechtigter Beamten gegen die Thatsache der Pensionirung die Aufsichtsbehörden im geordneten Instanzenzuge zu beschließen haben.

Auch die auf Lebenszeit angestellten nicht pensionsberechtigten Communalbeamten können nur unter Beobachtung der für die Disciplinaruntersuchung vorgeschriebenen Formen in den Ruhestand versetzt werden.

b. Durch Beschluß des Ministers des Innern rücksichtlich der Mitglieder des Magistrats in Hannover. Dort können nämlich auf Grund der Hannoverschen Städteordnung § 44 die auf Lebenszeit gewählten Magi-

---

*) M. R. vom 3. Mai 1855 (M. Bl. p. 92).

ſtratsmitglieder auch wider ihren Willen nach Ablauf
von je 12 Jahren nach der Wahl auf Antrag des Magiſtrats und der Bürgervorſteher von dem Miniſter des
Innern in den Ruheſtand verſetzt werden.

5. Verſchiedene Thatſachen, welche die Dienſt=
entlaſſung eines Beamten zur Folge haben. Hierher
gehört:

a. Die auf Lebenszeit angeſtellten Forſtſchutzbe-
amten können ihres Dienſtes entlaſſen werden, wenn
die Regierung,die zu ihrer Vereidigung ertheilte Erlaub=
niß zurückzieht. [1]

b. Straferkenntniſſe, in welchen auf eine Freiheitsſtrafe
von länger als einjähriger Dauer, auf eine ſchwerere
Strafe, auf Verluſt der bürgerlichen Ehre, auf zeitige
Unterſagung der Ausübung der bürgerlichen Ehrenrechte,
auf immerwährende oder zeitige Unfähigkeit zu öffentlichen Aemtern, auf Stellung unter Polizeiaufſicht und
auf Unfähigkeit zur Bekleidung öffentlicher Aemter erkannt iſt, haben für den Verurtheilten den dauernden
Verluſt der bekleideten Aemter zur Folge. [2]

c. Durch Beſchluß der Stadtverordneten können die
zu den bleibenden Verwaltungsdeputationen gewählten
ſtimmfähigen Bürger und andere von der Stadtverordnetenverſammlung auf eine beſtimmte Zeit gewählten
unbeſoldeten Gemeindebeamten mit Ausſchluß der Magi-
ſtratsmitglieder auch vor Ablauf ihrer Wahlperiode wider
ihren Willen von ihrem Amte entbunden werden. [3]

---

[1] Geſ. vom 2. Juni 1852 (G. S. p. 305).
[2] Disciplinargeſetz vom 21. Juli 1852 § 8 und Reichsſtrafgeſetz-
buch §§ 33—36.
[3] O. St. O. § 75, W. St. O. § 75, R. St. O. § 80, Zuſt. G. § 10.

IV. Buch: Die Verwaltung der Städte in finanzieller Beziehung.

Erstes Capitel: Die Vermögensverwaltung.

§ 108. Einleitende Bemerkungen.

Die Verwaltung des gesammten städtischen Vermögens und aller Einkünfte der Stadtgemeinde ist ausschließlich dem Magistrate, als der ausführenden Verwaltungsbehörde, und den ihm untergeordneten städtischen Verwaltungsorganen zugewiesen. Die Stadtverordneten nehmen als solche activ an der Verwaltung selbst nicht Theil, wenn sie nicht etwa zu Mitgliedern der Verwaltungsdeputationen bestellt sind. Andererseits tritt aber der Einfluß der Stadtverordneten auf die Verwaltung insofern in ganz besonderem Maaße hervor, als dieselben über die Benutzung des Gemeindevermögens zu beschließen haben. Die Thätigkeit beider städtischen Behörden wird sodann in Bezug auf die Vermögensverwaltung wesentlich dadurch beschränkt, daß zu einer Reihe von Gemeindebeschlüssen die Genehmigung der höheren Behörden, des Regierungspräsidenten, des Bezirksausschusses und der Regierung erforderlich ist. Diese Gesichtspunkte sind es, welche in den Städteordnungen einzelne Verwaltungsgeschäfte, welche auch in diesem Capitel zum Gegenstande der Darstellung gemacht werden sollen, hervortreten lassen. Allgemeine Verwaltungsmaßregeln sind in den Städteordnungen nur in Bezug auf den Gemeindehaushalt, die Führung des Lagerbuchs und die Erstattung des jährlichen Verwaltungsberichts angeordnet.

Es wird somit das vorliegende Capitel in drei Gruppen behandeln:

a. das Beschlußrecht der Stadtverordneten in Bezug auf
die Benutzung des Gemeindevermögens;

b. die Gemeindebeschlüsse, welche bezüglich der Verwaltung
einer Genehmigung der höheren Behörde bedürfen;

c. die allgemeinen Verwaltungsmaßregeln, welche in den
Städteordnungen angeordnet sind.

§ 109. Das Gemeindevermögen.

Die Städteordnungen berühren die Verwaltung des Gemeindevermögens in laconischer Kürze mit folgenden Worten:*)

„Die Stadtverordneten beschließen über die Benutzung des
Gemeindevermögens; die Declaration vom 26. Juli 1847
(G. S. p. 327) bleibt dabei maßgebend"

und stellen einem solchen Vermögen das Interessenten=, Cor-
porations= und Stiftungsvermögen hinsichtlich der Beschluß=
fassung über deren Benutzung und Substanz gegenüber.
Theils jene Kürze, theils diese gegensätzliche Hervorhebung
geben die Veranlassung zu den nachstehenden Erörterungen,
welche zum Verständnisse der bezüglichen Bestimmungen der
Städteordnungen unumgänglich nöthig sind.

**I. Begriff von Gemeinde-, Kämmerei-, Bürger-, In-
teressenten-, Corporations- und Stiftungsvermögen.**

Das Gemeindevermögen (patrimonium universitatis)
ist der Inbegriff aller beweglichen und unbeweglichen Sachen,
deren Eigenthum der Gemeinde, als Corporation, gehört, sowie der Inbegriff aller der Gemeinde zustehenden Vermögens=
rechte. Es fallen also unter diesen Begriff nicht bloß Grund=

---

*) D. St. O. § 49 und R. St. O. § 48, R. St. O. § 45.

stücke, bewegliche Gegenstände, dingliche Rechte, ausstehende Forderungen und überhaupt alle Vermögensrechte jeglicher Art, sondern auch die zum öffentlichen Gebrauche bestimmten und dem Verkehre entzogenen Sachen (z. B. öffentliche Straßen, Wege, Plätze ꝛc.). Als besondere Arten des Gemeindevermögens unterscheidet man:

1. Das Kämmereivermögen d. h. dasjenige nutzbare Gemeindevermögen, welches ausschließlich zur Bestreitung der Lasten und Ausgaben der Stadtgemeinde bestimmt ist und somit unmittelbar im Interesse der Corporation verwendet wird. Es gehört also die Substanz dieses Vermögens der Gemeinde, während die Nutzungen der Verwendung durch die städtische Verwaltung zu Gemeindezwecken unterliegen (z. B. die Pachtgelder, Zinsen, Gefälle, Communalsteuern, Sporteln, Strafgelder ꝛc.).

2. Das Bürgervermögen d. h. dasjenige nutzbare Gemeindevermögen, dessen Nutzungen nicht der Stadtgemeinde in ihrer Allgemeinheit, sondern den einzelnen Gemeindemitgliedern oder Einwohnern vermöge dieser ihrer Eigenschaft zukommen. Es wird auch als Gemeindegliedervermögen oder Allmendgut bezeichnet. Auch hier gehört die Substanz der Gemeinde, als Corporation, während die Nutzungen der Allmende, welche meist in Ländereien (Wald, Aecker und Wiesen) besteht, den einzelnen Mitgliedern der Gemeinde in Maßgabe der Gemeindebeschlüsse zugewiesen werden.

Diesem Gemeindevermögen steht gegenüber:

a. Das Interessentenvermögen, welches nicht der Gemeinde, als Corporation, sondern nur einzelnen Classen der Gemeindemitglieder (z. B. den Hausbesitzern) gehört,

b. das Corporationsvermögen, welches einer innerhalb des Stadtbezirks bestehenden Corporation (z. B. einer Innung) zusteht, und

c. das Stiftungsvermögen, welches freilich der Commune gehört, aber zu besonderen gemeinnützigen oder milden Zwecken bestimmt ist.

Die Städteordnungen erwähnen diese drei vorgenannten Vermögen nur zu dem Zwecke, um den Grundsatz zum Ausdrucke zu bringen,

ad a. daß über das Interessentenvermögen von Seiten der Stadtverordnetenversammlung nur dann Beschluß gefaßt werden kann, wenn sie dazu durch den Willen der Betheiligten oder durch sonstige Rechtstitel berufen ist, sowie daß auf das vorberegte Vermögen anderen Personen, als den Hausbesitzern bezw. den sonstigen berechtigten Classen der Einwohner, kein Anspruch zusteht,

ad b. daß auf das Vermögen der Corporationen die zur Stadtgemeinde gehörenden Einwohner als solche keinen Anspruch haben, und

ad c. daß bei der Verwaltung und Verwendung des Stiftungsvermögens die Stadtverordnetenversammlung nur dann concurrirt, wenn nicht entgegenstehende stiftnngsmäßige Bestimmungen bestehen, und daß der Anspruch der Gemeindemitglieder als solcher auf das Stiftungsvermögen ausgeschlossen bleiben soll.

II. Wesentlicher Inhalt der Declaration vom 26. Juli 1847. Diese Declaration verfolgt den Zweck, das Recht der Stadtverordnetenversammlung hinsichtlich der Beschlußfassung über das Gemeindevermögen in nachstehender Weise zu beschränken:

a. das Kämmereivermögen und das Bürgervermögen kann durch eine Gemeinheitstheilung niemals in Privatvermögen der Gemeindemitglieder oder Einwohner verwandelt werden, selbst auch dann nicht, wenn die den Mitgliedern oder Einwohnern als solchen am Bürgervermögen zustehenden Nutzungsrechte noch außerdem durch

den Besitz eines Grundstücks oder durch besondere persönliche Verhältnisse bedingt sind;

b. die Abfindung für solche Nutzungsrechte fällt der Ge-
meinde, als Corporation, zu; während die berechtigten
Gemeindemitglieder oder Einwohner die Benutzung dieser
Abfindung für die Dauer ihrer Nutzungsrechte erhalten;

c. Nutzungsrechte der Gemeindemitglieder oder Einwohner
am Bürgervermögen, welche denselben nicht vermöge
dieser ihrer Eigenschaft, sondern aus einem anderen
Rechtstitel gebühren, gehören nicht zum Gemeindevermögen, sondern zum Privatvermögen der Nutzungsberechtigten. Die desfallsigen Abfindungen gehen deshalb
in das Privateigenthum der letzteren über;

d. der § 17 der Gemeinheitstheilungsordnung, auf Grund
dessen jeder Nutzungsberechtigte die Auseinandersetzung
beantragen kann, bezieht sich ausschließlich auf die zum
Privatvermögen gehörenden Nutzungsrechte;

e. die Bestimmungen des A. L. R. Th. II, Tit. 6 § 72 und
Tit. 8 § 160, daß das Bürgervermögen nach den Regeln
des gemeinsamen Eigenthums beurtheilt werden soll,
sind nur von der Verwaltung jenes Vermögens zu verstehen;

f. wird in Folge der Gemeinheitstheilung eine anderweitige
Regulirung für die Ausübung der den Gemeindemitgliedern und Einwohnern an der Abfindung (cfr. b) zustehenden Nutzungsrechte nöthig, so erfolgt dieselbe durch
die Auseinandersetzungsbehörde nach Communication mit
der Regierung. — cfr. § 11 der Verordnung vom
30. Juni 1834. —

**III. Zulässigkeit der Verwendung der Nutzungen des
Bürgervermögens zu Communalverwaltungsbedürfnissen.** Aus
der bisherigen Darstellung ergiebt sich, daß der Unterschied
des Bürgervermögens vom Cämmereivermögen nur darin be-

steht, daß die Nutzungen des ersteren den jeweilig vorhan=
denen Gemeindemitgliedern zufallen, während die Nutzung des
letzteren zu den Gemeindezwecken verwendet wird. Es ist in=
deß, wie dies auch in der Ministerialverfügung vom 12. Oc=
tober 1856 (M. Bl. p. 254) anerkannt ist, als zulässig zu
erachten, daß die Nutzungen des Bürgervermögens aus dem
Gesichtspunkte, weil es Eigenthum der Stadtgemeinde ist, durch
Beschluß der städtischen Behörden mit Genehmigung des Be=
zirksausschusses in den Kreisordnungsprovinzen, bezw. der
Regierung in den übrigen Provinzen zur Deckung der Lasten
und Ausgaben der Stadtgemeinde nach zuvoriger Abfindung
der Nutzungsberechtigten verwendet werden kann. Ein solcher
Beschluß hat die Umwandlung des Bürgervermögens in Säm=
mereivermögen zur Folge und kann nicht im gerichtlichen
Verfahren, sondern nur im Verwaltungswege angefochten
werden.*) Das Zuständigkeitsgesetz vom 1. August 1883 hat
diesen Grundsatz insbesondere anerkannt, indem der § 18 be=
stimmt, daß der Entscheidung im Verwaltungsstreitverfahren
die Streitigkeiten zwischen Betheiligten über ihre in dem
öffentlichen Rechte begründete Berechtigung zur Theilnahme
an den Nutzungen und Erträgen des Gemeindevermögens
unterliegen sollen.

IV. Die Verwaltung des Gemeindevermögens. Die=
selbe steht, abgesehen vom Bürgervermögen, dem Magistrate
zu, soweit derselbe nicht durch das Recht der Stadtverordneten,
über die Art der Benutzung und über die Substanz zu be=
schließen, beschränkt ist. Die Zustimmung der Stadtverord=
netenversammlung ist in Maßgabe dieses letztberegten Rechts
insbesondere auch zur zinsbaren Ausleihung disponibler

---

*) C. C. E. vom 14. November 1874 (M. Bl. 1875 p. 45), vom
21. November 1857 (M. Bl. 1858 p. 74) und vom 13. Februar 1874
(J. M. Bl. p. 97).

Beſtände der Stadtcaſſe erforderlich,[1]) ebenſo zu Verpach=
tungen und Vermiethungen ſtädtiſcher Grundſtücke.

Darüber, in welcher Weiſe das Bürgervermögen zu be=
nutzen bezw. zu verwalten iſt, haben die Stadtverordneten zu
beſchließen; es ſteht aber immer die Verwaltung deſſelben
unter der Aufſicht des Magiſtrats. Der Beſchluß der Stadt=
verordneten kann im Rechtswege nicht angefochten werden,[2])
insbeſondere auch dann nicht, wenn der Beſchluß Seitens der
Aufſichtsbehörde beſtätigt worden iſt.[3]) Insbeſondere ſind die
Nutzungsberechtigten nicht befugt, eine von der Aufſichts=
behörde über die Benutzung des Bürgervermögens getroffene
Entſcheidung im Prozeßwege anzufechten.[4]) In dieſer Be=
ziehung ſoll hiermit gleichfalls auf den § 18 des Zuſtändig=
keitsgeſetzes vom 1. Auguſt 1883 verwieſen werden, welches
für dergleichen Streitigkeiten das Verwaltungsſtreitverfahren
gewährt.

V. Die Verwaltung ſtädtiſcher Stiftungsvermögen. Hin=
ſichtlich der Verwaltung und Verwendung deſſelben bewendet
es zunächſt bei den ſtiftungsmäßigen Beſtimmungen. Es nor=
miren hierfür alſo vor Allem die etwa vorhandenen Stiftungs=
ſtatuten oder ſonſtige Anordnungen des Stifters. Iſt dadurch
die Verwaltung anderweitig hinreichend geordnet, ſo hat ſich
die Thätigkeit des Magiſtrats auf die Ueberwachung der An=
ſtalt, auf die Aufſicht über die angeordnete Verwaltung zu
beſchränken. Dagegen ſteht in dem Falle, wenn ſtiftungs=
mäßige Beſtimmungen nicht entgegenſtehen, dem Magiſtrate

---

[1]) M. R. vom 22. Februar 1860 (M. Bl. p. 70).

[2]) C. C. E. vom 1. October 1859 (M. Bl. 1860 p. 221) und vom
14. November 1874 (M. Bl. 1875 p. 45).

[3]) C. C. E. vom 13. October 1873 (J. M. Bl. 1874 p. 10).

[4]) C. C. E. vom 11. März 1876 (M. Bl. p. 108) und vom
10. Juni 1876 (M. Bl. p. 262).

das Recht der unmittelbaren Verwaltung und der Stadtverordnetenversammlung die Mitwirkung in dem vollen Umfange,
wie bei allen übrigen Gemeindeangelegenheiten, zu. Die Oberaufsicht über die Verwaltung wird dagegen in allen Fällen
ausnahmslos von dem Staate ausgeübt. Die Regierungen
sind insbesondere durch das M. R. vom 27. Juli 1844
(M. Bl. p. 266) angewiesen, dafür Sorge zu tragen, daß nach
den Verordnungen des Stifters verfahren werde, und Nichts
einschleiche, was dem allgemeinen Endzwecke der Stiftungen
zuwiderläuft; sie sind demzufolge berechtigt, Visitationen solcher
Anstalten zu veranlassen und die etwa vorgefundenen Mängel
abzustellen. Auch ist ihre Genehmigung nicht bloß zur Veräußerung, sondern auch zum Erwerbe von Grundstücken für
die Stiftung erforderlich.

Eine besondere Vorschrift enthalten die Städteordnungen
über die Verwaltung der Stiftungen insofern, als in dem
§ 49 der O. St. O., § 48 der W. St. O. und § 45 der
R. St. O. ausgesprochen ist, daß ihre Bestimmungen über den
Begriff von Bürger, soweit es darauf bei der Verwaltung
und Verwendung des Vermögens ankommt, an sich selbst nicht
maßgebend sein sollen. Es ist vielmehr in jedem Falle die
Frage, wer in Betreff der Verwaltung und des Genusses der
Stiftung als Bürger anzusehen ist, nach den bei der Errichtung der Stiftungen maßgebend gewesenen Grundsätzen zu
entscheiden. — cfr. den stenographischen Bericht über die
Kammerverhandlungen von 1852 p. 832. —

§ 110. Die Veräußerung oder wesentliche Veränderung von Sachen, welche einen besonderen wissenschaftlichen, histo-rischen oder Kunstwerth haben.

Eine solche Veräußerung oder wesentliche Veränderung
der vorberegten Gegenstände, namentlich von Archiven oder

Theilen derselben ist einer besonderen Beschränkung insofern unterworfen, als die Gemeindebeschlüsse, welche dieselben anordnen, der Genehmigung des Regierungspräsidenten in den Kreisordnungsprovinzen,[1]) bezw. der Regierung in den übrigen Provinzen bedürfen. Verschiedene gesetzliche Bestimmungen und Ministerialverfügungen haben den Schutz und die Erhaltung der für die Wissenschaft, die Geschichte und die Kunst werthvollen Denkmale, Monumente und Urkunden zum Gegenstande. Das A.L.R. Th. I, Tit. 8 § 35 enthält bereits die Bestimmung, daß die auf den öffentlichen Plätzen der Städte befindlichen Statuen und Denkmale nur mit Genehmigung des Magistrats entfernt werden können. Sodann sind in der Cabinetsordre vom 20. Juni 1830 (G. S. p. 113) und in der Ministerialinstruction vom 31. October 1830 (Ann. XIV, p. 775) nähere Anordnungen wegen Erhaltung der Stadtmauern,[2]) Thore, Thürme, Wälle und anderer zum Verschlusse oder zur Vertheidigung der Städte bestimmten Anlagen in polizeilicher, militärischer und finanzieller Beziehung, insbesondere mit Berücksichtigung ihres Werthes als Denkmale der Baukunst oder als historische Monumente, getroffen. Diesen Bestimmungen ist die Vorschrift der Städteordnungen[3]), daß zur Veräußerung oder wesentlichen Veränderung der Eingangs beregten Gegenstände die Genehmigung der Aufsichtsbehörde erforderlich sein soll, hinzugetreten. Mehrere Ministerialverfügungen haben sodann Veranlassung genommen, die Sorge für die möglichste Erhaltung solcher Gegenstände den Regierungen aufzuerlegen. Es ist dies insbesondere das M.R. vom 5. November 1854 (M. Bl. 1855 p. 2), welches den

---

[1]) Zust. G. § 16.
[2]) cfr. M. R. vom 30. November 1831 (Ann. Bd. XV p. 774), vom 25. September 1846 (M. Bl. p. 194) und vom 17. Januar 1847 (M. Bl. p. 5).
[3]) O. St. O. § 50, W. St. O. § 49, R. St. O. § 46.

Regierungen einschärft, auf solche Erhaltung hinzuwirken, und zu dem Zwecke selbst Beihülfen aus Staatsfonds für den Fall in Aussicht stellt, wenn Denkmale alter Baukunst (z. B. Erker, Freitreppen, Ruinen 2c.) oder historische Monumente, welche sich im Besitze von Privatpersonen befinden und für deren Erhaltung die Mittel nicht aufgebracht werden können, in Verfall gerathen.*)

Hinsichtlich der Erhaltung der städtischen Archive interessiren das M. R. vom 3. März 1832 (Ann. Bd. XVI p. 843), welches den Communalbehörden die sichere Aufbewahrung wichtiger Acten und Urkunden einschärft und dieserhalb in Bezug der Controle der Aufsichtsbehörden geeignete Vorkehrungen trifft, sowie das M. R. vom 17. Februar 1859, welches dem Verkaufe wichtiger Urkunden und Schriftstücke vorbeugen will, das Interesse der städtischen Behörden für die Erhaltung, Sonderung und Ordnung der Archive anzuregen sucht und den städtischen Behörden empfiehlt, die Hülfe der Provinzialarchive bei der Ordnung solcher Archive in Anspruch zu nehmen.

Die Ertheilung der Genehmigung der Regierungen zur Veräußerung oder wesentlichen Veränderung der Eingangs beregten Gegenstände ist übrigens noch von der Zustimmung des Cultusministeriums abhängig gemacht. Es hat nämlich das M.R. vom 13. April 1850 angeordnet, daß die Regierungen vor der Ertheilung solcher Genehmigung, namentlich in Bezug auf die historischen und Kunstdenkmale, zuvor an das Cultusministerium Bericht zu erstatten und den Bescheid des Letzteren abzuwarten haben. Es ist hier noch hervorzuheben, daß jenes M. R. unter wesentlichen Veränderungen eines Denkmals diejenigen verstanden wissen will, bei denen

---

*) Ministerialerlaß vom 28. August 1857 (M. Bl. p. 144).

der alterthümliche und Kunstcharacter deſſelben im Ganzen oder Einzelnen verändert werden ſoll.

§ 111. **Die Veräußerung ſtädtiſcher Grundſtücke und der denſelben geſetzlich gleichgeſtellten Gerechtſamen.**

Auch eine ſolche Veräußerung iſt durch die Städteordnungen[1]) inſoweit beſchränkt, als dazu die Genehmigung der Regierung erforderlich und die freiwillige Veräußerung von der Beobachtung beſonderer Formalitäten abhängig gemacht iſt. Das Zuſtändigkeitsgeſetz vom 1. Auguſt 1883 hat eine Aenderung nur inſofern herbeigeführt, daß der Bezirksausſchuß an die Stelle der Regierung in Bezug auf die zu ertheilende Genehmigung getreten iſt. Dieſelbe iſt von dem Magiſtrate nicht bloß im Falle der Veräußerung eines der Stadt gehörigen Grundſtücks oder ſolcher Gerechtſamen, welche den letzteren geſetzlich gleichgeſtellt ſind, einzuholen, ſondern auch in dem Falle der Vertauſchung[2]) und in dem Falle des Abſchluſſes eines Vertrags, durch welchen der Verkauf eines Gemeindegrundſtücks verſprochen wird (pactum de vendendo).[3]) Dagegen bedarf es einer ſolchen Genehmigung zur Erwerbung von Immobilien und anderen denſelben gleichſtehenden Sachen nicht, wie dies in dem Miniſterialbeſcheide vom 20. Dezember 1859 (M. Bl. 1860 p. 4) ausdrücklich hervorgehoben iſt.

Was nun zunächſt die vorbezielten Gerechtſame anlangt, ſo ſind dies diejenigen, welche als unbewegliche Sachen gelten und welche als ſolche in dem A. L. R. Th. I. Tit. 2 § 8 und 9 bezeichnet ſind, nämlich:

---

[1]) O. St. O. § 50, W. St. O. § 49, R. St. O. § 46.
[2]) M. R. vom 2. März 1821 (Ann. p. 89).
[3]) M. R. vom 7. März 1864 (M. Bl. p. 91).

a. Diejenigen Rechte, deren Ausübung mit dem Besitze einer unbeweglichen Sache verbunden ist, namentlich also Servituten und selbstständige dingliche Rechte an einer beweglichen Sache, womit der Besitz der Sache selbst verbunden ist, z. B. Superficies, Nießbrauch, Erbpachtsgerechtigkeit, antichretischer Pfandbesitz u. s. w.

b. Diejenigen Rechte, welchen die Eigenschaft einer unbeweglichen Sache durch besondere Gesetze ausdrücklich beigelegt ist, mithin alle diejenigen Gerechtigkeiten, welche für sich selbst bestehen, einen eigenen Kaufwerth haben, und ohne den Besitz eines Grundstücks ausgeübt werden können, also da, wo Hypothekenbücher bestehen, in diese eingetragen sind oder sich zur Eintragung eignen, z. B. das Bergwerks-Eigenthum,[1] die Fischereigerechtigkeit, Fährgerechtigkeit u. s. w.

Nothwendige Voraussetzung zur Einholung der vorgeschriebenen Genehmigung ist die freiwillige Veräußerung von Immobilien und diesen gleichstehenden Gerechtsamen Seitens der städtischen Behörden. Aus diesem Gesichtspuncte ist solche Genehmigung in folgenden Fällen für nicht erforderlich zu erachten:

a. zur Veräußerung beweglicher Sachen, abgesehen jedoch von den im vorigen § berührten Gegenständen. Die Genehmigung ist deshalb auch nicht zur Veräußerung und Verpfändung geldwerther Papiere einzuholen;[2]

b. zum Verkaufe eines Grundstücks, welches Schulden halber im Wege der Execution verkauft werden soll;[3]

---

[1] A.L.R. Th. II, Tit. 16 § 253 und Berggesetz vom 24. Juni 1865 § 212.

[2] M.R. vom 11. Juni 1854 — ungedruckt — cfr. Hübner, Städteordnung p. 192.

[3] A.L.R. Th. II, Tit. 8 § 155.

c. wenn ein Grundstück durch Verjährung einer Stadtgemeinde verloren gegangen ist;[1])

d. wenn der Verlust eines Grundstücks durch prozessualische
Versäumnisse oder sonstige Unterlassungen des Magistrats,
z. B. im Prozesse oder bei Unterlassungen des Wider=
spruchs bei Ausführung von Bauten auf städtischem
Terrain, herbeigeführt worden ist;[2])

e. zur Anstellung von Prozessen, in welchen um Grund=
stücke bezw. Gerechtsame der Stadtgemeinden gestritten
wird.

Ist die Genehmigung zur Veräußerung Seitens des Be=
zirksausschusses ertheilt, so sind bei Vermeidung der Ungül=
tigkeit der Veräußerung verschiedene Formalitäten zu beobach=
ten. Es sind dies in den östlichen Provinzen folgende:

a. Die Veräußerung darf nur im Wege der Licitation auf
Grund einer zuvor aufzunehmenden Taxe stattfinden.
(In der Rheinprovinz kann bei Vermessung von Grund=
stücken, welche nicht mit Gebäuden besetzt sind, ein be=
glaubigter Auszug aus dem Grundsteuerkataster an Stelle
der Taxe treten).

b. Die Licitation muß mindestens einmal durch das Amts=
blatt der Regierung und die für Bekanntmachung des
Magistrats üblichen öffentlichen Blätter bekannt gemacht
werden, (in Westphalen und in der Rheinprovinz durch
das Amtsblatt der Regierung oder durch ein im Kreise
erscheinendes Blatt, ferner durch eine öffentlich auszu=
hängende Ankündigung und endlich durch Ausruf in
Westphalen und durch ortsübliche Bekanntmachung in
der Rheinprovinz).[3])

---

[1]) A. L. R. Th. I, Tit. 9 § 624.
[2]) A. L. R. Th. I, Tit. 9 § 332.
[3]) W. St. R. § 50 und R. St. O. § 47.

c. Es muß zwischen der Bekanntmachung und dem Licitationstermine eine Frist von sechs Wochen freibleiben;

d. der Licitationstermin muß durch eine Justiz- oder Magistratsperson abgehalten werden.

e. Der Zuschlag darf nur mit Genehmigung der Stadtverordnetenversammlung, welcher das Ergebniß der Licitation mitzutheilen ist, ertheilt werden. Die Genehmigung kann zweifellos auch vor der Licitation in der Art gegeben werden, daß die Stadtverordnetenversammlung den Magistrat ermächtigt, den Zuschlag im Licitationstermine zu ertheilen. Ist dies Seitens des Magistrats in Maßgabe der ihm ertheilten Ermächtigung geschehen, so bedarf es nur der Mittheilung des Ergebnisses der Licitation.

Ist eine der vorberegten Formen nicht beobachtet, so ist die Veräußerung für die Stadtgemeinde unverbindlich, und insbesondere der Regierungspräsident bezw. die Regierung befugt, den Magistrat zur Anstellung eines Prozesses auf Wiedererlangung des veräußerten Grundstücks anzuhalten*) und erforderlichenfalls, wenn alle oder mehrere Mitglieder des Magistrats wegen Außerachtlassung der gesetzlich vorgeschriebenen Formalitäten in Anspruch zu nehmen sind, zur Wahrnehmung der Rechte der Stadtgemeinde einen Anwalt zu bestellen.

Die Beobachtung der vorberegten Formalitäten ist indeß nicht erforderlich, wenn der Verkauf eines Gemeindegrundstücks aus freier Hand oder ein Tausch von Seiten des Bezirksausschusses in den Kreisordnungsprovinzen,**) bezw. der Regierung in den übrigen Provinzen in besonderen Fällen gestattet wird. Eine solche Gestattung haben nun die Städteordnungen in dem Falle zugelassen, wenn die vorgenannten Aufsichtsbehörden sich davon überzeugt haben, daß der Vortheil der

---

*) M. R. vom 18. März 1840 (M. Bl. p. 82).
**) Zust.-G. § 16, Abs. 3.

Gemeinde durch den freihändigen Verkauf oder Tausch geför-
dert wird. Die Bestätigung eines desfallsigen Vertrages durch
den Bezirksausschuß, bezw. durch die Regierung genügt für
den Grundbuchrichter zu dem Nachweise, daß den für die
Veräußerung von Grundstücken 2c. in den Städteordnungen
vorgeschriebenen Förmlichkeiten genügt ist. Der Richter hat
somit bei Vorlage eines so bestätigten Vertrags von einer
Prüfung, ob solchen Förmlichkeiten genügt ist, Abstand zu
nehmen. Eine desfallsige Prüfung ist dagegen bei Vorlegung
eines Licitationsprotocolls, welches einer besonderen Bestätigung der Aufsichtsbehörde nicht bedarf, vorzunehmen.

Was schließlich den zu den bestätigten Verträgen erforderlichen Stempel anlangt, so ist darauf hinzuweisen, daß
solche Verträge erst durch die vollzogene Bestätigung der Aufsichtsbehörde perfect werden, und daß deshalb zu einer solchen
Bestätigung der in Maßgabe des Stempeltarifs für solchen
Act erforderliche Stempel verwendet werden muß.[1]

§ 112. Die Verpachtung von Grundstücken und Gerechtsamen.

Das Recht der Verwaltung des Magistrats und das
Recht der Verfügung der Stadtverordneten über das Gemeindevermögen ist hinsichtlich der Verpachtung nur in der
Rheinprovinz und in Westphalen durch eine bezügliche Bestimmung der dort geltenden Städteordnungen[2] insoweit beschränkt, als solche Verpachtungen öffentlich an den Meistbietenden geschehen müssen, wenn nicht etwa ausnahmsweise
der Bezirksausschuß[3] die Verpachtung aus freier Hand ge-

---

[1] M. R. vom 10. März 1857 (M. Bl. p. 73).
[2] W. St. O. § 50 und R. St. O. § 47.
[3] Zust. G. § 16, Abs. 3.

nehmigt. Eine solche Beschränkung ist dagegen für die sechs östlichen Provinzen nicht angeordnet; es bleibt hier vielmehr der Beschlußfassung der städtischen Behörden überlassen, den Modus der Verpachtung, ohne dieserhalb an die Genehmigung der Aufsichtsbehörde gebunden zu sein, nach freiem Ermessen zu bestimmen, demzufolge von der freihändigen Verpachtung nach Belieben Gebrauch zu machen und sich die Auswahl der Pächter unter den Meistbietenden vorzubehalten.

Daß die Zustimmung der Stadtverordneten zu Verpachtungen und Vermiethungen städtischer Grundstücke und Gerechtsamen unbedingt erforderlich ist, bedarf nach der bisherigen Darstellung in Maßgabe der allgemeinen Regel, daß die Stadtverordneten über die Benutzung des Gemeindevermögens zu beschließen haben, keiner weiteren Begründung. Dagegen sind die Stadtverordneten nicht befugt, die allein dem Magistrate zustehende Ertheilung des Zuschlags für sich in Anspruch zu nehmen, da solche Ertheilung sich als ein Verwaltungsact, als eine administrativ ausführende Handlung, darstellt, und die Stadtverordneten ihre Beschlüsse überhaupt nicht selbst zur Ausführung bringen dürfen. Es unterliegt andererseits keinem Bedenken, daß die Stadtverordnetenversammlung sich bei allen Pacht- und Miethsverträgen den Beschluß über die Feststellung der von dem Magistrate zu entwerfenden Bedingungen sowie darüber, ob magistratlicherseits der Zuschlag in jedem einzelnen Falle ertheilt werden soll, vorbehalten und demzufolge beides von ihrer zuvorigen Genehmigung abhängig machen kann.*)

§ 113. Veränderungen in dem Genusse von Gemeindenutzungen.

Eine Ausnahme von der Regel, daß die Stadtverordneten in Uebereinstimmung mit dem Magistrate über die Be-

---

*) A. L. R. Th. I, Tit. 14 § 121.

nutzung des Bürgervermögens, als städtischen Eigenthums, frei verfügen können, ist durch die Städteordnungen*) dahin festgestellt, daß zu Gemeindebeschlüssen, welche die Veränderung in dem bisherigen Genusse der Nutzungen des Bürgervermögens (Wald, Weide, Haide, Torfstich und dergleichen) zum Gegenstande haben, die Genehmigung der Aufsichtsbehörde erforderlich ist. Diese Aufsichtsbehörde ist in Maßgabe des § 16 des Zuständigkeitsgesetzes vom 1. August 1883 in den Kreisordnungsprovinzen der Bezirksausschuß, dagegen in den übrigen Provinzen die Regierung. Die obenberegte Veränderung in dem Genusse von Gemeindenutzungen liegt nun nicht bloß in dem Falle vor, wenn die Verwendung der Nutzungen von Bürgervermögen zur Deckung der Lasten und Ausgaben der Stadtgemeinde, zur Bestreitung der Bedürfnisse des Communalhaushalts erfolgen soll, sondern sie tritt auch schon dann ein, wenn überhaupt die Vortheile, welche solche Nutzungen den berechtigten Gemeindemitgliedern gewähren, hinsichtlich des Bezugs der Erträge durch Beschränkung irgend welcher Art, z. B. durch Auferlegung und Erhöhung einer Abgabe oder durch Erweiterung und Beschränkung des Kreises der Genußberechtigten, einer bloßen Aenderung unterworfen werden sollen. Dagegen sind wirthschaftliche Aenderungen in der Culturart, aus welcher erst der zur Vertheilung gelangende Genuß der Nutzungen gewonnen wird, ohne Genehmigung der Aufsichtsbehörde gestattet, wie dies in dem M. R. vom 27. Mai 1862 (M. Bl. p. 212) besonders hervorgehoben ist, und ohne Zustimmung der Genußberechtigten zulässig.

§ 114. Städtische Anleihen.

Den Stadtgemeinden ist die Befugniß eingeräumt, zur Deckung dringender Gemeindebedürfnisse sowie zur Ausführung

---

*) D. St. O. § 50, W. St. O. § 49, R. St. O. § 46.

gemeinnütziger Einrichtungen und Anlagen, insbesondere dann, wenn die zu diesen Zwecken erforderlichen Mittel ohne zu erhebliche Belastung der Gemeindeabgabenpflichtigen durch Abgaben und Steuern nicht beschafft werden können, Geldanleihen aufzunehmen. Es ist jedoch zu allen Anleihen, durch welche die Gemeinde mit einem Schuldenbestande belastet oder der bereits vorhandene vergrößert wird,[1]) die Genehmigung des Bezirksausschusses in den Kreisordnungsprovinzen,[2]) bezw. der Regierung in den übrigen Provinzen erforderlich. Hinsichtlich des Zeitraums, innerhalb dessen die städtischen Anleihen durch Rückzahlung zu tilgen sind, ist der Gesichtspunct maßgebend, inwieweit es mit Rücksicht auf den der Gemeinde durch die Anleihe zufließenden Nutzen als billig und angemessen zu erachten ist, auch eine spätere Generation zur theilweisen Abbürdung einer Gemeindeschuld heranzuziehen. Einem solchen Gesichtspuncte wird sowohl von Seiten der städtischen Behörden bei der Aufnahme von Anleihen, als auch insbesondere von Seiten der obengenannten Behörden bei der Genehmigung derselben Rechnung getragen werden müssen.

Der Genehmigung unterliegen alle Anleihen, auch wenn sie nur zur Beseitigung augenblicklicher und vorübergehender Geldverlegenheiten aufgenommen werden. Eine Ausnahme ist in dem M. R. vom 11. Juni 1854[3]) nur für den Fall einer vorübergehenden Verpfändung geldwerther Papiere anerkannt, und zwar mit Rücksicht darauf, daß sogar die Veräußerung solcher Papiere ohne Genehmigung der Aufsichtsbehörde gestattet ist. Der Minister des Innern hat sich zur Feststellung dieser Ausnahme veranlaßt gesehen in Folge einer an ihn gerichteten Anfrage, inwiefern Darlehne, welche die Magisträte

---

[1]) O. St. O. § 50, W. St. O. § 49, R. St. O. § 46.
[2]) Zust. G. § 16.
[3]) ungedruckt — cfr. Hübner, Städteordnung p. 191.

bei einer Bank auf kurze Fristen und gegen Verpfän=
dung geldwerther Papiere aufnehmen, den Character von
Anleihen haben, durch welche die Gemeinde mit einem Schulden=
bestande belastet oder der bereits vorhandene vergrößert werde,
und hat diese Frage dahin beantwortet, daß die Entscheidung in
jedem concreten Falle der eigenen Beurtheilung der Aufsichts=
behörde überlassen bleiben müsse, daß er dagegen im Allge=
meinen die vorübergehende Verpfändung geldwerther Papiere
ohne Genehmigung für zulässig erachte.

Was die Form der Anleihen anlangt, so können dieselben
in allen civilrechtlich zulässigen Gestaltungen aufgenommen
werden. Einer besonderen Hervorhebung bedürfen hier nur
diejenigen Schuldurkunden, durch welche die Zahlung einer
bestimmten Geldsumme an jeden Inhaber versprochen wird
(die sog. Stadtobligationen), und umsomehr, als in den letzten
Decennien die Ausgabe solcher auf den Inhaber lautender,
Seitens der Gläubiger unkündbarer Schuldverschreibungen die
übliche Form für Anleihen geworden ist, in welcher bedeuten=
dere Corporationen die Mittel zur Ausführung gemeinnütziger
Einrichtungen und Anlagen sich zu beschaffen pflegen. Solche
Schuldurkunden dürfen von Seiten der Stadtgemeinden in
Gemäßheit des Gesetzes vom 17. Juni 1833 (G. S. p. 75)
nur auf Grund eines Königlichen Privilegium ausgestellt
werden. Die in dem Ministerialerlasse vom 1. November
1879 (M. Bl. 1880 p. 11) über die Erwirkung Allerhöchster
Privilegien zur Ausgabe von Kreisanleihescheinen getroffenen
Bestimmungen sind durch den Ministerialerlaß vom 21. Fe=
bruar 1880 (M. Bl. p. 79) auch auf die von Stadtgemeinden
in der Form von Inhaberpapieren aufzunehmenden Anleihen
für anwendbar erklärt.

In dem vorberegten Ministerialerlasse vom 1. November
1879 ist nun unter Bezugnahme auf die M.R. vom 8. Sep=
tember 1868 (M.Bl. p. 276), vom 22. März 1875 (M. Bl.

p. 124) und vom 21. Juli 1875 (M. Bl. p. 207) auf fol=
gende auch für städtische Anleihen normirende Puncte ver=
wiesen:

a. zur Tilgung der in Inhaberpapieren aufzunehmenden
Anleihen sind außer einem bestimmten Procentsatze, —
welcher bei Anleihen zu gemeinnützigen Einrichtungen
und Anlagen auf mindestens ein Procent und bei An=
leihen zu gewinnbringenden Anlagen auf mindestens ein
und einhalb Procent zu bemessen ist — auch die durch
die fortschreitende Tilgung ersparten Zinsen und die
Ertragsüberschüsse der betreffenden Anlagen zu ver=
wenden;

b. die auszugebenden Inhaberpapiere sind in Stücken, welche
auf mindestens 200 Mark Nennwerth lauten, auszustellen
und Stückbeträge, welche — wie 300, 600 und 1500 Mark
— geeignet sind, den Gebrauch der Rechnung nach der
früheren Thalerwährung zu erhalten, thunlichst zu ver=
meiden;

c. falls die Tilgung der Anleihe im Wege der regelmäßig
wiederkehrenden Ausloosung der Obligationen bewirkt
werden soll, so ist bei Abmessung der Zahl, in welcher
die verschiedenen Nennwerths=Categorien der Anleihestücke
auszugeben sind, auf die planmäßigen Tilgungsbeträge
Rücksicht zu nehmen;

d. nach der Bestimmung des Circularerlasses vom 17. April
1854 (M. Bl. p. 94) hat die Bekanntmachung der aus=
geloosten und gekündigten Schuldverschreibungen in Zeit=
räumen von sechs, drei, zwei und ein Monat vor dem
Zahlungstermine zu erfolgen und darf sich auf eine ein=
malige Veröffentlichung nicht beschränken.

e. Das Aufgebot und die Kraftloserklärung (Amortisation)
verlorener oder vernichteter Schuldverschreibungen hat
nicht mehr nach Vorschrift der Allgemeinen Gerichtsord=

nung Th. I, Tit. 51 §§ 120 ff., sondern nach den Be=
stimmungen der Civilprozeßordnung für das Deutsche
Reich vom 30. Januar 1877 §§ 838 ff. zu erfolgen.
Der Ministerialerlaß vom 21. Februar 1880 hat ferner
empfohlen, das in dem Erlasse vom 1. November 1879 sub
Nr. IIIb mitgetheilte und in dem Ministerialblatte von 1880
p. 14 abgedruckte Schema zu einem Privilegium wegen Aus=
gabe von Inhaberpapieren, sowie zu einem Anleihescheine nebst
Zinsschein und Anweisung (Talon) für die von Stadtgemeinden
auszugebenden Inhaberpapiere unter den sich aus den ab=
weichenden Verhältnissen ergebenden Abänderungen gleichfalls
als Muster zu benutzen. Hinsichtlich der Zinsscheinreihen,
welche früher in der Regel nur für einen Zeitraum von fünf
Jahren ausgegeben wurden, ist hervorzuheben, daß dieser Zeit=
raum auf zehn Jahre ausgedehnt worden ist.*)

Ueber die Fassung und Tilgung der Stadtobligationen
sind übrigens noch die M. R. vom 19. April 1869 (M. Bl.
p. 126), vom 6. December 1881 (M. Bl. 1882 p. 5) und
vom 8. December 1883 (M. Bl. 1884 p. 9) zu vergleichen.

§ 115. Die Verwaltung der städtischen Forsten.

Dieser Verwaltungszweig unterliegt besonderen Beschrän=
kungen, welche im Wesentlichen damit zusammenhängen, daß
das Oberaufsichtsrecht des Staates auf Grund der in Bezug
auf die Behandlung der Gemeindewaldungen für die einzelnen
Landestheile erlassenen Gesetze und Bestimmungen hinsichtlich
der Forsten in ausgedehnterem Maaße, als dies in Bezug
auf die übrigen Zweige der Communalverwaltung der Fall
ist, zur Geltung gelangt. Die Städteordnungen scheiden des=
halb auch die Verwaltung der Forsten wegen ihrer außer=

---

*) M. R. vom 23. August 1884 (M. Bl. p. 231).

ordentlichen Behandlung von den übrigen Zweigen der Ver=
waltung aus und heben insbesondere hervor,*) daß die für
die einzelnen Landestheile erlassenen bezüglichen Gesetze und
Bestimmungen in Kraft bleiben sollen. Auch das Zuständig=
keitsgesetz vom 1. August 1883 hat im § 16 wiederholt, daß
es hinsichtlich der Verwaltung der Gemeindewaldungen bei
den dieserhalb bestehenden Bestimmungen bewenden soll. Diese
Bestimmungen sind enthalten:

a. in dem für die Provinzen Ostpreußen, Westpreußen,
Brandenburg, Pommern, Posen, Schlesien und Sachsen
erlassenen Gesetze vom 14. August 1876, betreffend die
Verwaltung der den Gemeinden und öffentlichen An=
stalten gehörigen Holzungen, in der dazu ergangenen
Ministerialinstruction vom 21. Juni 1877 (M. Bl.
p. 259), sowie in dem Gesetze vom 6. Juli 1875, be=
treffend die Schutzwaldungen und Waldgenossenschaften
(G. S. p. 416).

b. in der für die Provinzen Westphalen und die Rhein=
provinz erlassenen Verordnung vom 24. December 1816,
betreffend die Verwaltung der den Gemeinden und öffent=
lichen Anstalten gehörigen Forsten (G. S. 1817 p. 57)
nebst den dazu ergangenen Regierungs= und Oberpräsi=
dialinstructionen, sowie in dem Gesetze vom 6. Juli 1875.

Es sollen hier zunächst die sub a beregten Bestimmungen,
welche für die östlichen Provinzen normiren, den weiteren
Erörterungen grundleglich gemacht werden. Es sind nun
folgende mit dem staatlichen Oberaufsichtsrechte im Zusammen=
hange stehende Beschränkungen hervorzuheben:

I. **Die Betriebspläne.** Das Gesetz vom 14. August
1876 stellt als Hauptprincip fest, daß die Benutzung und
Bewirthschaftung der Cämmerei= und Bürgerholzungen sich

---

*) O. St.O. § 55, W.St.O. § 54, R. St.O. p. 51.

innerhalb der Grenzen der Nachhaltigkeit*) bewegen soll, daß
die Erhaltung der standortsgemäßen Holz= und Betriebsarten,
d. h. diejenigen, welche nach Maßgabe der örtlichen klimati=
schen und Bodenverhältnisse sowie der Holzmarktverhältnisse
die höchste wirthschaftliche Production erwarten lassen, nicht
durch die Nebennutzungen (wie Weide, Streuentnahme, Mast,
Grasnutzung) gefährdet werden dürfen, und daß ein Betrieb,
welcher die im § 2 des Gesetzes vom 6. Juli 1875 hervor=
gehobenen Gefahren der Versandung, des Nachrutschens, des
Eisganges, der Verminderung des Wasserstandes und die
nachtheiligen Einwirkungen der Winde herbeiführen können,
unzulässig ist. Das Gesetz vom 14. August 1876 hat diesem
Principe zufolge angeordnet, daß der Bewirthschaftung der
Gemeindewaldungen besondere Betriebspläne, welche die Wald=
wirthschaft, wie der Etat eine Vermögensverwaltung, zu regeln
bestimmt sind, zu Grunde gelegt werden sollen, und daß diese
Betriebspläne der Feststellung durch den Regierungspräsidenten
bedürfen. Diese Betriebspläne, in welchen die nachhaltige
Holzabnutzung (Abnutzungssatz) festgestellt wird, sind für
den jährlichen Holzeinschlag, welcher für die Gemeinde ge=
wonnen werden soll, ausschließlich maßgebend. Alle Abwei=
chungen von dem festgestellten Betriebsplane, welche sich im
Laufe des Betriebs vernothwendigen sollten, bedürfen der Ge=
nehmigung des Regierungspräsidenten, insbesondere:

a. Rodungen,
b. Abtrieb von Holzbeständen, sofern solcher bei Hochwal=
dungen für die laufende zwanzigjährige Nutzungsperiode,
bei dem eingetheilten Mittel= und Niederwalde für die
nächsten fünf Jahre im Betriebsplane nicht vorgesehen ist,
c. Holzfällungen, welche den Abnutzungssatz bei Berücksichti=
gung des seit Festsetzung desselben erfolgten Mehr= oder

---

*) Instruction vom 21. Juni 1877 (M. Bl. p. 259) sub 2.

Mindereinschlages um mehr als zwanzig Procent seines Betrages überschreiten würden,

d. Ueberschreitungen des Abnutzungssatzes, welche innerhalb der laufenden Nutzungsperiode nicht wieder eingespart werden können.

Sind solche Abweichungen ohne Genehmigung unternommen, so kann der Regierungspräsident eine entsprechende Abänderung des Betriebsplans, insbesondere auch den Wiederanbau gerodeter Flächen mit Holz anordnen.

Das Gesetz vom 14. August 1876 hat es übrigens im Falle eines geringen Waldbestandes oder einfacher Betriebsverhältnisse freigelassen, von der Aufstellung förmlicher Wirthschaftspläne Abstand zu nehmen, und dieselbe durch eine kurze Darstellung der Standorts-, und Betriebsverhältnisse, sowie die Angabe über den Zeitpunkt des Abtriebes und über die Art der Wiedercultur zu ersetzen.

II. Die Revisionen. Das Recht der Revision steht dem Regierungspräsidenten zu, und zwar

a. nicht bloß hinsichtlich der Betriebspläne, deren Revision und erneute Feststellung sowohl nach dem Ermessen des Regierungspräsidenten als auf Antrag der Gemeinde zu erfolgen hat, und deren Revision mindestens alle zehn Jahre stattfinden muß,

b. sondern auch hinsichtlich des Zustandes und der Bewirthschaftung durch Untersuchung an Ort und Stelle Seitens Sachverständiger. Ergiebt sich hiebei, daß der Betrieb dem obenberegten Hauptprincipe und dem festgestellten Betriebsplane nicht entspricht, so ist der Regierungspräsident befugt, die zwangsweise Ausführung durch dritte Personen anzuordnen oder die Einreichung jährlicher Fällungs-, Cultur- und Nebennutzungspläne, welche gleichfalls der Bestätigung bedürfen, zu fordern.

III. Forstpersonal. Die Gemeinden sind verpflichtet, für den Schutz und die Bewirthschaftung der Holzungen durch genügend befähigte Personen ausreichende Fürsorge zu treffen, welche, wenn sie mit dem Forstschutze betraut werden sollen, nach zuvoriger Genehmigung des Bezirksausschusses ein= für allemal in Gemäßheit des Forstdiebstahlsgesetzes vom 15. April 1878 § 23 und 24 beeidigt werden können. Die Gemeinden sind ferner in Gemäßheit des Regulativs vom 15. Februar 1879 (M. Bl. p. 164) und des M. R. vom 9. April 1880 (M. Bl. p. 119) verpflichtet, als Gemeindeforstbeamten nur forstversorgungsberechtigte Personen anzustellen.

IV. Zwangsweise Bewirthschaftung uncultivirter Grundstücke. Die Gemeinden sind verpflichtet, da, wo ihre Kräfte es gestatten und ein bringendes Bedürfniß der Landescultur vorliegt, uncultivirte Grundstücke, welche nach sachverständigem Gutachten zu dauernder landwirthschaftlicher oder gewerblicher Nutzung nicht geeignet, dagegen mit Nutzen zur Holzzucht zu verwenden sind, mit Holz anzubauen. Die Gemeinden können dazu nach Anhörung des Magistrats und des Kreisausschusses durch Beschluß des Bezirksausschusses angehalten werden; es ist ihnen indeß der zwanzigfache Betrag der auf den betreffenden Grundstücken ruhenden Jahresgrundsteuer zu den Kosten der ersten Anlage aus der Staatscasse zu überweisen. Sind die Kräfte der Gemeinden zur Bebauung nicht ausreichend, so wird ihnen aus der Staatscasse nach Maßgabe der in dem Staatshaushaltsetat angesetzten Mittel zu der im Interesse der Landescultur vorzunehmenden Aufforstung eine angemessene Beihülfe gewährt.

V. Zwangsbefugnisse des Regierungspräsidenten. Derselbe ist befugt, in dem Falle, wenn die Gemeinde den von ihm angeordneten Auflagen trotz geschehener Aufforderung nicht nachkommt, die zur Erfüllung der Verpflichtung erforderlichen Handlungen durch einen Dritten ausführen zu lassen, den Betrag der Kosten vorläufig zu bestimmen und im Wege der Execution von der Stadtgemeinde einzuziehen.

VI. Der Instanzenzug. Gegen den Beschluß des Bezirks-ausschusses findet innerhalb einer präclusivischen Frist von zwei Wochen*) die Beschwerde an den Provinzialrath statt. Dagegen können die Verfügungen des Regierungspräsidenten binnen gleicher Präclusivfrist durch Beschwerde an den Ober-präsidenten angefochten werden. Gegen den Bescheid des Oberpräsidenten findet die Klage bei dem Oberverwaltungs-gerichte statt, welche jedoch nur darauf gestützt werden darf:

a. daß der angefochtene Bescheid auf der Nichtanwendung oder unrichtigen Anwendung des bestehenden Rechts, ins-besondere auch der von den Behörden innerhalb ihrer Zuständigkeit erlassenen Verordnungen beruhe;

b. daß die thatsächlichen Voraussetzungen nicht vorhanden seien, welche die Polizeibehörde zum Erlasse der Ver-fügung berechtigt haben würden;

c. auf die Behauptung, daß das Zwangsmittel nach Art und Höhe nicht gerechtfertigt oder nach Lage der Sache zur Erreichung des angeordneten Zweckes überhaupt nicht erforderlich sei.

VII. Die Kosten der staatlichen Oberaufsicht. Alle Kosten, welche durch diese Oberaufsicht erwachsen, fallen ausschließlich der Staatscasse zur Last.

VIII. Veräußerung oder wesentliche Veränderung der Forsten. Das M. R. vom 9. Juli 1856 (M. Bl. p. 188) geht von dem Gesichtspunkte aus, daß die Erhaltung, Ver-besserung und angemessene Bewirthschaftung der Communal-forsten nicht bloß für die Gemeinde, sondern auch für die all-gemeine Landescultur besonders wichtig ist, und spricht die

---

*) L.V.G. vom 30. Juli 1883 §§ 51 und 52.

Erwartung aus, daß die Regierungen den Consens zu Ver=
äußerungen in der Regel versagen und nur in seltenen Aus=
nahmen rücksichtlich einzelner kleiner Parzellen nur dann er=
theilen werden, wenn in keiner Weise ein Nachtheil für die
Gemeinde= oder Staatsinteressen oder die allgemeine Landes=
cultur zu besorgen ist. Es wird ferner den Regierungen
empfohlen, zu solchen Dispositionen, durch welche ein Gemeinde=
wald ganz oder theilweise seine Eigenschaft als Wald verliert,
insbesondere zu Umwandlungen in Acker, Wiese oder Weide,
die Genehmigung nur nach sorgfältigster Prüfung zu ertheilen,
wenn überwiegende, dauernde Vortheile bestimmt zu erwar=
ten sind.

Für die Provinz Westphalen und die Rheinprovinz
gelten auf Grund des Gesetzes vom 24. December 1816 noch
folgende Bestimmungen, welche gleichfalls darauf beruhen, daß
die Gemeinden der Oberaufsicht der Regierung unterworfen
sind und sich nach den Anweisungen derselben wegen eines
regelmäßigen Betriebes und der vortheilhaftesten Benutzungsart
genau richten müssen:

a. Die Verwandlung des Forstlandes in Acker und Wiese
   ist nur nach sorgfältiger Begründung und Prüfung zu
   gestatten.

b. Die Forstländereien sind nach den von der Regierung
   genehmigten Etats zu bewirthschaften. Wälder und be=
   trächtliche Holzungen, welche nach ihrer Beschaffenheit
   und Umfang zu einer forstmäßigen Bewirthschaftung ge=
   eignet sind, müssen durch gehörig ausgebildete Forst=
   bediente administrirt werden. Außerordentliche Holz=
   schläge, Rodungen und Veräußerungen sind mit Geneh=
   migung der Regierung vorzunehmen.

c. Die Oberaufsicht steht der Regierung zu. Dieselbe hat
   die Forstetats sowie Anträge auf außerordentliche Holz=
   schläge und Rodungen oder auf Veräußerung durch

Sachverständige prüfen zu lassen und nach deren Be=
finden darüber zu bestimmen. Die Regierung hat auch
das Recht, die Forstbewirthschaftung von Amtswegen
oder auf specielle Veranlassung untersuchen zu lassen und
gegen forstwidrige Verwaltungen durch Anordnung einer
speciellen Beaufsichtigung oder sonst zweckmäßige Vor=
kehrungen zu treffen.

d. Die Anstellung und Bestätigung von Forstbedienten hängt
von der Entscheidung der Regierung ab. Letztere hat
zu prüfen, ob die Anstellung eines eigenen qualificirten,
durch die Gemeinde zu wählenden Forstbedienten unum=
gänglich erforderlich ist, oder ob die Forstbewirthschaftung
durch die Gemeindeglieder, ausgeführt werden kann, oder
nach den Wünschen der Gemeinde gegen eine angemessene
Remuneration einem benachbarten Königlichen Forstoffi=
zianten übertragen werden soll.

e. Die Regierungen können sich zur Beaufsichtigung der
Communalforsten der Königlichen Oberforstmeister und
der denselben untergeordneten Forstoffizianten bedienen,
welche diejenigen Uebelstände, welche sie bei ihren Forst=
bereisungen in den Communalforsten bemerken, von Amts=
wegen der Regierung anzuzeigen haben.

f. Die gemeinschaftlich mit dem Staate besessenen Commu=
nalforsten oder sog. Marken=Waldungen und Gemein=
heiten sind der Forstverwaltung des Staats unterworfen.

§ 116. Die Verwaltung der Jagd.

Das Jagdrecht steht auf Grund des Gesetzes vom 31. Oc=
tober 1848 (G. S. p. 343) und des Jagdpolizeigesetzes vom
7. März 1850 (G. S. p. 165) der Stadtgemeinde auf den
zum Gemeindevermögen gehörigen Grundstücken zu, jedoch mit
der Beschränkung, daß sie, wie jede andere Corporation, das

Jagdrecht nur durch Verpachtung oder durch einen angestellten Jäger ausüben darf. Die Ausübung des Jagdrechts durch die einzelnen Gemeindemitglieder ist, abgesehen von der Pachtung, unzulässig. Das Jagdrecht muß vielmehr ruhen, wenn die Gemeinde die Jagd weder verpachtet noch durch einen angestellten Jäger ausüben läßt. Auch die einzelnen Besitzer von Grundstücken sind zur eigenen Ausübung des Jagdrechts auf ihrem Grund und Boden befugt, jedoch nur:

a. auf solchen Besitzungen, welche in einem oder mehreren an einander grenzenden Gemeindebezirken einen land- oder forstwirthschaftlich benutzten Flächenraum von wenigstens 300 Morgen einnehmen und in ihrem Zusammenhange durch kein fremdes Grundstück unterbrochen sind (die Trennung, welche Wege oder Gewässer bilden, wird als eine Unterbrechung des Zusammenhanges nicht angesehen);

b. auf allen dauernd und vollständig eingefriedeten Grundstücken (darüber, was für dauernd und vollständig eingefriedet zu erachten, entscheidet der Landrath endgültig mit Ausschluß des Rechtsweges);

c. auf Seen, auf zur Fischerei eingerichteten Teichen und solchen Inseln, welche Ein Besitzthum bilden.

Es muß hier jedoch hervorgehoben werden, daß ein Gemeindebezirk, auch wenn er eine Gesammtfläche von 300 Morgen nicht umfaßt und auch nicht in ungetrenntem Zusammenhange liegt, dennoch einen selbstständigen Jagdbezirk bildet, wie dies in den Entscheidungen des O.V.G. Band X p. 156 und in mehreren M. R. vom 13. November 1863 (M. Bl. p. 237), vom 7. Januar 1870 (M.Bl. p. 16) und 11. April 1860 (M. Bl. p. 118) anerkannt ist. Andererseits sind die städtischen Behörden befugt, nach freier Uebereinkunft mehrere ganze Gemeindebezirke oder einzelne Theile eines Gemeindebezirks mit einem andern Gemeindebezirke zu einem gemeinschaftlichen Jagdbezirke zu vereinigen, sowie mit Genehmigung des Kreisausschusses (bezw. des Bezirksausschusses in Stadt- kreisen) aus dem Bezirke Einer Gemeinde mehrere für sich be- stehende Jagdbezirke zu bilden, deren jedoch keiner eine gerin- gere Fläche als 300 Morgen umfassen darf. Auch den Be- sitzern, welche in den oben sub a—c beregten Fällen einen eigenen Jagdbezirk zu bilden berechtigt sind, können sich mit ihren Grundstücken den Jagdbezirken ihrer Gemeinden an- schließen.*) Endlich kann aus mehreren an einanderstoßenden Grundstücken, welche zusammen eine ununterbrochene, zusam- menhängende Fläche von mindestens 300 Morgen umfassen, ein für sich bestehender gemeinschaftlicher Jagdbezirk gebildet werden. Selbstverständlich steht auch hier den Gemeinden frei, Theile ihrer Grundstücke zur Bildung eines solchen ge- meinschaftlichen Jagdbezirks heranzuziehen. Alle auf derglei- chen Abänderungen der gewöhnlichen Jagdbezirke gerichteten Beschlüsse unterliegen der Beschränkung, daß sie sich auf keinen kürzeren Zeitraum als auf drei Jahre und auf keinen längeren Zeitraum als auf zwölf Jahre erstrecken dürfen, und daß die Besitzer isolirt belegener Höfe die Ausscheidung ihrer sie umgebenden Grundstücke aus dem gemeinschaftlichen Jagdbezirke beanspruchen können.

Hinsichtlich der Verwaltung ist nun Folgendes hervor- zuheben:

I. **Die Gemeindeverwaltungsbehörde.** Die Verwaltung steht, wie bei allen übrigen Communalangelegenheiten, dem Magistrate zu. Die Stadtverordnetenversammlung ist nur be- rechtigt, über die Art der Benutzung des Jagdrechts zu be- schließen, insbesondere darüber, ob die Jagd der einen eigenen Jagdbezirk bildenden Grundstücke verpachtet oder für Rechnung der Gemeinde durch einen angestellten Jäger beschossen wer-

---

*) M. R. vom 15. Mai 1873 (M. Bl. p. 186).

den soll; sie ist auch berechtigt, die Bedingungen des Jagd-pachtcontracts und die Ertheilung des Zuschlags von ihrer Genehmigung abhängig zu machen. Die Erträge aus der Verpachtung solcher vorberegten Grundstücke fließen zur Stadt-kasse.

Anders verhält es sich mit der Verwaltung der Jagd eines gemeinschaftlichen Jagdbezirks. Handelt es sich hier um eine freiwillige, d. h. nach Lage und Größe der betreffenden Fläche gesetzlich nicht gebotenen Einwerfung von Kämmerei-grundstücken in einen gemeinschaftlichen Jagdbezirk, welche aus mehreren aneinanderstoßenden Grundstücken gebildet werden soll, so ist dazu der Beschluß der Stadtverordnetenversamm-lung erforderlich. Ist dagegen die Einverleibung der Com-munalgrundstücke einmal rechtsgültig erfolgt, bezw. demnächst die Theilung des gemeinschaftlichen Jagdbezirks in mehrere selbstständige Bezirke von der Aufsichtsbehörde genehmigt wor-den, so ist der Magistrat ohne Concurrenz der Stadtverord-netenversammlung diejenige Behörde,*) welche sämmtliche Be-sitzer der einen gemeinschaftlichen Jagdbezirk bildenden Grund-stücke in allen Jagdangelegenheiten vertritt und die Jagd ver-waltet. Der Magistrat kann beschließen, daß auf dem ge-meinschaftlichen Jagdbezirke entweder

a. die Ausübung der Jagd gänzlich ruhen, oder

b. die Jagd für Rechnung der betheiligten Grundbesitzer durch einen angestellten Jäger beschossen werden, oder

c. dieselbe öffentlich im Wege des Meistgebots oder aus freier Hand auf einen Zeitraum von nicht weniger als drei Jahren oder nicht mehr als zwölf Jahren verpachtet werden soll.

Solche Pachtgelder und Einnahmen von der durch einen angestellten Jäger beschossenen Jagd werden in die Gemeinde-

---

*) M. R. vom 19. December 1860 (M. Bl. 1861 p. 14).

kaffe gezahlt, und nach Abzug der etwa entstehenden Ver-
waltungskosten durch den Magistrat unter die Besitzer derjenigen Grundstücke, auf welchen die gemeinschaftliche Ausübung
des Jagdrechts stattfindet, nach dem Verhältnisse des Flächen-
inhalts dieser Grundstücke vertheilt. Die Verpachtung der
Jagd auf den eigenen und den gemeinschaftlichen Jagdbezirken
unterliegt nur der Beschränkung, daß sie bei Strafe der Nich-
tigkeit des Vertrages niemals an mehr als höchstens drei
Personen gemeinschaftlich erfolgen kann, und daß Ausländer
nur mit Genehmigung der Aufsichtsbehörde als Jagdpächter
angenommen werden können. Ist die Verpachtung erfolgt, so
ist freilich den Pächtern, ebenso wie jedem Besitzer eines eigenen Jagdbezirks, die Anstellung von Jägern für ihre Reviere
gestattet; es ist den ersteren aber eine Afterpachtung der Jagd
ohne Einwilligung des Magistrats nicht erlaubt.

II. **Die Jagdpolizeibehörde.** Dieselbe wird in den
Städten, welche einen eigenen Stadtkreis nicht bilden, von
dem Landrathe, dagegen in den Stadtkreisen von der Ortspolizeibehörde ausgeübt. Die Beschlüsse und Verfügungen,
welche diese Behörden in Jagdpolizeisachen erlassen, können
durch die gegen polizeiliche Verfügungen zulässigen allgemeinen
Rechtsmittel, die Beschwerde und die Klage, in Gemäßheit
des L.B.G. vom 30. Juli 1883 § 127 ff. angefochten werden;
jedoch mit Ausschluß derjenigen Beschlüsse, durch welche Anordnungen wegen Abminderung des Wildstandes getroffen oder
Anträge auf Anordnung oder Gestattung solcher Abminderung
abgelehnt werden, findet statt jener allgemeinen Rechtsmittel
die Beschwerde an den Bezirksausschuß innerhalb zwei Wochen
statt, und zwar mit der Wirkung, daß der Beschluß des Bezirksausschusses endgültig ist.

Der Landrath ist auch zur Ausstellung des Jagdscheins
competent, bezw. die Ortspolizeibehörde in den Stadtkreisen.
Ein Jeder, welcher die Jagd ausüben will, muß sich nämlich

einen für den ganzen Staat gültigen, zu seiner Legitimation dienenden, auf ein Jahr und auf die Person lautenden Jagd= schein von dem Landrath des Kreises seines Wohnsitzes, bezw. in den Stadtkreisen von der Ortspolizeibehörde seines Wohn= sitzes gegen eine Abgabe von drei Mark, welche zur Kreis= communalcasse, bezw. in Stadtkreisen zur städtischen Kasse fließen, für sich einlösen und bei der Ausübung der Jagd stets mit sich führen. Auch Ausländern kann ein solcher Jagd= schein, jedoch nur gegen die Bürgschaft eines Insländers, von dem Landrathe bezw. der Ortspolizeibehörde des Wohnortes des Bürgen ertheilt werden. Die Ertheilung des Jagdscheins muß folgenden Personen versagt werden:

a. solchen, von denen eine unvorsichtige Führung des Schieß= gewehrs oder eine Gefährdung der öffentlichen Sicherheit zu besorgen ist,

b. denen, welche durch ein Urtheil des Rechts, Waffen zu führen, verlustig erklärt sind, sowie denen, welche unter Polizeiaufsicht stehen, oder welchen die Nationalcocarde aberkannt ist,

und kann außerdem denjenigen, welche wegen eines Forst= oder Jagdfrevels oder wegen Mißbrauches des Feuergewehrs bestraft sind, jedoch nur innerhalb fünf Jahren nach verbüßter Strafe versagt werden. Gegen die versagende Verfügung findet sowohl die beim Bezirksausschusse im Verwaltungsstreit= verfahren zu erhebende Klage, als die im Aufsichtsinstanzenzuge bei dem Regierungspräsidenten anzubringende Beschwerde statt.

Die vorberegte Berechtigung des Landraths beschränkt sich auf die Jagdpolizei und darf nicht, wie dies von Seiten einzelner Landräthe versucht worden ist, in ein Aufsichtsrecht über die Gemeinde übergreifen. Der Ministerialerlaß vom 24. December 1859 (M. Bl. 1860 p. 5) nimmmt Veran= lassung, solche Uebergriffe zurückzuweisen, indem es darauf hin= weist, daß die Landräthe nicht selten den Abschluß eines Jagd=

pachtcontracts von ihrer Bestätigung abhängig zu machen gewußt und sich sogar directe Anordnungen über die Art der Verpachtung, die Wahl des Pächters u. s. w. angemaßt haben. Das M. R. vom 24. December 1859 erklärt solche Maßregeln für unzulässig, da den Landräthen ein Bestätigungsrecht der Contracte nicht zuerkannt ist, und die im § 10 des Jagdpolizeigesetzes gestattete Freiheit der Beschlüsse den Gemeindebehörden ganz unbeschränkt die Befugniß übertragen hat, den Verpachtungsmodus zu bestimmen, den Pachtschilling festzusetzen und den Pächter auszuwählen.

III. Die Aufsichtsbehörde. Wenn auch die Verwaltung der Jagdpolizei dem Landrathe gesetzlich zusteht, so ist doch das staatliche Aufsichtsrecht in Bezug auf die dem Magistrate in Gemäßheit des Jagdpolizeigesetzes, namentlich auf dem Gebiete der Verpachtung gemeinschaftlicher Jagdbezirke, zufallende Thätigkeit der Communalaufsichtsbehörde, dem Regierungspräsidenten, mit den aus dem Zuständigkeitsgesetze sich ergebenden Beschränkungen verblieben. Es tritt in dem Jagdpolizeigesetze überdies an verschiedenen Stellen, insbesondere in den §§ 4, 9 und 12, der Unterschied zwischen dem nur mit der Jagdpolizeigewalt betrauten Landrathe und der für Genehmigung in Jagdangelegenheiten, namentlich für die Bildung von Jagdbezirken, die Bestimmung der Vertretung der zu einem gemeinschaftlichen Jagdbezirke vereinigten Besitzer 2c. competenten Aufsichtsbehörde hervor. Es führen also alle diejenigen Beschwerden in Jagdangelegenheiten, welche nicht durch polizeiliche Maßregeln veranlaßt sind, in dem geordneten Instanzenzuge an den Regierungspräsidenten. Es muß hier aber darauf hingewiesen werden, daß durch das Zuständigkeitsgesetz vom 1. August 1883 die Competenz des Kreisausschusses und des Bezirksausschusses, als Verwaltungsstreit= und Beschlußbehörden, in mehrfacher Beziehung festgestellt ist.

14*

IV. Competenz des Kreis- und Bezirksausschusses in Jagdangelegenheiten. Der Tit. XV des Zuständigkeitsgesetzes hat für nachbenannte Gegenstände solche Competenz folgendermaaßen geordnet:

a. Beschwerden gegen Beschlüsse des Landraths bezw. der Ortspolizeibehörde, durch welche Anträge auf Abschuß von Wild genehmigt oder abgelehnt sind, gehen an den Bezirksausschuß, wenn sie binnen einer Frist von zwei Wochen erhoben werden. Der Bezirksausschuß beschließt endgültig. (Zust. G. § 103.)

b. Es beschließt in den zu einem Landkreise gehörenden Städten der Kreisausschuß, dagegen in Stadtkreisen der Bezirksausschuß über die Genehmigung zur Bildung mehrerer für sich bestehender Jagdbezirke aus dem Bezirke einer Gemeinde sowie über die Vereinigung mehrerer Gemeindebezirke zu einem gemeinschaftlichen Jagdbezirke. Gegen den Beschluß findet die weitere Beschwerde statt (Zust. G. § 104).

c. Der Entscheidung im Verwaltungsstreitverfahren unterliegen Streitigkeiten der Betheiligten über ihre in dem öffentlichen Rechte begründeten Berechtigungen und Verpflichtungen hinsichtlich der Ausübung der Jagd, insbesondere über

α. Beschränkungen in der Ausübung des Jagdrechts auf eigenem Grund und Boden;

β. Bildung von gemeinschaftlichen Jagdbezirken, Anschluß von Grundstücken an einen gemeinschaftlichen Jagdbezirk oder Ausschluß von Grundstücken aus einem solchen;

γ. Ausübung der Jagd auf fremden Grundstücken, welche von einem größeren Walde oder von einem oder mehreren selbstständigen Jagdbezirken umschlossen sind, sowie die den Eigenthümern der Grundstücke zu gewährende Entschädigung.

Zuständig ist in erster Instanz der Kreisausschuß in den zu einem Landkreise gehörenden Städten, dagegen in Stadtkreisen der Bezirksausschuß. Gegen das Urtheil findet das Rechtsmittel der Berufung statt. (Zust.G. p. 105.)

d. Ueber Beschwerden und Einsprüche gegen die von dem Magistrate festgestellte Vertheilung der Erträge der gemeinschaftlichen Jagdnutzung beschließt der Magistrat. Gegen diesen Beschluß findet innerhalb zwei Wochen die Klage bei dem Kreisausschusse in den Landstädten, dagegen bei dem Bezirksausschusse in den Stadtkreisen statt. Gegen das Urtheil ist die Berufung zulässig. (Zust.G. p. 106.)

e. Ueber die Verlängerung, Verkürzung oder Aufhebung der gesetzlichen Schonzeit (cfr. Gesetz vom 26. Februar 1870) beschließt der Bezirksausschuß endgültig. (Zust.G. § 107.)

f. Ueber die Erneuerung der auf den schleswig'schen Westseeinseln bestehenden Concessionen zur Errichtung von Vogelkojen sowie über die Ertheilung neuer Concessionen (cfr. Gesetz vom 1. März 1873 § 6) beschließt der Bezirksausschuß. Der Beschluß kann durch Beschwerde angefochten werden. (Zust.G. § 108.)

§ 117. Der Gemeindehaushaltsetat.

I. **Begriff und Bedeutung.** Eine geordnete und den Gemeindeinteressen entsprechende Verwaltung des Gemeindehaushalts einerseits, sowie eine zweckmäßige Festsetzung und Vertheilung der Gemeindeauflagen und Gemeindedienste andererseits wird wesentlich bedingt durch die Berechnung und

Aufstellung der voraussichtlich zu erwartenden Einnahmen und Ausgaben der Commune, sowie durch die Festsetzung der Höhe der durch Aufbringung von Gemeindesteuern flüssig zu machenden Geldmittel für den Fall, wenn die Ausgaben den Betrag der Einnahmen übersteigen. Es ist dementsprechend in Gemäßheit der Städteordnungen alljährlich, wenn nicht etwa ausnahmsweise in den sechs östlichen Provinzen, Westphalen und Schleswig-Holstein die Etatsperiode bis auf drei Jahre mit Zustimmung der Stadtverordnetenversammlung verlängert wird, im Voraus d. h. für das kommende Jahr ein Etat zu entwerfen, welcher alle voraussichtlichen Einnahmen, Ausgaben und Gemeindedienste sowie die Höhe der aufzubringenden Steuern eines solchen Jahres in ihren einzelnen Positionen in möglichst genauer Vollständigkeit und systematischer Anordnung enthalten muß. Dieser Etat soll für die Zeit des kommenden Verwaltungs- oder Etatsjahrs die Grundlage für die Erhebung der Einnahmen der Stadtgemeinde bilden und hinsichtlich aller derselben obliegenden Ausgaben dem Magistrate, als der ausführenden Verwaltungsbehörde, die Befugniß zur freien Verfügung innerhalb der für die einzelnen Positionen festgesetzten Grenzen gewähren. Der Gemeindehaushaltsetat läßt sich demnach definiren als der Voranschlag der in dem darauf folgenden Verwaltungsjahre oder der nächstfolgenden Etatsperiode bestimmt oder doch voraussichtlich zu erwartenden Gemeindeausgaben und Einnahmen incl. der etwa zur Deckung des Bedürfnisses erforderlichen Gemeindesteuern.

II. Der Entwurf des Etats. Es liegt dem Magistrate die Pflicht ob,*) solchen Etat rechtzeitig zu entwerfen. Als äußerster Endtermin ist in den Städteordnungen ein bestimmter Monat festgesetzt, und zwar für die sechs östlichen

---

*) D. St. O. § 66, W. St. O. § 66, R. St. O § 60.

Provinzen der Monat October, in Westphalen der September und in der Rheinprovinz der November, vorausgesetzt, daß dort das Gemeindehaushaltsjahr nach wie vor mit dem bürgerlichen Jahre zusammenfällt. Es ist nämlich durch das Gesetz vom 29. Juni 1876 (G. S. p. 177) den Stadtgemeinden freigelassen, für ihren Haushalt das Staatshaushaltsjahr, welches mit dem 1. April jedes Jahres beginnt und mit dem 31. März endigt, anzunehmen. Ist von Seiten einer Gemeinde von diesem Rechte Gebrauch gemacht, so sind die für die Aufstellung oder die Rechnungsablegung bestehenden Termine entsprechend abzuändern, und es ist demzufolge in einer solchen Gemeinde der sechs östlichen Provinzen die Aufstellung des Etats spätestens im Januar, bezw. in Westphalen spätestens im December und in der Rheinprovinz im Februar zu beschaffen.

Der Etat soll sich in der Regel nur auf das der Aufstellung nachfolgende Etatsjahr erstrecken; es kann indeß die Etatsperiode von dem Magistrate mit Zustimmung der Stadtverordnetenversammlung, welche einer Genehmigung Seitens der Aufsichtsbehörde nicht bedarf, bis auf drei Jahre verlängert werden. Eine solche Verlängerung wird sich insbesondere für die kleineren Stadtgemeinden empfehlen, da dort die einzelnen Etatspositionen während längerer Zeit festzustehen pflegen, und deshalb der Voranschlag auf eine längere Zeitperiode bis zu drei Jahren seinem Zwecke völlig genügt.

Der Entwurf muß während eines Zeitraums von acht Tagen nach zuvoriger Verkündigung in einem oder mehreren von dem Magistrate zu bestimmenden Localen zur Einsicht aller Einwohner der Stadt offen gelegt werden, und wird erst nach Ablauf solcher Zeit der Stadtverordnetenversammlung zur Feststellung vorgelegt.

III. Die Form des Etats. In Betreff der Abfassung des städtischen Haushaltsetats existiren besondere gesetzliche

Bestimmungen nicht. Allein der Zweck derselben, eine voll=
ständige, genaue und übersichtliche Zusammenstellung aller
Ausgaben und Einnahmen zu bringen, ist für die Anordnung
seines Inhalts leitend und maßgebend; es ist der Gewandt=
heit des Magistrats überlassen, für·die systematische und über=
haupt zweckmäßige Anordnung, welche ein klares und über=
sichtliches Bild in der oben bezielten Beziehung zu schaffen
vermag, Sorge zu tragen. Dem Zwecke entspricht es deshalb
auch, wenn für einzelne wichtige und umfassende Verwaltungs=
zweige d. h. für die Schul= und Armenverwaltung, rücksichtlich
deren auch getrennte Cassen bestehen, für sich bestehende,
besondere Haushaltsetats, die sog. Nebenetats, aus welchen
die bezüglichen Ausgaben und Einnahmen ersichtlich sind, auf=
gestellt werden; es ist aber in einem solchen Falle unum=
gänglich nöthig, daß das Schlußresultat dieser Nebenetats in
Bezug auf Einnahmen und Ausgaben auf dem Hauptetat
selbst an geeigneter Stelle hervortritt, damit die Uebersichtlich=
keit des gesammten Gemeindehaushalts erhalten bleibt.*)

IV. Die Feststellung des Etats. Wie der Staatshaus=
haltsetat durch den Erlaß eines Gesetzes bedingt wird, so ist
zur Rechtsbeständigkeit des Gemeindehaushaltsetats die Fest=
stellung Seitens der Stadtverordnetenversammlung erforderlich.
Diese Feststellung kann nur durch einen desfallsigen Beschluß
derselben erfolgen. Die Festhaltung dieses Gesichtspunktes ist
nothwendig für die Beantwortung der Frage, inwieweit die
Berechtigung der Stadtverordnetenversammlung zur einseitigen
Abänderung der Positionen des Etats Platz greift, bezw. die
Zustimmung des Magistrats hinsichtlich der von der ersteren
vorgenommenen Aenderungen des Etats erforderlich ist. Da
der Etat den Zweck verfolgt, die von der Zustimmung der

---

*) M. R. vom 27. November 1823 (Ann. p. 659), vom 4. Juni
1833 (Ann. p. 481) und vom 6. April 1837 (Ann. p. 104).

Stabtverordneten abhängigen Ausgaben und Einnahmen in ihren einzelnen Positionen aufzustellen, so besteht der Etat aus aneinander gereihten Anträgen des Magistrats auf Bewilligung der einzelnen Etatspositionen. Wenn diese Anträge die betreffenden Beschlüsse der Stabtverordneten hervorrufen, so beantwortet sich die Frage, ob solche Beschlüsse der Zustimmung des Magistrats bedürfen, nach den allgemeinen Bestimmungen der Städteordnungen. In denselben — cfr. § 36 der O. St. O. und der W. St. O., § 35 der R. St. O. — ist nun der Grundsatz ausgesprochen, daß die Beschlüsse der Stabtverordneten stets in dem Falle der Zustimmung des Magistrats bedürfen, wenn sie solche Angelegenheiten betreffen welche ihm durch das Gesetz zur Ausführung überwiesen sind, und daß dann, wenn derselbe die Zustimmung versagt, ein besonderes Verfahren eintritt, bezw. die Entscheidung des Bezirksausschusses von beiden Seiten angerufen werden kann. Es ist also bei jeder Abänderung der Etatspositionen zu prüfen, ob eine Angelegenheit zur Frage steht, welche gesetzlich dem Magistrate zur Ausführung überwiesen ist oder nicht. Nur im bejahenden Falle ist die Aenderung der Stabtverordneten von der Zustimmung des Magistrats abhängig. Es soll dies an einzelnen Beispielen erwiesen werden:

a. Die Stabtverordneten sind berechtigt, die Ausgabenposten der Etats einseitig zu streichen, weil der Magistrat in einem solchen Falle niemals in die Lage kommen kann, einen desfallsigen Beschluß zur Ausführung zu bringen. Als Correctiv gegen eine unzulässige Streichung besteht hier die Bestimmung, daß der Regierungspräsident auf Grund des § 78 der St. O. berechtigt ist, die Eintragung der der Gemeinde gesetzlich obliegenden Leistungen in den Etat zu verfügen.

b. Die Stabtverordneten können Ausgabenposten, welche in den Etats nicht vorgesehen sind, in denselben ohne Zu-

ftimmung des Magiſtrats nicht einſtellen, da der des=
fallſige Beſchluß der Stadtverordneten der Zuſtimmung
des Magiſtrats deshalb bedarf, weil der Letztere auf
Grund der St. O. die auf dem Etat beruhenden Aus=
gaben anzuweiſen hat, und ſomit eine Angelegenheit vor=
liegt, welche ihm geſetzlich zur Ausführung obliegt.

c. Die Stadtverordneten können die Einnahmen=Beträge des
Etats (z. B. das Steueraufkommen des Etatsjahrs) nicht
einſeitig, nicht ohne Zuſtimmung des Magiſtrats ab=
ändern, weil der Letztere auf Grund der St. O. — cfr.
§ 56 sub 4 — auch die auf dem Etat beruhenden
Einnahmen anzuweiſen hat, und ſomit auch hier eine
ihm geſetzlich zugewieſene Ausführung des betreffenden
Stadtverordnetenbeſchluſſes in Frage kommt. Verſagt er
die Zuſtimmung, ſo tritt das in § 36 der O. St. O. vor=
geſchriebene Verfahren ein.

V. Einreichung des Etats an die Aufſichtsbehörde. So=
bald die Feſtſtellung des Etats Seitens der Stadtverordneten
erfolgt iſt, muß ſofort eine Abſchrift deſſelben an die Auf=
ſichtsbehörde zur Kenntnißnahme eingereicht werden. Eine
Feſtſtellung deſſelben durch die Aufſichtsbehörde findet nicht
ſtatt, wie dies in dem Zuſt. G. § 19 beſonders hervor=
gehoben iſt.

VI. Etatsüberſchreitungen. Der Magiſtrat darf die=
ſelben nicht zulaſſen, da ihm die beſondere Pflicht obliegt,
dafür zu ſorgen, daß der Haushalt nach dem Etat geführt
werde. Treten im Laufe des Etatsjahrs Bedürfniſſe hervor,
welche bei der Aufſtellung und Feſtſetzung des Etats ent=
weder gar nicht, oder doch nicht hinreichend berückſichtigt ſind,
ſo iſt der Magiſtrat verpflichtet, zur Beſtreitung der erforder=
lichen Ausgaben, welche außer dem Etat geleiſtet werden
ſollen, die Genehmigung der Stadtverordnetenverſammlung

einzuholen.[1]) Selbstverständlich ist die nachträgliche Erwirkung und Ertheilung der Genehmigung nicht ausgeschlossen. Wird dieselbe versagt, so haftet der Magistrat aus dem Gesichts= punkte der Ueberschreitung seiner Amtsbefugnisse und ist der Gemeinde für allen ihr daraus erwachsenen Schaden auf Grund des A. L. R. Th. II, Tit. 10 § 68 ff.[2]) verantwortlich. Solche Etatsüberschreitungen können in verschiedenen Formen vorkommen, und zwar nicht bloß, wenn eine Ausgabe die Summe einer dafür im Etat vorgesehenen Position übersteigt, sondern auch dann, wenn Summen zu anderen als den im Etat angegebenen Zwecken verwandt, oder wenn außerordent= liche Einnahmen, welche in dem Etat nicht berücksichtigt wor= den, verausgabt sind.

VII. Zwangsweise Eintragung von Leistungen in den Etat. Wenn die Stadtverordnetenversammlung oder die städti= schen Behörden es unterlassen oder verweigern, die der Ge= meinde gesetzlich obliegenden, von der Behörde innerhalb der Grenzen ihrer Zuständigkeit festgestellten Leistungen auf den Haushaltsetat zu bringen, so verfügt der Regierungspräsident unter Anführung der Gründe die Eintragung in den Etat. Es bleibt dann der Gemeinde überlassen, gegen die bezügliche Verfügung des Regierungspräsidenten die Klage beim Ober= verwaltungsgerichte zu erheben.[3])

§ 118. Die Rechnungslegung über den Stadthaushalt.

Es ist alljährlich eine vollständige Rechnung über alle in dem vorhergehenden Etatsjahre erzielten Einnahmen und

---

[1]) O. St. O. § 67, W. St. O. § 67, R. St. O. § 61.
[2]) Erkenntniß des Obertribunals vom 4. April 1870.
[3]) Zust. G. § 19. — M. R. vom 31. Januar 1835 (Ann. XIX p. 154). — M. R. vom 26. Mai 1845 (M. Bl. p. 161).

gemachten Ausgaben zu entwerfen, und zwar zu dem Zwecke der Feststellung, ob und inwieweit der Haushaltsetat innegehalten ist, sowie zum Zwecke der Controle des Gemeindeeinnehmers. Die einzelnen Stadien, welche solche Jahresrechnung durchlaufen muß, sind folgende:

I. **Die Legung der Jahresrechnung.** Sie liegt dem Gemeindeeinnehmer ob. Dieser ist verpflichtet, diese Rechnung in den Gemeinden der sechs östlichen Provinzen und der Provinz Westphalen, falls nicht ein anderer Termin statutarisch festgesetzt ist, vor dem 1. Mai, in der Rheinprovinz vor dem 1. Juni jeden Jahres, vorausgesetzt, daß dort das Etatsjahr mit dem bürgerlichen Jahre zusammenfällt, event. vor dem 1. August (in den östlichen Provinzen), bezw. dem 1. September (in der Rheinprovinz), wo dort das Etatsjahr auf die Zeit vom 1. April bis 31. März verlegt ist,[1]) anzufertigen und an den Magistrat einzureichen.

II. **Die Revision.** Diese fällt dem Magistrate zu. Derselbe hat die eingereichte Rechnung einer calculatorischen und materiellen Prüfung zu unterwerfen[2]) und demnächst mit seinen Erinnerungen und Bemerkungen der Stadtverordnetenversammlung zugehen zu lassen.

III. **Die Prüfung, Feststellung und Entlastung.** Die hierauf gerichtete Thätigkeit ist der Stadtverordnetenversammlung vorbehalten. Letztere ist befugt, in dem Falle, wenn das Rechnungswesen verwickelt ist und deshalb Schwierigkeiten in der Prüfung bietet, zu derselben einen Sachverständigen auf städtische Kosten heranzuziehen.[3]) Die Feststellung der Rechnung selbst muß, falls nicht ein anderer Termin statuta-

---

[1]) Ges. vom 29. Juni 1876 § 1.
[2]) M. R vom 14. September 1835 (Ann. p. 750).
[3]) M. R. vom 15. März 1833 (Ann. p. 112) und vom 4. März 1840 (M. Bl. p. 80).

risch festgestellt ist, in den östlichen Provinzen vor dem 1. October, in der Rheinprovinz und Westphalen vor dem 1. September, wo dort das Etatsjahr mit dem bürgerlichen Jahre zusammenfällt, bewirkt werden, dagegen ebendort vor dem 1. Januar bezw. 1. December, wo das Etatsjahr vom 1. April bis 31. März läuft. Die Entlastung (Decharge) kann erst gefordert werden, wenn die von der Stadtverordnetenversammlung erhobenen Monituren erledigt sind.

IV. Offenlegung der festgestellten Rechnung. Dieselbe erfolgt nur in der Rheinprovinz und in Westphalen, dagegen nicht in den übrigen Provinzen. In den erstgenannten Provinzen muß die festgestellte Rechnung 14 Tage lang zur Einsicht der Gemeindemitglieder in einem bekannt zu machenden Locale ausgelegt werden.*)

Es liegt übrigens dem Magistrate aller Provinzen die Pflicht ob, sofort nach geschehener Feststellung der Jahresrechnung seiner Aufsichtsbehörde, also in den Kreisordnungsprovinzen dem Regierungspräsidenten, in Berlin dem Oberpräsidenten und in den übrigen Provinzen der Regierung eine Abschrift des Feststellungsbeschlusses vorzulegen.

§ 119. Das Lagerbuch und der Verwaltungsjahresbericht.

Zum Zwecke der Controle des Magistrats in Bezug auf feine Thätigkeit in der Verwaltung sind die vorberegten beiden Verwaltungsmaßregeln angeordnet. Sie sollen beide im Allgemeinen dazu dienen, hauptsächlich den Stadtverordneten alljährlich ein klares Bild über den Stand und die Verwaltung der Gemeindeangelegenheiten in wirthschaftlicher Beziehung zu verschaffen. Der specielle Zweck, welchen beide Maßregeln verfolgen, läßt die besondere Wichtigkeit und den besonderen

---

*) W. St. O. § 69 und R. St. O. § 64.

Werth derselben derart hervortreten, daß es als auffallend erscheinen muß, wenn in einzelnen Stadtverwaltungen diesen beiden Verwaltungsacten eine untergeordnete Bedeutung dadurch beigelegt wird, daß die Vorlegung des Lagerbuchs an die Stadtverordneten ganz unterbleibt oder die Anfertigung des Jahresberichts den Subalternbeamten überlassen wird. Es kann keinem Zweifel unterliegen, daß gerade vorzugsweise in Bezug auf die Führung des Lagerbuchs, sowie auf die Anfertigung des Jahresberichts die besondere Amtsthätigkeit des Magistrats in Anspruch genommen werden soll.

I. **Das Lagerbuch.** Die Führung desselben liegt dem Magistrate ob. Es soll ein specificirtes Verzeichniß aller Theile des städtischen Vermögens enthalten und ist zu diesem Zwecke derart anzulegen, daß sich daraus zu jeder Zeit die Vermögenslage der Stadtgemeinde übersichtlich, klar und vollständig ersehen läßt. Besondere Vorschriften über die Art und Weise der inneren Einrichtung des Lagerbuchs existiren freilich nicht; es muß diese vielmehr jeder einzelnen Gemeinde mit Rücksicht auf ihre eigenthümlichen Vermögensverhältnisse überlassen bleiben. Im Allgemeinen kann darauf hingewiesen werden, daß das Lagerbuch, um dem angegebenen Zwecke zu genügen, getrennte Rubriken enthalten muß für die Kämmereigüter und Gerechtsame, städtischen Grundstücke und Gebäude, bewegliches Inventarium, Activcapitalien, Renten und Zinsen, sowie die einen besonderen wissenschaftlichen, historischen oder Kunstwerth repräsentirenden Gegenstände, welche in Gemäßheit des M.R. vom 5. November 1854 (M.Bl. 1855 p. 2) in das Lagerbuch aufgenommen werden sollen. Es wird ferner das Lagerbuch eine besondere Rubrik für die Ab- und Zugänge der verschiedenen Vermögensobjecte enthalten müssen, weil darin jegliche Veränderung des Vermögensbestandes zu vermerken ist, und die darin im Laufe des Verwaltungsjahrs eingetretenen Veränderungen den Stadtverordneten bei der Rechnungsabnahme zur Erklärung vorgelegt werden sollen. *)

II. **Der Verwaltungsjahresbericht.** Die Städteordnungen (O. St. O. § 61, W. St. O. § 61, R. St. O. § 56) enthalten die Bestimmung, daß in jedem Jahre, bevor sich die Stadtverordnetenversammlung mit dem Haushaltsetat beschäftigt, der Magistrat in öffentlicher Sitzung derselben einen vollständigen Bericht über die Verwaltung und den Stand der Gemeindeangelegenheiten zu erstatten hat, und daß Tag und Stunde mindestens zwei freie Tage vorher in der Gemeinde bekannt werden sollen. Dieser Bericht verfolgt den Zweck, die Resultate der Verwaltung und alle zur Beurtheilung des Standes der Gemeindeangelegenheiten erforderlichen Thatsachen nicht bloß für die Stadtverordneten, sondern für die gesammte Gemeinde zur öffentlichen Kenntniß zu bringen, und somit Rechenschaft über die Amtsthätigkeit des Magistrats während des voraufgegangenen Verwaltungsjahres abzulegen. Hinsichtlich der Zeit, zu welcher die Berichterstattung erfolgen soll, ist nur die Bestimmung getroffen, daß dieselbe den Berathungen der Stadtverordnetenversammlung über den Haushaltsetat vorhergehen soll; es steht keine gesetzliche Bestimmung der Anordnung entgegen, den Bericht unmittelbar nach dem Cassenabschlusse des Vorjahres, welcher zeitlich früher als die Berathungen der Stadtverordneten über den nächstjährigen Haushaltsetat erfolgt, zu erstatten. Der Bestimmung der Städteordnungen, daß der Bericht „jedes Jahr, bevor sich die Stadtverordnetenversammlung mit dem Haushalt beschäftigt" erfolgen soll, kann nicht der Sinn beigelegt werden, daß der Bericht, gleichsam als Einleitung, mit den Etatsberathungen zu verbinden ist, sondern nur die Bedeutung zukommen, daß die Stadtverordneten nicht früher mit solchen Berathungen

---

*) O. St. O. § 71, W. St. O. § 71, R. St. O. § 65.

beginnen follen, als bis ihnen der Verwaltungsbericht in der vorgeschriebenen Weise zugänglich gemacht worden ist. Daß diesem Zwecke durch eine schon dem Cassenabschlusse des Vorjahres nachfolgende Berichterstattung im Sinne der Städteordnungen völlig genügt wird, kann einem Bedenken wohl nicht unterliegen. Eine entgegengesetzte Ansicht scheint O. Oertel, Städteordnung p. 259, zu vertreten, welcher es nur für zweckmäßiger erachtet, den Bericht nach erfolgtem Kassenabschlusse des Vorjahres zu erstatten, weil er mit dem für das folgende Jahr entworfenen Etat nicht zusammenhänge.

Der in vielen Stadtverwaltungen übliche Brauch, den Bericht durch Druck zu veröffentlichen und dadurch zur Kenntniß der Gemeinde zu bringen, ist besonders geeignet, dem durch die Städteordnungen beabsichtigten Zwecke volle Rechnung zu tragen.

Zweites Capitel: Das Gemeindesteuerwesen.

§ 120. Das Communalbesteuerungsrecht.

Dieses den Gemeinden gesetzlich zugesprochene Recht ist dem landesherrlichen bezw. staatlichen Besteuerungsrechte gegenüber, welches den Character eines Majestäts= bezw. Hoheitsrechts an sich trägt, ein delegirtes. Es findet seine Stütze und Begründung in der staatlicherseits geschehenen Uebertragung einer gesetzgeberischen Befugniß, sowie in dem autonomischen Rechte der Gemeinden, welches gerade bei der Berechtigung zur Steuerauferlegung und Vertheilung am wirksamsten hervortritt. Der Gemeindebeschluß ist es, welcher in Grundlage der übertragenen Berechtigung die alleinige Voraussetzung der Zulässigkeit einer jeden Communalsteuer bildet. Der Gemeindebeschluß ist der legislative Act, welcher derselben ihre gesetzmäßige Entstehung giebt und welcher deshalb auch

in einem von dem Bezirksausschusse zu genehmigenden Orts=
statute, welches hier gewöhnlich als Steuerregulativ bezeichnet
wird, seinen Ausdruck findet. Aus diesen Grundprincipien
ergeben sich nun verschiedene Rechtssätze, auf welche bereits
oben Bd. I § 1, Abs. 2 und § 5 hingedeutet ist:

a. Das Besteuerungsrecht der Gemeinden muß sich auf den
Stadtbezirk beschränken und darf sich niemals über die
Grenzen desselben ausdehnen;

b. die Rechtscontrole darf sich nur, wie bei anderen Ge=
setzen, auf die formelle Gültigkeit des die Steuererhebung
anordnenden Gemeindebeschlusses bezw. Ortsstatuts, da=
gegen weder auf die Angemessenheit und Zweckmäßig=
keit seines Inhalts, noch auf die Zulässigkeit und Gesetz=
mäßigkeit der angeordneten Steuer selbst erstrecken;

c. die Frage über die Einziehung von Gemeindesteuern und
sonstigen Gemeindeabgaben kann nicht zum Gegenstande
einer gerichtlichen Klage gemacht werden;*)

d. der die Gemeindeabgaben betreffende Gemeindebeschluß
bezw. Ortsstatut darf Bestimmungen, welche den Landes=
und Reichsgesetzen entgegenstehen, nicht feststellen, muß
sich vielmehr den Principien der letzteren unbedingt
anschließen.**)

Dieses vorstehend characterisirte Besteuerungsrecht ist nun
den Gemeinden nicht etwa unbeschränkt, sondern nur zu dem
einzigen und ausschließlichen Zwecke übertragen, die durch das
Bedürfniß oder die Verpflichtungen der Gemeinde erforder=
lichen Geldmittel zu beschaffen, insoweit die Einnahmen aus

---

*) C. C. E. im M. Bl. 1876 p. 275 und 276, im M. Bl. 1874
p. 46, im M. B. 1875 p. 44 und die dort in Bezug genommenen
Erkenntnisse des Gerichtshofes zur Entscheidung der Competenz=
conflicte.

**) O. V. G. E. Bd. I p. 143, Bd. V p. 132 und Bd. VI p. 110
und Parey, Rechtsgrundsätze p. 124.

Steffenhagen, Handbuch. II. Bd.   15

dem städtischen Vermögen nicht hinreichen. Diese Bestimmung ist es besonders, welche die Thätigkeit der Aufsichtsbehörden zur Ueberwachung der Ausübung des belegirten Rechts herausfordert. Es ist demzufolge auch in den Städteordnungen angeordnet, daß die bei der Emanation derselben bestandenen directen Communaleinkommensteuern einer erneuten Prüfung und Genehmigung Seitens der Regierung unterworfen werden sollten, daß die Genehmigung der Aufsichtsbehörde, an deren Stelle auf Grund des Zust.G. § 16, Abs. 3 der Bezirksausschuß getreten ist, für alle Zuschläge zur Einkommensteuer und zu den indirecten Steuern sowie für andere Steuern unter gewissen Voraussetzungen erforderlich ist, sowie daß die Steuerregulative der gleichen Genehmigung der vorberegten Aufsichtsbehörde bedürfen.

Es muß hier ferner darauf hingewiesen werden, daß für die Art der Ausübung des Besteuerungsrechts besondere Vorschriften, und namentlich einschränkende Anordnungen bestehen. Die Gemeindeabgaben können nämlich in Gemäßheit der Städteordnungen nur in zwei Formen aufgebracht werden, und zwar:

a. durch Zuschläge zu den directen und indirecten Staatssteuern, vorbehaltlich der Genehmigung der Aufsichtsbehörde in bestimmt angegebener Beziehung, oder

b. durch besondere directe oder indirecte Gemeindesteuern, welche in den Kreisordnungsprovinzen der Genehmigung des Bezirksausschusses, bezw. der Zustimmung der Minister des Innern und der Finanzen (in den übrigen Provinzen der Regierung) in dem Falle bedürfen, wenn sie neu eingeführt, erhöht oder in ihren Grundsätzen verändert werden sollen.

Eine dieser Formen muß gewählt werden, wenn die städtischen Einnahmen zur Deckung der Gemeindebedürfnisse und Verpflichtungen nicht hinreichen, und die dazu erforder=

lichen Geldmittel aufgebracht werden sollen. Demzufolge hält es der Ministerialbescheid vom 28. Februar 1867 (M. Bl. p. 75) für unzulässig, die Stadtgemeinde von der Pflicht zur Aufbringung der städtischen Armenpflegekosten durch eine an die Milbthätigkeit der Einwohner zu richtende Appellation in der Form einer Hauscollecte zu entlasten.

Vorstehender Gesichtspunkt giebt zunächst die Veranlassung zur Erörterung des Verhältnisses der Gemeindesteuern zu den directen und indirecten Staats= und Reichssteuern sowie den auf das Deutsche Reich übergegangenen Grenzzöllen.

§ 121. Verhältniß der Gemeindesteuern zu den directen Staatssteuern.

Zwischen den beiden vorberegten Steuerarten besteht insofern ein enges Abhängigkeitsverhältniß, als in denjenigen Gemeinden, in welchen die Stadtverordneten die Aufbringung der Gemeindeabgaben durch Zuschläge zu den directen Staats= steuern beschließen, die letzteren die wesentlichste Grundlage für die städtische Communalbesteuerung bilden. Bei dieser Wichtigkeit vernothwendigt es sich, hier die Arten und die charakteristischen Merkmale der directen Staatssteuern festzu= stellen. Zu den letzteren gehören:

a. Die Grundsteuer.

b. Die Gebäudesteuer.

c. Die Gewerbesteuer.

d. Die Classensteuer.

e. Die classificirte Einkommensteuer.

Den Gemeinden ist es gestattet, alle vorstehend auf= geführten Staatssteuern mit Ausschluß der Gewerbesteuer für den Gewerbebetrieb im Umherziehen für die Erhebung der Communalsteuern in der Form der Gemeindezuschläge zu den Staatssteuern grundleglich zu machen.

15*

Was nun die characteristischen Merkmale der letztgenann=
ten Steuern anlangt, so soll hier im Einzelnen hervorgehoben
werden:

I. **Die Grundsteuer.** Derselben sind unterworfen alle
innerhalb der Preußischen Monarchie belegenen unbebauten
Grundstücke mit Ausnahme der zu den Gebäuden gehörigen
Hausgärten, deren Flächeninhalt die Größe von 1 Preußischen
Morgen (= 25 Ar 53 ☐ Meter) nicht übersteigt. Es sind
indeß davon befreit:

a. die Grundstücke des Deutschen Reichs und des Preußi=
schen Staatsfiscus ausnahmslos;

b. die vormals standesherrlichen Gebiete der unmittelbaren
Deutschen Reichsstände, dagegen nicht die nach Auflösung
des Deutschen Reichs dazu erworbenen Grundstücke;

c. die zu einem öffentlichen Dienste oder Gebrauche be=
stimmten Grundstücke der Provinzen, Kreise, Gemeinden
und selbstständigen Gutsbezirke;

d. die Privatpersonen oder Actiengesellschaften gehörigen,
jedoch mit staatlicher Genehmigung zum öffentlichen Ge=
brauche angelegten Kunststraßen, Eisenbahnschienen=
wege nebst Gräben und Schutzstreifen, sowie schiffbare
Canäle nebst Brücken;

e. die bereits vor dem Gesetze vom 21. Mai 1861 befreiten
Grundstücke der christlichen Kirchen und Capellen nebst
Begräbnißplätzen, der öffentlichen Schulen und höheren
Lehranstalten, sowie die zur Dotation der Geistlichen,
der mit geistlichen Functionen betrauten Personen, der
Kirchendiener und der Schullehrer bestimmten Grund=
stücke;

f. die bleibend ertragsunfähig werdenden Grundstücke.

Die Grundsteuer ist für das ganze Staatsgebiet auf
einen Jahresbetrag von 39 600 000 M., von denen 30 000 000 M.
auf die altländischen und 9 600 000 M. auf die neu erwor=

benen Provinzen entfallen, bis auf Weiteres dauernd fest=
gestellt, und demnächst auf die einzelnen Provinzen, Kreise,
Gemeinden und selbstständigen Gutsbezirke, sowie innerhalb
der Gemeinden auf die einzelnen Liegenschaften gleichmäßig
vertheilt, und zwar in Gemäßheit und im Verhältnisse des
für jedes Grundstück nach der Bodengüte durch einmalige
Vermessung und Abschätzung ermittelten und in die Grund=
steuermutterrollen eingetragenen Reinertrags. Die Grundsteuer
besteht also in dem dauernd festgestellten Procentsatze eines
solchen Reinertrags.

II. Die Gebäudesteuer. Derselben sind unterworfen die
zur Erreichung dauernder Zwecke hergestellten Gebäude nebst
den dazu gehörigen Hofräumen und den dazu gehörigen Haus=
gärten, deren Flächeninhalt die Größe von 1 Preußischen
Morgen (= 25 Ar 53 ☐ Meter) nicht übersteigt; jedoch mit
Ausschluß derjenigen Gebäude, welche oben im § 39 näher
bezeichnet sind.

Für jedes steuerpflichtige Gebäude wird die Gebäude=
steuer auf Grund des jährlichen Nutzungswerths erhoben,
welcher zum Zwecke der Besteuerung durch eine allgemeine
Abschätzung, welche sich in periodischen Zeiträumen von
15 Jahren wiederholt, staatlicherseits festgestellt wird.*) Die
erste Abschätzung ist für die Zeit vom 1. Januar 1865 bis
zum 31. December 1879 erfolgt. Die erste Revision, welche
im Jahre 1879 vorgenommen wurde, hat sodann die Ab=
schatzung bis zum 31. December 1894 normirt. In Gemäß=
heit dieses so periodisch feststehenden Nutzungswerths wird
die sich aus einem gesetzlich festgestellten Tarife ergebende
Steuerstufe für jedes einzelne Gebäude fixirt. Zu dieser
Steuerstufe werden die hauptsächlich zur Befriedigung des
Wohnbedürfnisses bestimmten und die darin gleichgestellten

---

*) Ges. vom 21. Mai 1861 (G. S. p. 317).

Gebäude (wie z. B. Schauspiel=, Ball=, Bade=, Gesellschafts=
und ähnliche Gebäude) mit 4 Procent des Nutzungswerths,
dagegen die ausschließlich oder vorzugsweise zum Gewerbe=
betriebe dienenden Gebäude (wie z. B. Fabriken, Brennereien,
Brauereien, Mühlen zc.) mit 2 Procent herangezogen. Der
Jahresbetrag der Gebäudesteuer beträgt z. B. für ein Ge=
bäude, welches zu einem Nutzungswerthe von 1200 Mark
(Steuerstufe XXX des Tarifs) eingeschätzt ist, 48 M., wenn
es mit 4% heranzuziehen ist, dagegen 24 M., wenn es der
Besteuerung von 2% unterliegt.

III. Die Gewerbesteuer, welche in zwei Formen erhoben
wird, und zwar als Steuer vom stehenden Gewerbebetriebe
einerseits und als Steuer vom Gewerbebetriebe im Umher=
ziehen andererseits.

1. Der Steuer vom stehenden Gewerbebetriebe,
zu welcher die Gewerbe in sechs unterschiedlichen Classen
herangezogen werden, sind unterworfen:

a. der Handel und das nicht handwerksmäßige Verfertigen
   von Waaren auf den Kauf in drei verschiedenen Classen
   (Großhandel, Mittelhandel und Kleinhandel): nämlich
   Classe A I, A II und B,

b. die Gast=, Schank= und Speisewirthschaft in der Classe C,

c. der Handwerkerbetrieb in der Classe H,

d. das Gewerbe der Strom=Schiffer, Fracht=, Lohnfuhrleute
   und Pferdeverleiher in der Classe K,

und zwar einerseits nach dem Grundsatze, daß ein jeder auf
einen Erwerb gerichteter Geschäftsbetrieb ohne Unterschied, ob
der Erwerb wohlthätigen oder gemeinnützigen Zwecken dient,
als steuerpflichtiges Gewerbe zu behandeln ist, sowie anderer=
seits mit der Einschränkung, daß einzelne gewerbliche Beschäfti=
gungen (z. B. Bergbau und ähnliche Unternehmungen, ferner
die Land= und Forstwirthschaft zc.) dieser Steuer nicht
      ·en, und daß verschiedene Geschäftsbetriebe (z. B. der

Eisenbahn-, Sparcassen-, Reichsbankbetrieb 2c.) als stehende
Gewerbebetriebe nicht gelten sollen.

Was die den Handel und das nicht handwerksmäßige
Verfertigen von Waaren auf den Kauf betreffende Gewerbesteuer, welche auch als Handelssteuer bezeichnet wird, anlangt,
so wird diese, wie bereits bemerkt worden, in drei Classen
erhoben, welche sich durch die Benennung: A I, A II und B
unterscheiden. Entscheidend für die Zuweisung der solcher
Handelssteuer unterliegenden Gewerbetreibenden zu der einen
oder der anderen Classe ist einzig und allein der Umfang des
Geschäftsbetriebes, dagegen nicht die Rentabilität des Geschäfts
oder die geschäftliche Bedeutung seines Inhabers. Es gehören vielmehr zur Classe A I alle diejenigen Handelsgeschäfte,
welche in Folge des dazu bestimmten Betriebscapitals oder
der Höhe des jährlichen Umsatzes das Gewerbe in einem
außerordentlichen, besonders umfangreichen und die Ueblichkeit
übersteigenden Maaße betreiben, dagegen zur Classe A II diejenigen Handelsgeschäfte, welche sich über den gewöhnlichen
und üblichen Geschäftsumfang nicht ausdehnen, und endlich
zur Classe B die Geschäfte von geringstem Umfange, welche
sich mit dem sog. Kleinhandel befassen und sich innerhalb der
Grenzen desselben bewegen.

Die Veranlagung zur Gewerbesteuer erfolgt auf Grund
der Besteuerung der zu den Steuerclassen A I, A II, B, C und
H gehörigen Geschäftstreibenden nach Mittelsätzen und auf
Grund der Bildung von Rollenbezirken unter theilweiser Mitwirkung der Vertreter der Steuerclassen, der sog. Gesellschaftsabgeordneten, in folgender Weise. Die Stadt Berlin und
jeder einzelne Regierungsbezirk bildet für die Classe A I je
einen Steuerbezirk, welcher zugleich Rollenbezirk ist, während
die übrigen nach Mittelsätzen steuernden Gewerbe der Classen
A II, B, C und H in vier verschiedenen Abtheilungen, in
welche die Städte je nach der Größe und Bedeutung ein-

getheilt sind, zur Gewerbesteuer herangezogen werden. Hier bildet jede Abtheilung in Bezug auf alle nicht zur Classe A I gehörigen Gewerbetreibenden einen besonderen Rollenbezirk. Die Steuerpflichtigen jeder einzelnen Classe dieser Rollenbezirke haben den auf sie entfallenden jährlichen Steuerbetrag, welcher sich aus der Zahl der dazu gehörigen Steuerpflichtigen, multiplicirt mit dem gesetzlich festgestellten Mittelsatze der betreffenden Classe, ergiebt, insgesammt in Gemäßheit des unter sich festgestellten Vertheilungsplans aufzubringen. Es wird zu dem Zwecke der vorberegte Steuerjahresbetrag nach zuvoriger Feststellung der Zahl der Steuerpflichtigen der Handelsclassen auf die einzelnen steuerpflichtigen Geschäfte alljährlich nach Maßgabe des Gewerbebetriebes während des der Veranlagung vorgehenden Jahres durch die zuständigen Behörden vertheilt, und zwar:

a. bezüglich der Classe A I durch die Regierungen in den Regierungsbezirken mit Ausschluß der Stadt Berlin, wo die Direction für die Verwaltung der directen Steuern competent ist, und

b. bezüglich der Classen A II, B, C und H auf Grund der alljährlich aufzustellenden namentlichen Nachweisungen durch den Magistrat jeder einzelnen der zu den drei ersten Abtheilungen des Rollenbezirks gehörigen Städte mit Ausschluß der Stadt Berlin, wo die sub a genannte Direction competent ist, beziehungsweise durch den Landrath rücksichtlich der etwa der vierten Abtheilung zugewiesenen kleinsten Städte, welche zugleich mit einem Theile des Kreises einen Rollenbezirk bilden.

Dagegen wird die Classe K nicht nach Mittelsätzen herangezogen, wohl aber nach Rollenbezirken in der oben sub b dargestellten Art veranlagt.

2. Die Steuer vom Gewerbebetriebe im Umherziehen. Hinsichtlich dieser directen Staatssteuer interessirt

hier nur die in allen Städteordnungen enthaltene und für das ganze Reich geltende Bestimmung, daß solche Steuer durch die zur Aufbringung der Gemeindeabgaben sonst zulässigen Zuschläge zu den directen Staatssteuern niemals belastet werden darf.

Was schließlich den Begriff „Gewerbe" anlangt, so ist dieser Gegenstand einer Controverse. Es soll hier auf die vorzüglichen Ausführungen von K. Parey, Handbuch des Preußischen Verwaltungsrechts, Bd. II § 426 – 446 (Berlin 1887) verwiesen werden, wo im § 433 das Gewerbe definirt ist als „jede fortgesetzte, berufsmäßige, gesetzlich erlaubte, auf Erzielung eines eigenen Erwerbes gerichtete, nicht wissenschaftliche und nicht künstlerische, unabhängige und selbstständige Thätigkeit".

IV. Die Classensteuer und die classificirte Einkommensteuer. Diesen beiden Staatssteuern sind nur physische Personen auf Grundlage der Besteuerung nach der Höhe ihres Einkommens und nach Haushaltungen*) unterworfen, und zwar alle Preußischen Unterthanen mit Ausschluß gewisser auf Grund des Völkerrechts, des Staatsrechts und besonderer Privilegien befreiter Personen. Während früher die Classensteuer nur in den nicht mahl- und schlachtsteuerpflichtigen Städten nach verschiedenen Classen der Steuerpflichtigen erhoben wurde, werden jetzt beide Steuern in gleicher Weise nach einem Procentsatze des steuerpflichtigen Einkommens in der Art veranlagt, daß in einem Tarife aufsteigende Steuerstufen für die verschiedenen Einkommen, deren Maximal- und Minimalhöhe genau normirt ist, angeordnet, und für jede Steuerstufe der gesetzliche Normalsteuerbetrag, welcher jährlich zur Hebung gelangt, festgestellt ist.

---

*) cfr. § 32 p. 123.

Dieſer tarifmäßige Normalſteuerbetrag beträgt nun bei den folgenden Jahreseinkommen und Stufen:

a. hinſichtlich der Claſſenſteuer:

in 1. Stufe von			420 M.	bis einſchl.	660 M.	=	3 M.
„ 2. „	„ mehr als	660 „	„	„	900 „	=	6 „
„ 3. „	„ „	„ 900 „	„	„	1050 „	=	9 „
„ 4. „	„ „	„ 1050 „	„	„	1200 „	=	12 „
„ 5. „	„ „	„ 1200 „	„	„	1350 „	=	18 „
„ 6. „	„ „	„ 1350 „	„	„	1500 „	=	24 „
„ 7. „	„ „	„ 1500 „	„	„	1650 „	=	30 „
„ 8. „	„ „	„ 1650 „	„	„	1800 „	=	36 „
„ 9. „	„ „	„ 1800 „	„	„	2100 „	=	42 „
„10. „	„ „	„ 2100 „	„	„	2400 „	=	48 „
„11. „	„ „	„ 2400 „	„	„	2700 „	=	60 „
„12. „	„ „	„ 2700 „	„	„	3000 „	=	72 „

b. hinſichtlich der claſſificirten Einkommenſteuer:

in 1. Stufe von mehr als	3000 M. bis einſchl.	3600 M.	=	90 M.
„ 2. „ „	„ 3600 „	„	„	4200 „	=	108 „
„ 3. „ „	„ 4200 „	„	„	4800 „	=	126 „
„ 4. „ „	„ 4800 „	„	„	5400 „	=	144 „
„ 5. „ „	„ 5400 „	„	„	6000 „	=	162 „
„ 6. „ „	„ 6000 „	„	„	7200 „	=	180 „
„ 7. „ „	„ 7200 „	„	„	8400 „	=	216 „
„ 8. „ „	„ 8400 „	„	„	9600 „	=	252 „
„ 9. „ „	„ 9600 „	„	„	10800 „	=	288 „
„10. „ „	„10800 „	„	„	12000 „	=	324 „
„11. „ „	„12000 „	„	„	14400 „	=	360 „

u. ſ. w.   u. ſ. w.   u. ſ. w.

Dieſer geſetzliche Normalſteuerbetrag iſt es allein, welcher für die Erhebung von Communalzuſchlägen zu der Claſſen- und Einkommenſteuer oder die Vertheilung von Communal-laſten nach denſelben maßgebend iſt, wenn auch die in Wirk-lichkeit gezahlte Jahresſteuer eine geringere iſt. In dieſer

Beziehung ist darauf hinzuweisen, daß die beiden untersten Stufen der Classensteuer, welche übrigens nach wie vor veranlagt werden, durch das Gesetz vom 26. März 1883 (G. S. p. 37) vom 1. April 1883 ab von Zahlung der Staatssteuer ganz befreit sind, während drei Monatsraten der Stufen 3 bis 12 der Classensteuer, ferner zwei Monatsraten der ersten Stufe der classificirten Einkommensteuer und eine Monatsrate der zweiten Stufe derselben gleichfalls vom 1. April 1883 ab im Monate Juli, beziehungsweise in den darauf folgenden Monaten außer Hebung bleiben.

Die Veranlagung zu den beiden fraglichen Staatssteuern ist verschieden, und zwar insofern, als die Einschätzung zur Classensteuer durch eine Gemeindecommission und die Feststellung durch die Regierung erfolgt, während die classificirte Einkommensteuer durch eine vom Kreistage ernannte und unter dem Vorsitze eines Staatscommissars berathende und beschließende Kreiscommission veranlagt wird.

§ 122. Verhältniß der Gemeindesteuern zu den indirekten Staats- und Reichssteuern, sowie zu den Grenzzöllen.

I. Indirekte Staatssteuern. Es ist freilich, wie bereits oben im § 120 angedeutet worden, den Stadtgemeinden freigelassen, ihre Gemeindesteuern nach zuvoriger Genehmigung Seitens des Bezirksausschusses (in den Kreisordnungsprovinzen) bezw. der Regierung (in den übrigen Provinzen) auch in der Form von Zuschlägen zu den indirekten Staatssteuern mitaufzubringen. Diese Bestimmung hatte zur Zeit der Emanation der solche Freilassung anordnenden Städteordnungen ihre gewisse Berechtigung und Bedeutung insofern, als dem Preußischen Staate derzeit in vollem Umfange das Recht der Erhebung indirekter Steuern, sowohl der Verkehrs- als der Verbrauchssteuern, zustand. Heutzutage hat dagegen jene

Bestimmung ihren practischen Werth dadurch verloren, daß auf Grund der Reichsverfassung Art. 70 und Art. 33—40 sowohl die für den Verkehr mit dem Auslande bestimmten Grenzzölle, als die für den Verkehr im Inlande berechneten Verbrauchssteuern dem Deutschen Reiche abgetreten sind und ferner dadurch, daß die nach solcher Abtretung dem Preußischen Staate verbliebenen Verkehrssteuern, welche in der Form der Stempelsteuer erhoben werden, zu den Gemeindezuschlägen nicht verwandt werden dürfen. Es ist nämlich in der zur Ausführung des § 53 der Städteordnung vom 30. Mai 1853 erlassenen Anweisung vom 17. Juli 1854*) sub 3, sowie in den für Westphalen und die Rheinprovinz ergangenen gleichen Anweisungen vom 31. Juli 1856 ausdrücklich bestimmt, daß Gemeindezuschläge zu der Stempelsteuer unzuzulässig sind.

Es kommen zur Zeit in Preußen an indirecten Staatssteuern nur diese Stempelsteuern zur Hebung, und zwar:

a. die allgemeine Stempelsteuer, welche für bestimmte Rechtsgeschäfte in verschiedener Höhe je nach der Art oder nach dem Werthe des Gegenstandes erhoben wird und durch Verwendung bezw. Kassirung von Stempelpapier oder Stempelmarken in die Staatskasse fließt.

b. Die specielle Erbschaftsstempelsteuer, welche je nach dem Grade der Verwandtschaft mit 1—8 Procent des Werths der Erbschaften zur Hebung gelangt.

Es muß übrigens hierbei bemerkt werden, daß auch von der vorberegten Stempelsteuer einzelne Arten gleichfalls auf das Deutsche Reich übergegangen sind, und zwar die Wechselstempelsteuer auf Grund des Reichsgesetzes vom 10. Juni 1869 und 4. Juni 1879, die Banknotensteuer auf Grund des R.G. vom 14. März 1875, die Spielkartensteuer auf Grund des

---

*) M. Bl. 1854 p. 128.

R.G. vom 3. Juli 1878 und die Börsensteuer auf Grund des R.G. vom 1. Juli 1881.

II. Indirekte Reichssteuern. Zu denselben gehören:

a. die Salzsteuer (R.G. vom 12. October 1867),

b. die Branntweinsteuer (R.G. vom 8. Juli 1868 und 24. Juni 1887),

c. die Brausteuer (R.G. vom 31. Mai 1872),

d. die Rübenzuckersteuer (R.G. vom 26. Juni 1869 und 9. Juli 1887),

e. die Tabacksteuer (R.G. vom 16. Juli 1879),

f. die Wechselstempelsteuer (R.G. vom 10. Juni 1869 und 4. Juni 1879),

g. die Banknotensteuer (R.G. vom 14. März 1875),

h. die Spielkartensteuer (R.G. vom 3. Juli 1878),

i. die Börsensteuer (R.G. vom 1. Juli 1881).

III. Grenzzölle. Auch diese können zu Gemeindezuschlägen nicht herangezogen werden, und zwar aus demselben Grunde, welcher rücksichtlich der indirekten Reichssteuern angegeben ist. Die dem Deutschen Reiche ausschließlich zur Besteuerung unterliegenden Grenzzölle, welche theils als Finanz=, theils als Schutzzölle erhoben werden, fließen sämmtlich zur Reichskasse und sind somit der Landesgesetzgebung völlig entzogen.

§ 123. Die durch Zuschläge zu den Staatssteuern aufzubringenden Gemeindesteuern.

Wenn auch den Stadtverordneten, welche die Aufbringung der Gemeindesteuern zu beschließen haben, in Betreff der Art der Vertheilung ein weiter Spielraum an sich gelassen ist, so ist doch in der zur Ausführung des § 53 der Städteordnung vom 30. Mai 1863 erlassenen Ministerialanweisung vom 17. Juli 1854 (M.Bl. p. 128), sowie in den für Westphalen und die Rheinprovinz ergangenen gleichen Anweisungen vom

31. Juli 1856 der Hauptgrundsatz ausgesprochen, daß die Aufbringung der Gemeindeabgaben im Wege des Zuschlags zu den Staatssteuern in der Regel den Vorzug vor der Einführung besonderer Gemeindesteuern verdient, sowie daß die Gemeindesteuern überhaupt weder den regelmäßigen Eingang der Staatssteuern gefährden, noch dem freien Verkehr im Innern des Staats hinderlich sein, noch mit der allgemeinen Zoll= und Steuergesetzgebung des Staates oder mit bestehenden Staatsverträgen im Widerspruch stehen dürfen. Im Einzelnen normiren hinsichtlich des Zuschlags folgende Grundsätze.

I. **Zulässigkeit des Zuschlags.** Derselbe ist zu allen direkten und indirekten Staatssteuern mit Ausschluß der Steuer für den Gewerbebetrieb im Umherziehen[1]) und der Stempel=steuer[2]) verstattet; es ist indeß bezüglich der Grundsteuer zu erwähnen, daß dazu ein Zuschlag zweckmäßig nur da erfolgt, wo solche Steuer auf das Grundeigenthum innerhalb des städtischen Bezirks verhältnißmäßig vertheilt ist.[3])

II. **Berücksichtigung des Forensaleinkommens der Gemeindeabgabenpflichtigen in Bezug auf den Zuschlag.** Da bei der Einschätzung der Forensen zur Einkommensbesteuerung in ihren Wohnsitzgemeinden derjenige Theil des Gesammtein=kommens, welcher ihnen aus außerhalb des Gemeindebezirks belegenem Grundeigenthum oder außerhalb des Gemeindebezirks stattfindendem Pacht=, Gewerbe=, Eisenbahn= und Bergbaube=triebe (sog. Forensaleinkommen) zufließt, auf Grund des Ge=setzes vom 27. Juli 1885 § 9 außer Berechnung bleiben soll, so darf der Gemeindezuschlag nur von demjenigen Betrage der Staatssteuer erhoben werden, welcher nach den gesetzlichen Veranlagungsgrundsätzen veranlagt werden müßte, wenn bei

---

[1]) cfr. oben § 121 sub III, 2.
[2]) cfr. § 122 sub I.
[3]) M. Anweisung vom 17. Juli 1854.

der Feststellung des Einkommens des Steuerpflichtigen jenes Forensaleinkommen außer Berechnung gelassen würde.*) Zur Erreichung dieses Zweckes hat der Magistrat an den Vorsitzenden der Einschätzungscommission für die klassificirte Einkommensteuer ein Verzeichniß aller derjenigen einkommensteuerpflichtigen Einwohner, welche außerhalb des Gemeindebezirks Grundeigenthum ꝛc. besitzen, einzureichen. Letzterer hat sodann dem Magistrate von dem Forensaleinkommen der Steuerpflichtigen sowie von der Höhe des Gesammteinkommens Mittheilung zu machen, worauf dann Seitens der Stadtgemeinde von dem nach Abzug des Forensaleinkommens verbleibenden Einkommensbetrage die Einschätzung zu der betreffenden Steuerstufe und der Gemeindezuschlag zu dem dieser Stufe entsprechenden Normalsteuersatze erfolgt. — cfr. im Uebrigen § 9, Abs. 2 des Gesetzes vom 27. Juli 1885 und die Ausführungen des obigen § 37 sub VI p. 173 (Band I).

III. Genehmigung der Zuschläge. Gemeindezuschläge zu der classificirten Einkommensteuer bedürfen in den östlichen Provinzen und Neuvorpommern stets der Genehmigung des Bezirksausschusses in den Kreisordnungsprovinzen (bezw. der Regierung in der Provinz Posen); dagegen Zuschläge zu den übrigen direkten Steuern, der Grund-, Gebäude-, Gewerbe- und Classensteuer,**) nur dann, wenn sie 50 Procent der Staatssteuern übersteigen, oder wenn sie nicht nach gleichen Sätzen, z. B. wenn der Zuschlag zur Grundsteuer 30 Procent, zur Gebäudesteuer 25 Procent und zur Klassensteuer 40 Procent betragen, oder nur zu einzelnen derselben erfolgen soll, auf solche Steuern vertheilt werden. In letzterer Beziehung soll es übrigens in dem Falle einer Genehmigung nicht bedürfen, wenn die

---

*) cfr. oben § 31 sub III p. 121 und § 37 sub IV p. 173. — Ferner M. R. vom 16. Juli 1864.

**) M. R. vom 19. Januar 1865 (M. Bl. p. 103).

letzte Claſſenſteuerſtufe von den Gemeindezuſchlägen ganz frei=
gelaſſen oder dazu nur mit einem geringeren Satze, als die
übrigen Steuerſtufen, herangezogen werden ſoll.

Von der in den übrigen Fällen erforderlichen Genehmi=
gung iſt jedoch auf Grund des M. R. vom 31. Januar 1858
(M. Bl. p. 70) dann Abſtand zu nehmen, wenn der in einer
Stadt bereits erhobene oder miniſteriell genehmigte Zuſchlag
entweder nach dem bisherigen oder nach einem ermäßigten
Procentſatze forterhoben werden ſoll, weil nach der ratio legis
die Einhölung der Genehmigung nur in dem Falle für nöthig
erachtet iſt, wenn es ſich um die Einführung neuer oder um
die Erhöhung beſtehender Gemeindezuſchläge oder beſonderer
Gemeindeabgaben handelt.*)

**IV. Das für die Einholung der Genehmigung zu be-
obachtende Verfahren.****) Den an den Bezirksausſchuß einzu=
reichenden Anträgen iſt beizufügen:

a. der zum Grunde liegende Beſchluß der Stadtverordneten=
verſammlung in der vorgeſchriebenen Form, und

b. eine Nachweiſung der ſchon beſtehenden Gemeindezuſchläge
und beſonderen Gemeindeabgaben mit Einſchluß der für
Kreis= und Provinzialzwecke aufzubringenden nebſt den
zu Grunde liegenden Repartitionen und unter Angabe des
Ertrags der einzelnen Zuſchläge und Abgaben.

Der Bezirksausſchuß hat darauf, erforderlichenfalls unter
Zuziehung der ſtädtiſchen Behörden, die Bedürfnißfrage ſorg=
fältig zu erörtern, insbeſondere den Gemeindehaushalt zu
prüfen und zu erwägen, ob nicht durch Erſparungen oder
zweckmäßigere Verwendung der Gemeindemittel eine Vermin=
derung des Gemeindebedarfs herbeizuführen iſt, und die be=
antragte Gemeindeauflage ſomit ganz oder zum Theil fort=

---

*) M. R. vom 26. Januar 1861 (M. Bl. p. 43).
**) Miniſterialanweiſung vom 17. Juli 1854 (M. Bl. p. 129).

fallen kann. Wird die Bedürfnißfrage bejaht, und ist der zur Deckung des Gemeindebedürfnisses erforderliche Betrag festgestellt, so werden die Anträge der Königlichen Regierung, Abtheilung für die Verwaltung der directen Steuern ꝛc., zur gutachtlichen Aeußerung darüber vorgelegt, ob die beantragten Steuern mit Rücksicht darauf, daß der Eingang der betreffenden Staatssteuern nicht gefährdet werden darf, als zulässig erscheinen. Im Falle der Verneinung ist die Entscheidung der Minister des Innern und der Finanzen einzuholen, während im bejahenden Falle der Bezirksausschuß ermächtigt ist, seine Genehmigung zur Einführung von Gemeindezuschlägen ohne Weiteres zu ertheilen, jedoch mit der Verpflichtung, alljährlich bis zum 1. Juli dem Minister des Innern und der Finanzen eine allgemeine Anzeige darüber zu erstatten, daß er für das betreffende Jahr den besonders zu bezeichnenden Gemeinden die Erhebung eines den Betrag von 150 Procent (in den östlichen Provinzen) bezw. von 200 Procent (in Westphalen und der Rheinprovinz) übersteigenden und dem Procentsatze nach speciell anzugebenden Zuschlags zu den directen Staats= steuern bezw. zu den Einheitssteuersätzen des Normalregulativs (in den östlichen Provinzen) gestattet habe.*)

V. Das Princip der gleichmäßigen Belastung. Bei der Beschlußfassung über die Zuschläge ist vor Allem darauf zu achten, daß nicht durch die Verschiedenheit der Sätze eine wegen ihrer Ungleichmäßigkeit ungerechte Vertheilung des Gemeindebedarfs und eine Ueberlastung einzelner Klassen von Steuerpflichtigen herbeigeführt wird. Sollen deshalb nur zu der einen oder der anderen directen Staatssteuer Zuschläge erhoben, oder die einzelnen Staatssteuern mit Zuschlägen von verschiedener Höhe belastet werden, so ist in Gemäßheit der

---

*) M. Circularverfügung an die Regierungen der östlichen Pro= vinzen, der Provinz Westphalen und der Rheinprovinz vom 9. Mai 1871 (M. Bl. p. 167 uud 168).

Ministerialanweisung vom 17. Juli 1854 sub 10 unter all=
gemeiner Berücksichtigung der örtlichen Verhältnisse der Stadt
zu erwägen: wie sich die gesammte Einkommen= und Klassen=
steuer zur gesammten Grundsteuer in der Gemeinde verhält;
wie das Grundeigenthum vertheilt ist; inwieweit dasselbe Fo=
rensen gehört; wie sich die Einkommen= und Klassensteuer auf
die verschiedenen Steuerstufen vertheilt; ob einzelne Ausgaben,
welche durch die Gemeindesteuern gedeckt werden müssen, allen
Gemeindemitgliedern gleichmäßig oder vorzugsweise gewissen
Klassen derselben zum Vortheile gereichen u. s. w. Je nach=
dem diese oder ähnliche Verhältnisse in einem größeren oder
geringeren Umfange obwalten, werden die Zuschläge zu der
einen oder der anderen Staatssteuer höher oder geringer, als
zu den übrigen, bestimmt, oder event. nach Umständen einzelne
Staatssteuern von den Zuschlägen ganz freigelassen werden
können. Diesem Principe der gerechten Vertheilung gemäß
wird darauf zu halten sein, daß bei der Einführung des Zu=
schlags zur Klassensteuer auch die klassificirte Einkommensteuer
oder umgekehrt bei der Einführung des Zuschlags zur Letzteren
die Klassensteuer entsprechend belastet werde. Das M. R.
vom 2. Januar 1878 (M. Bl. p. 35) hat denn auch in An=
erkennung dieses Princips dargelegt, daß neben den Gemeinde=
zuschlägen zu den directen Staatssteuern, welche von allen
steuerpflichtigen Censiten gleichmäßig zu erheben sind, einzelne
Categorien von Gewerbesteuerpflichtigen mit besonderen Bei=
trägen, sei es in der Form von Zuschlägen zur staatlichen
Gewerbesteuer, sei es in der Form einer besonderen Com=
munalgewerbesteuer, nicht belastet werden können. Dagegen
ist selbstverständlich die allgemeine Erhebung von Zuschlägen
zur Grund= und Gewerbesteuer neben einer Einkommensteuer
im Principe als zulässig anzuerkennen.*)

---

*) M. R. vom 31. October 1857 (M. Bl. p. 201).

VI. Abmessung der Zuschläge. Die mehrcitirten Ministerialanweisungen stellen den Grundsatz fest, daß die Zuschläge so anzulegen sind, daß sie der Veranlagung zur Hauptsteuer folgen. Wenn in einer Gemeinde die Communalsteuern durch Zuschläge zu den Staatssteuern aufgebracht werden, so ist für die Abmessung dieser Zuschläge lediglich der wirklich veranlagte Staatssteuersatz, und nicht ein von der Gemeinde anderweitig arbitrirter Einkommensatz maßgebend.*)

VII. Besondere Bestimmung für den Zuschlag zur Klassensteuer. Es ist durch den § 9a des Klassensteuer-Ergänzungsgesetzes vom 25. Mai 1873 bestimmt, daß bei Anwendung jenes Zuschlags in Ermangelung sonstiger Befreiungsgründe auch diejenigen Personen zur Besteuerung herangezogen werden können, deren einjähriches Einkommen weniger als 420 Mark beträgt, und welche nicht im Wege der öffentlichen Armenpflege eine fortlaufende Unterstützung erhalten, sowie daß diese Personen zu einem für Haushaltungen wie für Einzelsteuernde geltenden fingirten Klassensteuersatze von eine Mark 50 Pfennige jährlich veranlagt werden können.

VIII. Besondere Bestimmungen für den Zuschlag zur klassificirten Einkommensteuer. Da die Veranlagung zur vorgenannten Staatssteuer durch einen vom Kreistage und unter dem Vorsitzenden eines Staatscommissars, in der Regel des Landraths, beschließende Kreiscommission erfolgt, so ist den Magistraten von den Veranlagungsresultaten zum Zwecke der Repartition der nach dem Fuße der directen Staatssteuern durch Zuschläge umzulegenden Gemeindeabgaben Mittheilung zu machen.**)

---

*) M. R. vom 6. September 1862 (M. Bl. p. 263), vom 5. Juli 1873 (M. Bl. p. 218) und vom 20. August 1874 (M. Bl. p. 233).
**) M. R. vom 20. August 1851 (M. Bl. p. 203).

IX. Beschwerden im Communalsteuerverfahren bei Zuschlägen. Wenn Communalsteuern lediglich in der Form von Zuschlägen zu den directen Staatssteuern erhoben werden, ist bei der Heranziehung zur Communalsteuer jede Beschwerde gegen die Angemessenheit des Principalsatzes, des Ergebnisses der Veranlagung zur Staatssteuer, ausgeschlossen, weil der Steuerpflichtige in der Lage war, bei solcher Veranlagung zur Staatssteuer vorstellig zu werden. Es findet dagegen, wie das M.R. vom 4. December 1884 (M.Bl. 1885 p. 10) weiter ausführt, eine solche Einschränkung nicht statt, wenn die Communalsteuern, wie z. B. bei der Heranziehung der Beamten, auf Grund einer von der Veranlagung derselben zu den Staatssteuern verschiedenen Veranlagung zur Hebung gelangen sollen. Insbesondere sind die bei der Einschätzung zur Staatseinkommensteuer in Betracht gezogenen Einzelsätze des Einkommens für die Einschätzung zur Communalsteuer nicht ohne Weiteres maßgebend, weil die Veranlagung zur klassificirten Einkommensteuer lediglich nach Maßgabe des Gesammteinkommens des Steuerpflichtigen zu erfolgen hat, auch den Steuerpflichtigen nur die Steuerstufe und der Steuerbetrag bekannt gegeben werden sollen, und somit der Steuerpflichtige sich außer Stande sieht, wegen Veranlagung von Einzelsätzen seines Einkommens vorstellig zu werden. Im Uebrigen ist wegen des Beschwerdeverfahrens der nachfolgende § 127 zu vergleichen.

X. Ausschluß des Rechtsweges in Communalsteuersachen. Die Heranziehung und Veranlagung zu den Gemeindelasten kann von einem steuerpflichtigen Gemeindemitgliede im Rechtswege nicht angefochten werden, wenn es nicht etwa unter Berufung auf Th. II, Tit. 14, §§ 78 und 79 des A. L. R. eine Befreiung aus einem besonderen Rechtstitel (Vertrag, Privilegium und Verjährung) geltend machen kann. In diesem Sinne haben sich viele Erkenntnisse des Gerichtshofes zur

Entscheidung der Competenzconflicte ausgesprochen,*) insbesondere:

a. hinsichtlich der Heranziehung zu Beiträgen für Unterhaltung von Trottoir-Anlagen (M. Bl. 1876 p. 276),

b. hinsichtlich der Zahlung der Hundesteuer (M. Bl. 1876
p. 275),

c. hinsichtlich des Beschlusses einer politischen Gemeinde, eine
bestehende Schullast abzunehmen und in eine Communallast zu verwandeln, sowie der daraus folgenden Heranziehung zu den Lasten (M. Bl. 1874 p. 46),

d. hinsichtlich der Heranziehung in dem Falle, wenn die
Steuer zur Deckung des Deficits unrichtig veranlagt
ist, oder Ausgaben in die Berechnung aufgenommen sind,
zu deren Tragung die Gemeinde als solche nicht verpflichtet ist, oder zu welcher nicht alle Mitglieder beizutragen verbunden sind (J. M. Bl. 1860 p. 322),

e. hinsichtlich der Erhebung des Bürgerrechtsgeldes (M. Bl.
1873 p. 334).

Das statt dessen dem Steuerpflichtigen gegebene Rechtsmittel ist auf Grund des § 18 des Zust. G. vom 1. August
1883 die Beschwerde und der Einspruch, über welche der
Magistrat beschließt, sowie die gegen den Beschluß desselben
im Verwaltungsstreitverfahren bei dem Bezirksausschusse zu
erhebende Klage. Das Nähere wird weiter unten im § 127
folgen.

X. Zuschlag zu den indirecten Staatssteuern. Ein solcher
Zuschlag ist freilich theoretisch in Maßgabe des § 53 der O.
St. O., des § 52 der W. St. O. bezw. des § 49 der R.

---

*) J. M. Bl. 1859 p. 107, M. Bl. 1854 p. 258, M. B. 1858
p. 186, J. M. Bl. 1858 p. 246, J. M. Bl. 1864 p. 230, J. M. Bl.
1870 p. 114, J. M. Bl. 1871 p. 222, J. M. Bl 1871 p. 272, J. M.
Bl. 1857 p. 225, M. Bl. 1858 p. 206, J. M. B. 1858 p. 126, J. M. Bl
1865 p. 282.

St. O. als zulässig zu erachten, vorausgesetzt, daß der Bezirksausschuß seine Genehmigung ertheilt hat. Darüber, daß heutzutage in der Praxis dieser Zuschlag nicht anwendbar ist, vergleiche den vorhergehenden § 122.

§ 124. Die besonderen directen Gemeindesteuern.

Diese Steuern unterliegen gegenüber den durch Zuschläge zu den Staatssteuern aufzubringenden Gemeindeabgaben einer größeren Beschränkung insofern, als sie auf Grund der Städteordnungen der Genehmigung des Bezirksausschusses*) (in den Kreisordnungsprovinzen) bezw. der Regierung (in den übrigen Provinzen) in dem Falle bedürfen, wenn sie neu eingeführt, e r h ö h t oder in ihren Grundsätzen verändert werden sollen, und als auf Grund des Zuständigkeitsgesetzes vom 1. August 1883 § 16, Abs. 5 die Bestätigung solcher directen Gemeindesteuern, welche neu eingeführt oder in ihren Grundsätzen verändert werden, von der Zustimmung der Minister des Innern und der Finanzen abhängig ist. Zum Zwecke der Erlangung solcher Genehmigung und Bestätigung muß von Seiten des Magistrats dem bezüglichen Antrage außer dem im vorigen § sub IV, a erwähnten Stadtverordnetenbeschlusse und der ebendort sub b bezeichneten Nachweisung noch der Entwurf der Bestimmungen über deren Veranlagung und Erhebung, das sog. Steuerregulativ, sowie eine Uebersicht des davon zu erwartenden Ertrags beigefügt werden.

Es kommen nun als solche besondere direkte Gemeindesteuern folgende in Betracht:

I. Die besondere Gemeindeeinkommensteuer. In den Ministerialanweisungen vom 17. Juli 1853 bezw. vom 31. Juli 1856 ist der Grundsatz ausgesprochen, daß die Einführung

---

*) Zust. G. § 16, Abs. 3.

einer solchen Steuer nur aus überwiegenden Gründen zu genehmigen ist. Der dafür hauptsächlich maßgebend gewesene
Gesichtspunkt, den Fall insbesondere ins Auge zu fassen, wo
es einer Gemeinde darauf ankommen möchte, auch das Einkommen auswärts wohnender Grundbesitzer oder Gewerbetreibenden aus ihren innerhalb des Gemeindebezirks belegenen
Grundstücken oder gewerblichen Etablissements zu den Gemeindelasten mit heranzuziehen, trifft heutzutage nicht mehr
zu, nachdem durch das Gesetz vom 27. Juli 1885 § 1 im
Allgemeinen das Princip anerkannt ist, daß die Forensen der
Communalbesteuerung hinsichtlich des Forensaleinkommens
unterliegen sollen, sobald in den einzelnen Stadtbezirken eine
Erhebung der auf das Einkommen gelegten direkten Gemeindeabgaben eingeführt ist.

Es wird in jenen Ministerialanweisungen besonders empfohlen, solche besondere Gemeindeeinkommensteuer hinsichtlich
der Abschätzungsgrundsätze und der Steuerstufen an die bestehende Staatseinkommensteuer dergestalt anzuschließen, daß

a. hinsichtlich aller in der Gemeinde selbst wohnenden Einkommensteuerpflichtigen die Veranlagungssätze der Staatssteuer unmittelbar aus der Steuerrolle entnommen und
   zu Grunde gelegt werden, dagegen

b. das Einkommen der Forensen unter Anwendung der bestehenden Abschätzungsvorschriften, bezw. unter Benutzung
   der hierüber in den Einkommensnachweisungen der Wohnorte der Forensen bereits enthaltenen und zu erbittenden
   Notizen ermittelt und zu der betreffenden Steuerstufe
   eingeschätzt wird.

Wird von dieser einfachen Form nicht Gebrauch gemacht,
sondern die Einführung mit abweichenden Veranlagungsgrundsätzen und Steuerstufen beliebt, so sind die Regulative den
Ministern des Innern und der Finanzen zur Einholung der
Genehmigung zu überreichen.

Es muß hier noch besonders hervorgehoben werden, daß die Einführung besonderer Gemeinde-, Grund- oder Haussteuern, Miethssteuern u. s. w. ohne unmittelbaren Anschluß an die Abschätzungsgrundsätze und Steuerstufen der Staatseinkommensteuer mit Genehmigung des Bezirksausschusses, bezw. der Regierung und unter Zustimmung der Minister des Innern und der Finanzen zugelassen werden kann.

II. Das Bürgerrechtsgeld. Das Nähere über die Erhebung dieser Gemeindeabgabe, welche den Charakter einer direkten Steuer an sich trägt, ist bereits oben im § 27 dargelegt. An dieser Stelle ist indeß zu erwähnen, daß die Bestätigung des solche Erhebung anordnenden Regulativs der Zustimmung Seitens der Minister des Innern und der Finanzen nicht bedarf, welche sonst bei Einführung von neuen oder in ihren Grundsätzen veränderten direkten und indirekten Gemeindesteuern auf Grund des Zust.G. § 16, Abs. 5 stets erforderlich ist. Es ist nämlich bei der Feststellung der desfallsigen Bestimmung an das durch das Specialgesetz vom 14. Mai 1860 besonders geregelte Bürgerrechtsgeld überhaupt gar nicht gedacht worden.*)

Bei dieser Gelegenheit soll darauf hingewiesen werden, daß im § 25 sub 6, c des I. Bandes als Voraussetzung des Erwerbs des Bürgerrechts die Veranlagung zur klassificirten Einkommensteuer oder die Entrichtung eines Klassensteuerjahresbetrags von mindestens 6 Mark seit einem Jahre aufgeführt sind. Parey, „Handbuch des Preußischen Verwaltungsrechts" (Bd. II § 218) vertritt die Ansicht, daß der vorberegte Ausdruck „Entrichtung" im Sinne des § 5 der St.O. mit „Veranlagung" gleichbedeutend sei. Einer solchen Auslegung steht der Wortlaut des vorgenannten § 5 entschieden entgegen.

---

*) M. R. vom 3. März 1885 (M. Bl. p. 107).

III. Das Einkaufsgeld. Das Gesetz vom 14. Mai 1860
(G. S. p. 237) hat den Gemeinden die Befugniß verliehen,
auf Grund von Gemeindebeschlüssen, welche der Genehmigung
der Regierung, jetzt des Bezirksausschusses in den Kreisord=
nungsprovinzen, bedürfen, die Erhebung von Einzugsgeld,
Bürgerrechtsgeld und Einkaufsgeld anzuordnen. Die Befugniß
zur Erhebung des Einzugsgeldes ist durch das für die alt=
ländischen Provinzen erlassene Gesetz vom 2. März 1867
(G. S. p. 361) zurückgezogen, indem dort im § 1 aus=
gesprochen ist, daß von Neuanziehenden ein Einzugs= oder
Eintrittsgeld oder eine besondere Communalabgabe wegen des
Erwerbes der Gemeindeangehörigkeit, der Niederlassung am
Orte, nicht mehr erhoben werden kann. Es hat demnächst
auch das Reichsgesetz vom 1. November 1867 (R. G. Bl.
p. 55) bestimmt, daß die Gemeinden nicht befugt sein sollen,
von neu Anziehenden wegen des Anzugs eine Abgabe zu er=
heben. Das Einkaufsgeld dagegen ist durch diese Gesetze
nicht berührt, da dasselbe nicht den Charakter einer Anzugs=
abgabe, sondern den einer Gemeindeabgabe an sich trägt,
welche als Aequivalent für die Theilnahme an den Gemeinde=
nutzungen, mit Ausschluß der öffentlichen Gemeindeanstalten,
anstatt oder neben einer jährlichen Abgabe aufzufassen ist.
Demzufolge soll auch die Verpflichtung zur Zahlung des Ein=
kaufsgeldes sowie der demselben entsprechenden jährlichen Ab=
gabe ruhen, so lange auf die Theilnahme an den Gemeinde=
nutzungen verzichtet wird.*) Auch darf hinsichtlich der Höhe
des Einkaufsgeldes ein Unterschied zwischen Einheimischen und
Fremden, zwischen Männern und Frauen, zwischen auswärts
und in der Gemeinde Geborenen nicht gemacht werden, da
das Einkaufsgeld als Aequivalent für die Nutzungen gezahlt
wird, und deshalb der Werth der letzteren allein den Maß=

---

*) Ges. vom 14. Mai 1860 § 8.

stab für die Höhe gewähren kann.*) Aus der Natur dieser Abgabe ergiebt sich ferner von selbst, daß die unmittelbaren und mittelbaren Staatsbeamten, die Lehrer und die Geistlichen, sowie die nach zwölfjähriger Dienstzeit in den Civilstand tretenden Militärpersonen von der Entrichtung des Einkaufsgeldes nicht befreit sind, wie dies rücksichtlich des Bürgerrechtsgeldes der Fall ist. Hinsichtlich der Reclamation wird in den Kreisordnungsprovinzen das in dem Zust. G. § 18 angeordnete Beschwerde= und Einspruchsverfahren, worüber das Nähere in dem unten folgenden § 127 erörtert werden wird, Platz greifen, während in den übrigen Provinzen das Gesetz vom 18. Juni 1840 zur Anwendung kommt. Was die Verjährung der fraglichen Abgabe anlangt, so normirt gleichfalls das letztgenannte Gesetz, jedoch mit der Maßgabe, daß die nicht zur Hebung gestellten Einkaufsgelder erst in zwei Jahren nach Ablauf desjenigen Jahres verjähren, in welchem die Zahlungsverbindlichkeit entstanden ist.

Die Frage, ob zur Genehmigung der Erhebung die Zustimmung der Minister des Innern und der Finanzen zu erwirken ist, muß aus demselben Grunde, wie dieser rücksichtlich des Bürgerrechtsgeldes sub II angegeben ist, verneint werden.**)

IV. Die Marktstandsgelder. Es ist dies eine Abgabe, welche von Seiten der Gemeinden für den Gebrauch öffentlicher Plätze und Straßen zum Feilbieten von Waaren auf Messen und Märkten erhoben wird. Sie kann nur unter Zustimmung der Gemeinde und mit Genehmigung des Bezirksausschusses neu eingeführt, erhöht, ermäßigt oder anderweitig regulirt

---

*) M. R. vom 17. März 1832 (M. Bl. p. 444) und v. 31. März 1871 (M. Bl. p. 108).
**) M. R. vom 3. März 1885 (M. Bl. p. 107).

werden,*) und zwar in den letzteren Beziehungen ohne Unter=
schied, ob die Abgabe bereits bestanden hat oder nicht.

Die Höhe der Abgabe ist durch das Gesetz vom 26. April
1872 (G. S. p. 513) auf höchstens 20 Pfennige für das
Quadratmeter und den Tag des Feilbietens festgesetzt und
kann innerhalb dieser Grenze in einem von dem Bezirksaus=
schusse zu genehmigenden Tarife nach der Größe des vom
Feilbietenden zum Marktstande gebrauchten Raumes, event.
auch nach Bruchtheilen des Quadratmeters sowie nach der
Dauer des Feilbietens bestimmt werden. In solchem Tarife
kann die Abgabe auch erstreckt werden auf Gegenstände, welche
weder auf Tischen, noch in Buden, Kisten, Fässern, Körben,
Haufen u. f. w. feilgeboten werden, sowie hinsichtlich solcher
Gegenstände, welche bei geringem Werthe einen großen Raum
einnehmen, verhältnißmäßig herabgesetzt werden. Die Höhe
der Abgabe muß in den Tarifen gleichmäßig für Alle, d. h.
ohne Unterschied auf Einheimische und Fremde, auf Grund
der Reichsgewerbeordnung § 68 festgesetzt werden. Unter
dieser Abgabe ist indeß die gleichfalls gestattete Miethe für
Buden, Zelte, Tische, Unterlagen, Stangen oder sonstige Vor=
richtungen, welche den Verkäufern zum Gebrauche überlassen
werden, nicht mitinbegriffen. Es steht übrigens einem Jeden
frei, sich der eigenen Vorrichtungen zu bedienen oder solche
auch von Anderen zu entnehmen. Im Uebrigen darf der
Marktverkehr mit anderweitigen Abgaben nicht belastet wer=
den.**)

Die Tarife müssen während der Meß= und Marktzeit zu
Jedermanns Einsicht auf den zum Feilbieten bestimmten
Plätzen und Straßen aufgestellt sein, und es dürfen nur die
darin verzeichneten Abgaben erhoben werden. Die Erhebung

---

*) Zust. G. § 130.
**) R. G. O. vom 21. Juni 1869 § 68.

selbst darf nur auf der Verkaufsstelle, nicht aber schon bei dem Eingange der Waaren in den Marktort stattfinden.

Bevorzugungen, welche bei Entrichtung von Marktstands= geldern stattgefunden, können aufgehoben werden, wenn sie nicht auf besonderen Rechtstiteln beruhen. Dagegen bleibt in dem Falle, wenn das Hebungsrecht auf einem besonderen Rechtstitel beruht und der Berechtigte widerspricht, bei einer etwaigen Ermäßigung und anderweitigen Regulirung der Ab= gabe die Festsetzung den Ministern des Innern und der Fi= nanzen*) vorbehalten, und ist dem Berechtigten mit Ausschluß des Fiscus und der Gemeinde für den etwaigen Ausfall Entschädigung zu gewähren. Fällt dagegen die Abgabe in Folge der Aufhebung von Märkten ganz fort und kommen dabei Entschädigungsansprüche von Marktberechtigten in Frage, so bedürfen die bezüglichen Beschlüsse der Zustimmung des Ministers für Handel und Gewerbe.**)

Das Gesetz vom 26. April 1872 hat gegen denjenigen, welcher diese Abgabe erhebt oder erheben läßt, für den Fall, wenn er weiß, daß sie gar nicht oder nur in geringerem Be= trage zu entrichten ist, für jeden Uebertretungsfall eine Geld= strafe bis zu 150 Mark oder verhältnißmäßige Haftstrafe im Unvermögensfalle angeordnet.

Vorstehende Bestimmungen finden auf den Verkehr aller Märkte Anwendung. In dieser Beziehung ist zu erwähnen, daß auf Grund des Zust. G. § 127 dem Provinzialrathe die Beschlußfassung über die Zahl, Zeit und Dauer der Kram= und Viehmärkte zusteht, daß dagegen der Bezirksausschuß über die Zahl, Zeit und Dauer der Wochenmärkte mit der Ein= schränkung zu beschließen hat, daß die desfallsigen Festsetzungen

---

*) Gesetz vom 26. April 1872 § 5.
**) Zust. G. § 129.

nur mit Zustimmung des Magistrats und der Stadtver=
ordnetenversammlung des betreffenden Marktortes erfolgen
können.[1])

V. Die Hundesteuer. Diese Steuer, deren Einführung,
Erhebung und Controle in dem Allerhöchsten Erlasse vom
29. April 1829 (M. Bl. 1849 p. 243) geregelt, und in dem
Ministerialerlasse vom 15. September 1849 als eine Com=
munalangelegenheit anerkannt ist, soll nach Abzug der Er=
hebungskosten entweder zur Ortsarmencasse fließen oder auf
Einrichtungen zum allgemeinen Nutzen der Gemeindemitglieder
verwandt werden, während die auf die Steuercontraventionen
entfallenden Strafen stets an die Ortsarmencasse gelangen
müssen. Diese Steuer kann durch einen Gemeindebeschluß,
welcher die Form der Erhebung und der Controle feststellen
muß und der Bestätigung des Bezirksausschusses bedarf,[2])
für den Stadtbezirk auf das Halten von Hunden gelegt
werden. Die Bestimmung der Höhe bleibt der statutarischen
Festsetzung der Gemeinde, jedoch nur bis zum Betrage von
9 Mark pro Jahr, mit Rücksicht auf die Ortsverhältnisse unter
Vorbehalt der Genehmigung des Bezirksausschusses überlassen
und wird mittelst Vorausbezahlung in halbjährlichen, fest zu
bestimmenden Terminen entrichtet, so daß also auch derjenige,
welcher innerhalb des halben Jahres einen Hund anschafft,
die volle Steuer des laufenden Semesters zu bezahlen hat.
Dieser Steuer sind alle innerhalb des Stadtbezirks wohnen=
den Hundebesitzer[3]) unterworfen, insbesondere auch die Mili=
tärpersonen des activen Dienststandes, da die Einführung der=
selben hauptsächlich auf polizeilichen Gründen, und nicht auf
dem finanziellen Interesse der Gemeinde beruht.[4]) Das diese

[1]) Zust. G. § 128.
[2]) Zust. G. § 16, Abs. 3.
[3]) M. R. vom 9. Juni 1830 (Ann. XIV p. 404).
[4]) M. E. vom 22. April 1864 (M. Bl. p. 202).

Steuer anordnende Regulativ bedarf in dem Falle, wenn es den Vorschriften der Cabinetsordre vom 29. April 1829 entspricht, der Genehmigung der Minister des Innern und der Finanzen nicht,*) und tritt erst nach Ablauf von 8 Wochen, gerechnet vom Tage der Veröffentlichung, in Kraft, wenn nicht etwa ein späterer Termin beliebt worden ist.

Von dieser Steuer sind befreit die Besitzer nachstehender Hunde, welche indeß bei dem Magistrate angemeldet werden müssen:

a. Hunde, welche noch an der Mutter saugen.

b. Hunde, welche entweder zur Bewachung oder zum Gewerbe unentbehrlich sind. Den Fleischern und den Hausirern ist mindestens ein Hund steuerfrei zu lassen,**) dagegen sind Jagdhunde derjenigen Besitzer, welche die Jagd zum Vergnügen treiben, nicht freizulassen. Im Uebrigen hat das Steuerregulativ besonders festzustellen, bei wem das Bedürfniß der Bewachung oder des Gewerbes eintritt.

c. Hunde der accreditirten Gesandten und Geschäftsträger auswärtiger Höfe zu Berlin.

d. Hunde der an den Handelsplätzen fungirenden Consuln, welche nicht diesseitige Unterthanen sind.

Was die Contraventionen anlangt, so wird derjenige, welcher sich durch Verheimlichung eines Hundes der Steuer zu entziehen sucht, neben der Verpflichtung zur Zahlung des Steuerbetrags mit dem dreifachen Satze desselben bestraft, event. mit Haftstrafe im Unvermögensfalle, sowie mit der Confiscation des verheimlichten Hundes, welcher der polizeilichen Verfügung zu überlassen ist. Die Bestrafung der Militärpersonen wird auf Antrag des Magistrats oder der Po-

---

*) Ministerialanweisung vom 17. Juli 1854 § 18.
**) M. R. vom 24. Februar 1870 (M. Bl. p. 106).

lizeibehörde durch die Militärvorgesetzten verfügt. Eine höhere Strafe als der dreijährige Jahresbetrag kann auch in dem Falle nicht festgesetzt werden, wenn ein Hund länger als ein Jahr der Steuer entzogen ist;[1]) während die Strafe für den Fall der Verheimlichung während des laufenden Steuerseme= sters oder einer kürzeren Zeit sich nur auf den dreifachen Betrag der halbjährlichen Steuer belaufen kann.[2])

Die von den Militärpersonen mit Ausschluß der verab= schiedeten zu entrichtenden Steuern sollen für militärische Zwecke verwandt werden und sind deshalb an den Comman= danten des Orts abzuliefern. Civilbeamte genießen in Bezug auf diese Steuer keine Begünstigung. Die von den früher eximirten Civilpersonen eingezahlten Steuerbeträge sind für die Bedürfnisse und im Interesse des Orts auf zuvorige An= zeige an den Minister des Innern und mit dessen Zustimmung zu verwenden.

VI. Die Steuer für Lustbarkeiten. Nach dem A.L.R. Th. II Tit. 19 § 27 steht den Gemeinden das Recht zu, bei Unzulänglichkeit der Armenbeiträge unter Genehmigung des Staates den Luxus, die Ostentation und die öffentlichen Be= lustigungen ihrer wohlhabenden Einwohner mit gemäßigten Taxen zu belegen. Eine Besteuerung von Belustigungen der ärmeren Volksklassen[3]) findet dagegen ebensowenig statt, als eine Besteuerung von Privatvergnügungen, von geselligen Vereinen und Gesellschaften der Einwohner.[4]) Trotz der klaren Bestimmung des A.L.R. hatte sich im Laufe der Zeit in Bezug auf die Besteuerung öffentlicher Tanzlustbarkeiten in den M.R. eine verschiedene Ansicht geltend gemacht, indem

---

[1]) M.R. vom 5. Januar 1836 (Ann. p. 218).
[2]) M.R. vom 4. December 1838 (Ann. p. 987).
[3]) M.R. vom 9. März 1849 (M.Bl. p. 60).
[4]) M.R. vom 2. Mai 1823 (Ann. Bd. VII, p. 556).

das M.R. vom 2. Mai 1823 (Ann. Band VII p. 556) eine solche Besteuerung für unzulässig, andere später erlassene M. R. dagegen für statthaft erklärt haben. Dieser Widerspruch ist demnächst durch den § 74, Abs. 2 des Gesetzes vom 8. März 1871 beseitigt, indem durch denselben alle gesetzlichen Bestimmungen, welche die Erhebung einer Abgabe von öffentlichen Lustbarkeiten zu Armenzwecken vorschreibt, aufgehoben sind, dagegen den Gemeindebehörden die Befugniß gelassen ist, die Einführung oder Forterhebung solcher Abgaben nach Maßgabe der Gemeindeverfassungsgesetze zu beschließen. Es können jetzt ausnahmlos alle Lustbarkeiten, auch die nicht öffentlichen, als Luxus besteuert werden, und zwar in einem Statute, welches der Bestätigung des Bezirksausschusses in den Kreisordnungsprovinzen, bezw. der Regierung in den übrigen Provinzen, bedarf. Auch der Inhaber solcher Räume, welche zu öffentlichen Tanzlustbarkeiten benutzt werden, unterliegt dieser statutarisch festgestellten Abgabe.

Alle diese Gemeindesteuern sollen insgesammt dazu dienen, sämmtliche durch das Bedürfniß oder die Verpflichtungen der Gemeinde erforderlichen Geldmittel zu beschaffen. Es ist nicht zulässig, nur für gewisse Zweige der Verwaltung oder einen Theil der Bedürfnisse besondere Steuern, zu welchen nur der wohlhabende Theil der Einwohner herangezogen werden soll, einzuführen, oder solche Bedürfnisse in einer anderen Form als derjenigen einer allgemeinen Steuer zu decken. Aus diesem Gesichtspuncte dürfen die städtischen Armenpflegebedürfnisse nicht durch eine besondere Armensteuer oder im Wege der Hauscollecte beschafft werden.*) Im Uebrigen ist den Stadtgemeinden allgemein die Befugniß beigelegt, noch weitere direkte Gemeindesteuern, als die obengenannten, ein-

---

*) C.O. vom 22. Januar 1826 (Ann. p. 111) und vom 28. Februar 1867 (M. Bl. p. 75).

zuführen, und zwar ohne Unterschied, ob letztere fortlaufend entrichtet werden oder in einer ein= für allemal zu leistenden Zahlung bestehen sollen.*)

§ 125. Die besonderen indirekten Gemeindesteuern.

Auch diese Steuern unterliegen in Bezug auf Genehmigung des Bezirksausschusses sowie in Bezug auf Zustimmung der Minister des Innern und der Finanzen denselben Beschränkungen, wie solche für die directen Gemeindeabgaben bestehen und im Eingange des vorigen § dargelegt sind. Dem Genehmigungsantrage ist gleichfalls das Steuerregulativ nebst einer Uebersicht des Ertrags außer den sonstigen Materialien, wie solche für die directen Gemeindeabgaben erforderlich sind, beizufügen. Das Feld der indirecten Gemeindebesteuerung ist gesetzlich durch den Inhalt des Art. 5 des Zollvereinsvertrages vom 8. Juli 1867 (R. G. Bl. p. 81) beschränkt und sodann wesentlich dadurch eingeengt, daß die Erhebung eines großen Theils der indirekten Abgaben wegen der damit verbundenen großen Kosten, sowie wegen der erforderlichen Controle erhebliche Schwierigkeiten bietet, und deshalb dem Zwecke der Besteuerung und den Interessen der Gemeinden nicht entspricht.

Aus diesem Grunde erklärt es sich, daß nur wenige indirecte Steuern in den Gemeinden zur Einführung gelangt sind. Es kommt hauptsächlich nur die Schlachtsteuer und Wildpretsteuer in Betracht.

I. Die Schlachtsteuer. Es ist freilich durch das Gesetz vom 25. Mai 1873 (G. S. p. 222) die Mahl= und Schlachtsteuer als Staatssteuer völlig aufgehoben, es ist indeß in dem § 2 leg. cit. den Gemeinden der vormals mahl= und schlacht=

---

*) M. R. vom 29. Januar 1857 (M. Bl. p. 69).

Steffenhagen, Handbuch. II. Bd.   **17**

steuerpflichtigen Städte freigelassen, die Schlachtsteuer als Ge=
meindesteuer fortzuerheben, wenn es die Lage des Haushalts
erfordert, und die örtlichen Verhältnisse dazu geeignet befunden
werden. Die desfallsigen Schlachtsteuerregulative unterliegen
der Genehmigung der Minister des Innern und der Finanzen.
Auch bedürfen die betreffenden Gemeindebeschlüsse von drei
zu drei Jahren der Erneuerung dergestalt, daß gegen den
übereinstimmenden Beschluß der Stadtverordnetenversammlung
und des Magistrats (in der Rheinprovinz des Bürgermeisters)
eine Forterhebung der Schlachtsteuer unzulässig ist. Nach
dem Ablaufe von je drei Jahren muß das Bedürfniß des
Fortbestandes der Gemeindeschlachtsteuer aufs Neue geprüft,
und über das Resultat der jedesmaligen Prüfung und die
getroffene Entscheidung dem Landtage eine Vorlage gemacht
werden. Von der vorberegten Freilassung haben nur wenige
Städte Gebrauch gemacht, und zwar Aachen, Burtscheid, Bres=
lau, Gnesen, Coblenz, Ehrenbreitstein, Posen und Potsdam.

II. Die Wildpretsteuer. Diese für das in die Stadt
eingehende Wildpret zu erhebende indirecte Steuer wurde zu=
erst unterm 8. März 1848 der Stadt Berlin zum Zwecke
der Verwendung für die Armenkasse bewilligt. Nachdem so=
dann auch von anderen Städten die Genehmigung zur Ein=
führung derselben nachgesucht worden war, wurde diese durch
den Allerhöchsten Erlaß vom 24. April 1848 (G.S. p. 131)
ausschließlich den dermals mahl= und schlachtsteuerpflichtigen
Städten in dem Falle, wenn das Bedürfniß nachgewiesen
werde und anderweitige Bedenken nicht entgegenstehen, auf
zuvorigen Antrag bei den Ministern des Innern und der
Finanzen und nach erfolgter Genehmigung derselben gestattet.
In demselben Erlasse ist die Höhe der Steuer dahin normirt
daß höchstens zu legen ist auf:

ein Stück Rothwild . . . . 9 Mark
ein Stück Dammwild . . . . 6 „

ein Schwein	4 Mark 50 Pf.
ein Reh	2 „
einen Frischling	2 „
einen Fasan, eine Waldschnepfe, ein Birkhuhn, ein Haselhuhn, einen Auerhahn oder Trappen . . .	— „ 50 „
einen Hasen	— „ 20 „
ein Rebhuhn, eine wilde Gans oder wilde Ente	— „ 10 „

Für die Erhebung dieser vorberegten Steuer, welche jetzt nur in den früher mahl= und schlachtsteuerpflichtigen Städten zur Hebung gelangen kann, sind die für Erhebung der Schlacht= steuer gegebenen Vorschriften und Strafbestimmungen maß= gebend.

III. Die Wanderlagersteuer wird irrthümlich zu den indirecten Gemeindeabgaben gerechnet. Dieser durch das Gesetz vom 27. Februar 1880 (G. S. p. 174) eingeführten Steuer unterliegen in jeder Stadt die dort nicht gemeindeangehörigen Personen, welche ohne Begründung einer gewerblichen Nieder= lassung die Waaren eines Wanderlagers von einer festen Ver= kaufsstätte aus selbst feilbieten oder durch Vermittelung eines dort einheimischen Verkäufers oder Auctionators feilbieten lassen. Eine solche Steuer ist von der Steuer für den Ge= werbebetrieb im Umherziehen völlig unabhängig und gelangt auch dann zur Hebung, wenn der Verkauf durch Veranstal= tung einer Auction erfolgt, oder wenn die Begründung eines Wohnsitzes bezw. einer gewerblichen Niederlassung unter Um= ständen geschieht, welche erkennen lassen, daß diese Förmlich= keiten nur behufs Verdeckung des Wanderlagerbetriebes erfüllt sind. Werden die Waaren des Wanderlagers an einem Orte in mehreren Verkaufslocalen gleichzeitig oder nach einander feilgeboten, so ist für jedes derselben die Steuer besonders zu entrichten.

17*

Dieser Steuer, welche nur pro Woche, d. h. vom Tage der Eröffnung des Betriebes bis zum Anfange des entsprechenden Tages der nächsten Kalenderwoche ohne Rücksicht auf Unterbrechung und frühere Beendigung berechnet wird und für jede Woche der Dauer des Wanderlagerbetriebes in den Orten der ersten Gewerbeabtheilung 50 Mark, in denen der zweiten und dritten 40 Mark, und in denen der vierten, sowie in den Hohenzollern'schen Landen 30 Mark beträgt, sind nicht unterworfen:

a. der Markt= und Meßverkehr, sowie der Verkauf von Ausstellungsobjecten auf öffentlichen, von den zuständigen Behörden genehmigten Ausstellungen;

b. die Errichtung fester Verkaufsstellen für die Dauer der Curzeit (Saison) in Bade=, Brunnen= und ähnlichen Orten;

c. das Feilbieten von Gegenständen des Wochenmarktverkehrs vom Schiffe aus — mit Ausnahme derjenigen Handwerker= waaren, mit denen nur den einheimischen Verkäufern der Wochenmarktverkehr auf Grund der G.O. vom 21. Juni 1869 § 64 gestattet ist;

d. das Feilbieten von Lebensmitteln aller Art;

e. der vom Finanzminister für gewisse Gewerbsarten oder in einzelnen Fällen als steuerfrei gestatteter Gewerbe= betrieb.

Die vorberegte Steuer wird in der angegebenen Höhe für Wanderauctionen pro Tag erhoben.

Die zur Hebung gelangte Steuer ist in den Orten der ersten, zweiten und dritten Gewerbeabtheilung den Gemeinden über= wiesen, dagegen in den Orten der vierten Abtheilung den betref= fenden Amtsverbänden. Wird die Steuererhebung durch Staats= beamte bewirkt, so fließen drei Procent der Isteinnahme als Erhebungskosten vorab in die Staatskasse. Im Uebrigen steht weder dem Staate noch den Gemeinden für ihre Mitwirkung bei Festsetzung und Erhebung der Steuer ein Anspruch auf Vergütung zu.

Die Anmeldung des Betriebes muß rücksichtlich jeder Verkaufsstelle vor Beginn bezw. vor der Fortsetzung oder vor Wiederbeginn unter Angabe der Verkaufsstelle und der Dauer des Betriebes beim Magistrate erfolgen, ebenso die Zahlung der feststehenden Steuer, und zwar bei Vermeidung einer dem doppelten Betrage der vorenthaltenen Steuer gleichen Geldstrafe, event. einer Haftstrafe im Unvermögensfalle, neben welchen die Steuer außerdem noch zu entrichten ist. Der Magistrat hat nach eingegangener Anzeige eine Anmeldungsbescheinigung auszufertigen und in derselben den zur Hebung kommenden Steuerbetrag, sowie die zuständige Empfangsstelle anzugeben. Letztere hat gegen Zahlung eine Quittung auszustellen, welche von dem Steuerpflichtigen bei jeder Verkaufsstelle während der Dauer des Geschäftsbetriebes den zuständigen Beamten auf Erfordern bei Vermeidung einer Geldstrafe bis zu 30 Mark vorgezeigt werden muß. Die vorberegten gleichen Strafen treffen sowohl den Auftraggeber als den Beauftragten; sie haften beide solidarisch für die Strafbeträge, Kosten und die vorenthaltene Steuer. Die zum Geschäftsbetriebe mitgeführten Gegenstände unterliegen im Falle einer Contravention der Beschlagnahme.

Die Steuer verjährt in zwei Jahren. Hinsichtlich des Beschwerdeverfahrens sind die wegen der Gewerbesteuer vom stehenden Gewerbebetriebe geltenden Bestimmungen anzuwenden.

Was den Character dieser Steuer anlangt, so ist sie keine Communalsteuer, sondern eine Staatssteuer, deren Ertrag nur Seitens des Staates den Gemeinden ein für allemal überwiesen ist, wie dies auch bei der Berathung des Entwurfs des Gesetzes vom 27. Februar 1880 im Abgeordnetenhause ausdrücklich erklärt worden ist. Eine etwaige Reclamation

ist deshalb auch in Gemäßheit der für die Staatssteuer be=
stehenden Vorschriften zu erledigen.[1]

Mit den sub I und II benannten Arten ist die Zahl
der indirecten Gemeindesteuern keineswegs abgeschlossen. Es
können vielmehr noch andere derartige Abgaben, wenn sie für
zweckmäßig befunden werden, von den Stadtgemeinden, wie
z. B. die Miethssteuer in Berlin, die Biersteuer in verschie=
denen Städten der Monarchie, unter Beobachtung der im Ein=
gange dieses § angedeuteten Vorschriften eingeführt werden.

§ 126. Die Communalsteuerregulative.

Es sind dies ortsstatutarisch festgestellte Bestimmungen
über die Erhebung von Gemeindesteuern. Es finden deshalb
auf sie im Allgemeinen diejenigen Grundsätze Anwendung,
welche bereits oben im § 22 in Bezug auf das ortsstatutarische
Recht der Gemeinde und die Ortsstatuten zur Darstellung
gebracht sind. Im Speciellen ist hier noch hervorzuheben:

I. Genehmigung der Regulative. Dieselben unterliegen
stets und ausnahmslos der Genehmigung des Bezirksausschusses
in den Kreisordnungsprovinzen, bezw. der Regierung in den
übrigen Provinzen, und bedürfen überdies in den Fällen
wenn besondere directe oder indirecte Gemeindesteuern neu
eingeführt oder in ihren Grundsätzen verändert werden, der
Zustimmung der Minister des Innern und der Finanzen.[2]
Zum Zwecke der Erleichterung haben die Minister, wie früher,[3]
so auch in jüngster Zeit in dem Ministerialblatte für die ge=
sammte innere Verwaltung, Jahrgang 1885, p. 226 ein Nor=

[1] O. V. G. Bd. XIV p. 166.
[2] O. St. O. § 53, W. St. O. § 52, R. St. O. § 49, Zust. G. § 16, Abs. 5.
[3] M. Bl. 1864 p. 140.

malſteuerregulativ veröffentlicht und in einem darauf bezüg=
lichen Circulare vom 5. November 1885, welches an die
Königlichen Regierungspräſidenten gerichtet iſt, zu allen Ge=
meinde=Einkommenſteuerregulativen, ſoweit dieſe dem empfoh=
lenen Schema entſprechen oder doch keine principiell erheblichen
Abweichungen zeigen, generell ihre Zuſtimmung ertheilt, ſowie
von der Pflicht der ſpeciellen Berichterſtattung entbunden.
Es iſt ferner in jenem Circulare noch beſonders hervorgehoben,
daß die Zuſtimmung der Miniſter in jedem einzelnen Falle
ſofort nachzuſuchen iſt, wenn unter Abweichung von den Feſt=
ſetzungen des Normalregulativs directe Gemeindeſteuern neu
eingeführt oder in ihren Grundſätzen verändert, insbeſondere
wenn Progreſſivſteuern neu eingeführt werden ſollen. Das
gegen den Beſchluß des Bezirksausſchuſſes zuläſſige Rechts=
mittel iſt die an den Provinzialrath einzureichende Beſchwerde,
welche im Falle der Beſtätigung dem Vorſitzenden des Bezirks=
ausſchuſſes, im Falle der Nichtbeſtätigung dem Magiſtrate zu=
ſteht. Gegen den Beſchluß des Provinzialraths kann der
Vorſitzende des Letzteren aus Gründen des öffentlichen In=
tereſſes die Einlegung der weiteren Beſchwerde an die Mi=
niſter des Innern und der Finanzen erheben.*)

II. **Strafandrohungen gegen Contraventionen.** Es iſt
die Zuläſſigkeit, in den Regulativen Ordnungsſtrafen gegen
die Contravenienten in der Höhe von 30 Mark feſtzuſetzen
anerkannt; die Strafbeſtimmung kann indeß nur im Wege
und in den Formen einer in Gemäßheit des Geſetzes vom
11. März 1850 zu erlaſſenden Polizeiverordnung angedroht
werden.**) Was die Vollſtreckung der Strafe anlangt, ſo iſt
dazu der Magiſtrat nicht competent; es iſt vielmehr je nach

---

*) Zuſt. G. § 16, Abſ. 4.
**) M. R. vom 4. März 1871 (M. Bl. p. 106). — cfr. oben
§ 22 p. 90. —

Lage der Sache die Hülfe der Polizeiverwaltung,[1] bezw. des Amtsanwalts oder des Strafgerichts in Anspruch zu nehmen. Es soll hierbei nicht unerwähnt bleiben, daß das in der Reichsstrafprozeßordnung § 459 ff. beregte Verfahren, welches bei Zuwiderhandlungen gegen die Vorschriften über die Erhebung öffentlicher Abgaben und Gefälle Platz greift, auf die Gemeindeabgaben keine Anwendung findet.[2]

III. Bedeutung der Bestätigung seitens der Aufsichtsbehörden. Wenn auch die Prüfung der Regulative durch den Bezirksausschuß bezw. die Regierung darauf gerichtet sein soll, ob der Inhalt derselben den gesetzlichen Bestimmungen in materieller und formeller Beziehung entspricht, und ob die Einführung der Steuer dem Bedürfnisse, der Billigkeit, Angemessenheit und Zweckmäßigkeit nach allen Richtungen hin Rechnung trägt, und wenn nur im bejahenden Falle von dem Bestätigungsrechte Gebrauch zu machen ist, so gewinnt dieses Recht doch nicht die Bedeutung, daß die Prüfung der rechtlichen Zulässigkeit und Verbindlichkeit dem Gerichte entzogen wird, wenn dessen Entscheidung in einer Rechtssache von einem sich beschwert haltenden Gemeindemitgliede angerufen wird.[3] Ein bestätigtes Regulativ kann trotz der ordnungsmäßig erfolgten Bestätigung der Aufsichtsbehörden auch später noch mit dem Einwande der Ungesetzlichkeit sowohl im Civil- als im Verwaltungsstreitverfahren angefochten werden.[4]

Die Prüfung der Aufsichtsbehörde muß sich andererseits auf die vorhin angegebenen Gesichtspuncte beschränken. Es kann deshalb die Bestätigung nicht davon abhängig gemacht

---

[1] M. R. vom 11. April 1861 (M. Bl. p. 101).
[2] M. R. vom 27. October 1860 (M. Bl. p. 224) und Obertribunalserkenntniß vom 9. Juni 1871.
[3] O. V. G. E. Bd. II p. 108.
[4] O. V. G. E. Bd. III p. 97 und Bd. IV p. 117 und 143—145.

werden, daß die Gemeinde als Zeit der Erhebung der neuen Steuern die von der Aufsichtsbehörde vorgeschlagene annehme oder für die bestehenden Steuern eine anderweitige Erhebungs= zeit einführe.*)

IV. Publication. Die Regulative müssen in gehörig wirksamer, ihrem Zwecke entsprechender Weise durch Abdruck in den zur Veröffentlichung der ortsstatutarischen Anordnungen, insbesondere der städtischen Polizeiverordnungen, für den be= treffenden Ort dienenden Blättern zur öffentlichen Kenntniß gebracht werden. Es genügt nicht, wenn die Bekanntmachung solcher Regulative nur mittelst einer ein= oder mehrmaligen Offenlegung im Amtslokale des Magistrats bewirkt wird.**)

§ 127. Das Beschwerde= und Einspruchsverfahren in Bezug auf Heranziehung und Veranlagung zu den Gemeindelasten.

Während die Stadtverordneten über die Art und die Höhe der aufzubringenden Gemeindelasten und Steuern zu beschließen haben, ruht das Geschäft der Heranziehung der Gemeindeabgabenpflichtigen zur Communalbesteuerung, sowie insbesondere dasjenige der Veranlagung ganz in den Händen des Magistrats, als der ausführenden Behörde. Derselbe ist demgemäß auch durch das Zust. G. § 18 sub 2 für Be= schwerden und Einsprüche, welche solche Heranziehung und Veranlagung betreffen, für ausschließlich competent erklärt. Hinsichtlich des Beschwerde= und Einspruchsverfahrens ist das Nachstehende hervorzuheben.

I. Geschichtlicher Ueberblick. Das Gesetz über die Ver= jährungsfristen bei öffentlichen Abgaben vom 18. Juni 1840

---

*) M. R. vom 30. November 1855.
**) M. R. vom 30. August 1872 (M. Bl. p. 225).

(G. S. p. 140) hat als Rechtsmittel zur Geltendmachung von Einwendungen gegen die Veranlagung zu allen directen Steuern die Reclamation bestimmt, und zwar durch den § 1 hinsichtlich aller directen Staatssteuern und durch den § 14 hinsichtlich der nicht in die landesherrlichen Kassen fließenden, sondern an die Gemeinden zu entrichtenden Abgaben, und zwar nicht bloß der Geldabgaben, sondern aller öffentlichen Abgaben, mögen dieselben auch in anderen fungiblen Sachen bestehen.*) Jenes Gesetz hat ferner die Reclamationsfrist gleichmäßig in allen Fällen auf drei Monate festgesetzt. Die vorberegten Bestimmungen sind nun durch spätere Gesetze vielfach modificirt, und zwar insofern:

a. als die Frist in Bezug auf die Staats-Klassensteuer, welche die Bezeichnung als Reclamationsfrist beibehalten hat, durch das Gesetz vom 16. Juni 1875 (G. S. p. 234) auf zwei Monate festgesetzt ist;

b. als in Bezug auf die classificirte Einkommensteuer das Rechtsmittel der Remonstration, welche bei dem Vorsitzenden der Einschätzungscommission zu erheben ist, an Stelle der Reclamation eingeführt und die bezügliche Remonstrationsfrist gleichfalls auf zwei Monate herabgesetzt, und als das dann weitere gegen den Bescheid der Einschätzungscommission zulässige Rechtsmittel der Reclamation, welche an die Bezirkscommission der Königlichen Regierung, Abtheilung für die Verwaltung der directen Steuern, führt, auf die Zeit von 28 Tagen reducirt ist. — cfr. Gesetz vom 12. März 1877 Art. III (G. S. p. 19). —

c. als die Reclamationsfristen hinsichtlich der Provinzialabgaben durch die Provinzialordnungen auf vier Wochen und hinsichtlich der Kreis- und Amtsabgaben durch die

---

*) O. V. G. E. Bd. X p. 153.

Kreisordnungen auf zwei Monate festgestellt sind, und endlich

d. als in dem § 18 sub 2 des Zuständigkeitsgesetzes vom 1. August 1883 die Reclamation als Beschwerde und Einspruch bezeichnet, und die Beschlußfassung darüber dem Magistrate zugewiesen ist.

Es soll hierbei aber besonders hervorgehoben werden, daß in Bezug auf die Dauer der gegen die Veranlagung zu den Gemeindesteuern und Abgaben gegebenen Beschwerde= und Einspruchsfrist eine Aenderung nicht eingetreten ist.

II. Berechnung der Frist. Die vorberegte Frist, welche mit gleichem Rechte auf Grund des § 1 des Gesetzes vom 18. Juni 1840 als Reclamationsfrist und auf Grund des § 18 des Zust. G. als Beschwerde= und Einspruchsfrist be= nannt werden kann, ist nun ohne Unterschied, ob das bezüg= liche Rechtsmittel auf Ermäßigung oder auf gänzliche Be= freiung gerichtet ist, eine dreimonatliche Präclusivfrist. Sie wird berechnet vom Tage der Bekanntmachung der Heberolle oder in dem Falle, wenn die Steuer im Laufe des Jahres auferlegt worden, vom Tage der erfolgten Benachrichtigung ihres Betrags oder in dem Falle, wenn eine periodische Ver= anlagung und Anfertigung von Heberollen nicht stattfindet, von dem ersten Tage des Kalenderjahres event. in den Städten, welche ihr Etatsjahr in Gemäßheit des Gesetzes vom 29. Juni 1876 auf die Zeit vom 1. April bis 31. März jedes Jahres verlegt haben, vom 1. April jedes Jahres ab. Mit Rücksicht darauf, daß in der Praxis Zweifel darüber entstanden sind, welcher Tag als derjenige der Bekanntmachung der Heberolle und der Benachrichtigung des Abgabenbetrages zu gelten habe, soll hier das Nachstehende vorgetragen werden:

a. die Veranlagung der Klassensteuer wird abgesehen von dem Falle, wenn die Steuer im Laufe des Etats= jahres auferlegt wird und dann die Frist mit dem Tage der desfallsigen Benachrichtigung zu laufen beginnt, einzig und allein bekannt gemacht durch Offenlegung der festgestellten Klassensteuerrollen durch den Magistrat während einer von dem letzteren zu bestimmenden und öffentlich bekannt zu machenden Frist. Außerdem wird jedem Steuerpflichtigen ein Auszug aus der Rolle über seine specielle Veranlagung, der sog. Steuerzettel, zugestellt. Der Lauf der zweimonatlichen Reclamationsfrist beginnt hier mit dem auf den letzten Tag der Offenlegung folgenden Tag, während der Tag der Aushändigung des Steuerzettels ohne Wirkung auf den Beginn und Lauf der Reclamationsfrist bleibt.

b. Die Veranlagung der classificirten Einkommensteuer wird dadurch bekannt gemacht, daß die festgestellte Steuerstufe und der daraus sich ergebende Steuerbetrag dem Steuerpflichtigen in einem von dem Vorsitzenden und mindestens zwei Mitgliedern der Einschätzungscommission zu vollziehenden, verschlossenen und und kostenfreien Schreiben mitgetheilt wird. Der Lauf der zweimonatlichen Remonstrationsfrist beginnt hier mit dem Tage der Behändigung des vorbezielten Benachrichtigungsschreibens. Die Behändigung des Schreibens an eine mit der Berichtigung der Gemeindeabgaben von dem Steuerpflichtigen etwa beauftragte Person ist auf den qu. Fristenlauf einflußlos.*)

c. Die Veranlagung zu den Gemeindesteuern, welche in Zuschlägen zu den direkten Staatssteuern bestehen oder auch in einer anderen Erhebungsart aufgebracht werden können, werden abgesehen von dem Falle, wenn im Laufe des Etatsjahres die Steuer zugänglich auferlegt wird und dann die Frist von dem Tage der Be-

---

*) O. V. G. E. Bd. X p. 79.

händigung des bezüglichen Benachrichtigungsschreibens zu laufen beginnt, entweder durch Offenlegung einer Hebe= rolle oder ohne eine solche durch Aushändigung eines Steuerquittungsbuchs oder Bogens bekannt gemacht, in welchem die Höhe der zur Hebung kommenden Steuer durch Angabe des Jahresbetrags und der einzelnen Fälligkeitstermine ersichtlich ist. Im ersteren Falle be= ginnt der Lauf der dreimonatlichen Einspruchsfrist mit dem auf den letzten Tag der Offenlegung folgenden Tage, dagegen in dem anderen Falle vom Tage der Aushändigung des Steuerquittungsbuchs. Dagegen ist die bloße Veröffentlichung des für die Gemeindesteuer zu erhebenden Procentsatzes Seitens des Magistrats auf den Fristenlauf ohne Einfluß.*)

Die vorberegten Fristen sind sämmtlich präclusivisch. Werden dieselben Seitens des Steuerpflichtigen verabsäumt, so hat dies zur Folge, daß sein Anspruch auf Steuerermäßi= gung oder Befreiung sowie auf Rückerstattung bereits ge= zahlter Steuern für das laufende Etatsjahr erlischt.

III. **Wirkung des Beschwerde= und Einspruchsver= fahrens.** Die Beschwerde und der Einspruch haben, ebenso wie das darauf folgende Verwaltungsstreitverfahren, keine aufschiebende Wirkung. Die Steuern müssen also in der ver= anlagten Höhe vorläufig an die Stadtcasse bezahlt werden, während die Zurückforderung etwa zu viel gezahlter Steuern bis zur rechtskräftigen Entscheidung im Verwaltungsstreitver= fahren unzulässig ist. Es darf überhaupt, wie dies in dem Erkenntnisse zur Entscheidung der Competenzconflicte vom 13. November 1880 (M. Bl. 1881 p. 5) ausgesprochen ist, während eines in der oberen Verwaltungsinstanz schwebenden Reclamationsverfahrens über die Höhe einer Steuerveranlagung

---

*) O. V. G. E. vom 14. Juni 1884.

ober die Heranziehung zur Besteuerung von Seiten des Steuer=
pflichtigen nicht bei den Gerichten die condictio indebiti bezüglich
des etwa nach der Entscheidung der unteren Verwaltungs=
behörde zu viel gezahlten Steuerbetrags erhoben werden.

IV. Rückforderung bereits gezahlter Steuern. Wird
der rechtzeitig eingebrachte Einspruch für begründet befunden,
so hat dies in Bezug auf die directen Steuern zur Folge,
daß die Ermäßigung bezw. Befreiung für das laufende Etats=
jahr eintritt, und die bereits während desselben gezahlten
Steuern ganz bezw. bis zu dem ermäßigten Satze zurück=
gezahlt werden; dagegen kann eine Rückzahlung von Steuern,
welche in den vorhergehenden Jahren etwa gleichfalls un=
richtig erhoben sind, niemals zurückgefordert werden.

In Bezug auf die indirekten Steuern besteht der
Rechtssatz, daß auf Zurückzahlung zuviel erhobener Eingangs=,
Ausgangs= und Durchgangsabgaben, der in Folge der Zoll=
vereinigungsverträge zu erhebenden Ausgleichungsabgaben, der
Branntwein=, Braumalz=, Mahl= und Schlachtsteuer, der Wein=
most= und Tabacksteuer, der Salzablösungsgelder, der Blei=
und Zettelgelder, der Wege=, Brücken=, Fähr=, Waage=, und
Krahngelder, der Canal=, Schleusen=, Schiffahrts= und Hafen=
abgaben, sowie der Niederlagegelder ein Anspruch nur dann
stattfindet, wenn derselbe binnen Jahresfrist, vom Tage der
Versteuerung an gerechnet, angemeldet und begründet wird.

Im Uebrigen ist noch hervorzuheben, daß der Anspruch
auf Rückerstattung der gemäß der Veranlagung bezahlter Com=
munalsteuerbeträge niemals im Rechtswege geltend gemacht,
sondern nur durch die Verwaltungsbehörden entschieden
werden kann.*)

**V. Rechtsmittel gegen den die Reclamation ganz oder
theilweise zurückweisenden Magistratsbeschluß.** Während früher

---

*) M. Bl. 1881 p. 47 und M. Bl. 1880 p 230.

auf Grund des § 3 des Gesetzes vom 18. Juni 1840 in Steuersachen der Gemeinden gegen den zurückweisenden Reclamationsbescheid des Magistrats das binnen einer Präclusivfrist von sechs Wochen zulässige Rechtsmittel des Recurses gegeben war, und über dieses Rechtsmittel im Verwaltungswege in dem angeordneten Instanzenzuge entschieden wurde, hat sich die Sache in den Kreisordnungsprovinzen auf Grund des § 18 des Zuständigkeitsgesetzes vom 1. August 1883 folgendermaßen gestaltet. An die Stelle des Recurses ist die Klage im Verwaltungsstreitverfahren, und an die Stelle der sechswöchentlichen Recursfrist eine zweiwöchige Klagefrist getreten. Die Klage ist gegen den abweisenden Magistratsbeschluß bei dem Bezirksausschusse binnen zwei Wochen, welche vom Tage der Bekanntmachung des Beschlusses zu rechnen sind, einzureichen und hat, ebenso wie die Beschwerde und der Einspruch, keine aufschiebende Wirkung. Die Entscheidung des Bezirksausschusses kann nur durch das weitere Rechtsmittel der Revision, welches die Sache an das Oberverwaltungsgericht bringt, angefochten werden;[1]) eine solche Revision kann aber[2]) nur darauf gestützt werden, daß die angefochtene Entscheidung auf der Nichtanwendung oder auf der unrichtigen Anwendung des bestehenden Rechts, insbesondere auch der von den Behörden innerhalb ihrer Zuständigkeit erlassenen Verordnungen beruhe, oder darauf, daß das Verfahren an wesentlichen Mängeln leide.

Es ist hier aber vor Allem darauf hinzuweisen, daß Einsprüche gegen die Höhe von Gemeindezuschlägen zu den direkten Staatssteuern, welche sich gegen den Principalsatz der letzteren richten, unzulässig sind.[3]) Ist der Steuerpflichtige

---

[1]) Zust. G. § 21.
[2]) L. V. G. § 94.
[3]) Zust. G. § 18.

also durch den Principalsatz, welcher durch die Veranlagung zu den direkten Staatssteuern festgestellt worden ist, für beschwerdet zu erachten, so wird er sich der Reclamation bezw. Remonstration bedienen müssen, welche bei dem Landrathe bezw. dem Vorsitzenden der Einschätzungscommission im Falle der Veranlagung zur Klassensteuer bezw. zur classificirten Einkommensteuer innerhalb der sub II beregten Fristen einzureichen ist. Durch die in diesem Verfahren ergehende rechtskräftige Entscheidung wird dann der Principalsatz, der den Gemeindezuschlägen zu Grunde gelegt ist, definitiv festgestellt, bezw. modificirt.

Besondere mit diesem Rechtsmittel verbundene Eigenthümlichkeiten sind folgende:

a. Wenn sich der Reclamant an eine incompetente Behörde wendet, so hat diese das Recursgesuch an die zuständige Behörde abzugeben, ohne daß dem Reclamanten die Zwischenzeit auf die Frist anzurechnen ist.*) Diese Bestimmung findet auch in Bezug auf die an die Stelle des Recurses getretene Klage des § 18 des obenberegten Zust. G. Anwendung.**)

b. In allen Fällen, in welchen die Klage wegen der Steuerverpflichtung entweder bei den ordentlichen Gerichten oder dem Bezirksausschusse gestattet ist, kann die Steuer nur von dem Anfange desjenigen Etatsjahrs an zurückgefordert werden, in welchem entweder die Klage angemeldet oder in welchem vor der Klage eine Reclamation bei dem Magistrate eingereicht worden ist.

VI. Nachforderungen direkter und indirekter Steuern.
Während eine Nachforderung von Grundsteuern sowohl bei gänzlicher Uebergehung, als auch bei zu geringem Ansatze, je-

---

*) Gesetz vom 18. Juni 1840 § 3.
**) O. V. G. Bd. VII p. 147.

doch in beiden Fällen nur für das laufende Etats- und Steuerjahr, für welches die Nachforderung geltend gemacht wird, als
zulässig zu erachten ist, findet die Nachforderung von Klassen-,
Gewerbe- und persönlichen, auf besonderen Titeln beruhenden
Steuern nur im Falle gänzlicher Uebergehung für das laufende
Etats- und Steuerjahr statt, während im Falle eines zu geringen Ansatzes bei den letztberegten Steuern jede Nachforderung wegfällt, jedoch unbeschadet der gesetzlichen Wiederumlage
bei Gewerbesteuergesellschaften, welche nach Mittelsätzen steuern.
Eine solche Nachforderung ist begründet, wenn bei der Ausschreibung der Steuern ein Steuerpflichtiger übergangen ist,
und die Nachforderung nach dem Hervortreten dieses Versehens
im Laufe des betreffenden Etatsjahres erhoben wird. Erfolgt
die Aufbringung der Gemeindesteuern durch Zuschläge zu verschiedenen Staatssteuern, und ist ein Steuerpflichtiger in Bezug
auf den Zuschlag einer derselben bei der Ausschreibung übergangen, so liegt hierin nicht eine Nachforderung wegen zu geringer Ansetzung, sondern wegen gänzlicher Uebergehung.*)

Bei den indirekten Steuern dagegen kann der gar nicht
oder der zu wenig erhobene Betrag nur binnen einem Jahre,
vom Tage des Eintritts der Zahlungsverpflichtung an gerechnet, nachgefordert werden.

VII. **Verjährung der Rückstände und der Contraventionen.** Die zur Hebung gebrachten direkten oder indirekten
Steuern, welche im Rückstande verblieben oder creditirt sind,
verjähren in vier Jahren, welche gerechnet werden von dem
Ablaufe desjenigen Jahres an, in welches ihr Zahlungster-
min fällt.

Unterbrochen wird die Verjährung

a. durch eine an den Steuerpflichtigen erlassene Aufforde-
    rung zur Zahlung, oder

---

*) O. V. G. E. Bd. VII p. 77.

b. durch Verfügung der Execution, oder

c. durch bewilligte Stundung der Steuer.

Eine neue vierjährige Verjährungsfrist beginnt nach Ab=
lauf desjenigen Jahres, in welchem die letzte Zahlungs=
forderung gestellt, oder die Execution verfügt worden oder die
bewilligte Stundungsfrist abgelaufen ist.*)

Eine besondere Verjährungsfrist ist in dem § 10 des
Gesetzes vom 18. Juni 1840 für den Fall bestimmt, daß in
der unterlassenen Entrichtung der ganzen Steuer oder eines
Theiles derselben eine Contravention gegen die Steuergesetze
enthalten ist. In einem solchen Falle soll nämlich die Nach=
forderung erst gleichzeitig mit der gesetzlichen Strafe ver=
jähren.

Was den Lauf der Fristen und die Wirkung der Ver=
jährung anlangt, so wird der Steuerpflichtige durch den Ab=
lauf der Verjährungsfrist von jedem ferneren Anspruche so=
wohl des Staates, als der Steuerbeamten und der Steuer=
societäten befreit, und sind ferner die Minderjährigen und
bevormundeten Personen, sowie die moralischen Personen,
welchen gesetzlich die Rechte der Minderjährigen zustehen, ohne
das Recht auf Zulassung der Wiedereinsetzung in den vorigen
Stand, jedoch mit Vorbehalt des Regresses gegen ihre Vor=
münder und Verwalter, an die Beobachtung der festgestellten
Fristen gebunden.

§ 128. Das wider den Beschluß des Bezirksausschusses in Communalsteuersachen zulässige Rechtsmittel und das darauf bezügliche Verfahren.

Es ist vielfach in den vorhergehenden §§ dieses Capitels
davon die Rede gewesen, daß in den Kreisordnungsprovinzen

---

*) Ges. vom 18. Juni 1840 § 8.

in Betreff der Genehmigung der Gemeindesteuern, der Steuerregulative und der Vertheilung der Gemeindedienste der Beschluß des Bezirksausschusses erforderlich ist. Ein solcher
Beschluß ist anfechtbar. Es findet gegen denselben auf Grund
des § 121 des L. V. G. vom 30. Juli 1883 innerhalb der
präclusivischen Frist von zwei Wochen, jedoch abgesehen von
den auf Einholung der Zustimmung der Minister des Innern und
der Finanzen zur Einführung neuer oder in ihren Grundsätzen
veränderter direkter oder indirekter Gemeindesteuern gerichteten
Beschlüssen, die Beschwerde an den Provinzialrath statt. Diese
Beschwerde ist bei dem Bezirksausschusse, gegen dessen Beschluß
sie gerichtet ist, einzureichen. Ist die Frist gewahrt, so
werden die Acten mittelst Berichts dem Provinzialrathe zur
weiteren Beschlußfassung überreicht. Die Frist gilt übrigens
auch als gewahrt, wenn die Beschwerde rechtzeitig direct bei
dem Provinzialrathe eingereicht worden ist. In solchem Falle
hat dann der Letztere zunächst die Beschwerde an den Bezirksausschuß zur weiteren Veranlassung abzugeben.*)

Hierbei muß besonders bemerkt werden, daß die Einlegung der Beschwerde aus Gründen des öffentlichen Interesses
auch dem Vorsitzenden des Bezirksausschusses zusteht, und daß
derselbe dies sofort dem Collegium mittheilen muß, wenn er
von der beregten Befugniß Gebrauch machen will. Die Zustellung des Beschlusses bleibt in diesem Falle einstweilen, jedoch längstens drei Tage, ausgesetzt; sie erfolgt mit der Eröffnung, daß im öffentlichen Interesse die Beschwerde eingelegt
worden sei. Ist die Zustellung ohne diese Eröffnung erfolgt,
so gilt die Beschwerde des Vorsitzenden als zurückgenommen.
Die Gründe solcher Beschwerde sind dem Magistrate zur
schriftlichen Erklärung binnen zwei Wochen mitzutheilen.

---

*) L. V. G. § 122.

Nach Ablauf dieser präclusivischen Frist sind die Acten dem Provinzialrathe zu überreichen.*)

Letzterer beschließt alsdann über die Beschwerde. Gegen den desfallsigen Beschluß des Provinzialraths steht nur dem Vorsitzenden des letzteren, wenn es sich um die Aufbringung der Gemeindeabgaben und Dienste handelt, die Einlegung der weiteren Beschwerde an die Minister des Innern und der Finanzen aus Gründen des öffentlichen Interesses auf Grund des Zust.G. § 16, Abs. 4 zu. Auch hier hat der Vorsitzende dem Collegium sofort Mittheilung zu machen, wenn er von der vorberegten Befugniß Gebrauch machen will. Die Zustellung des Beschlusses bleibt auch hier in diesem Falle, jedoch längstens drei Tage, ausgesetzt und erfolgt mit der Eröffnung, daß im öffentlichen Interesse die weitere Beschwerde eingelegt worden sei. Erfolgt die Zustellung ohne diese Eröffnung, so' gilt die Beschwerde als zurückgenommen. Die Gründe der Beschwerde sind dem Magistrate zur schriftlichen Erklärung binnen zwei Wochen mitzutheilen. Nach Ablauf dieser präclusivischen Frist sind die Acten den Ministern des Innern und der Finanzen zur Entscheidung zu überreichen.

In diesem Beschlußverfahren wird ein Kostenpauschquantum nicht erhoben; ebensowenig haben die Betheiligten das Recht, den Ersatz ihrer baaren Auslagen zu fordern. — cfr. im Uebrigen §§ 124—126 des Zust.G. —

§ 129. Das Steuerexecutionsverfahren.

Den Stadtgemeinden ist das Privilegium verliehen, die Gemeindeabgaben, ferner die Geldbeträge, auf welche die Hand- und Spanndienste abgeschätzt werden, sodann die für die Theilnahme an den Gemeindenutzungen zur Hebung gelangenden

---

*) L.V.G. § 123.

Abgaben und endlich alle sonstigen Gemeindegefälle von den Säumigen im Steuerexecutionswege beizutreiben. Das bezügliche Verfahren ist im Jahre 1879 neugeregelt, und zwar:

a. durch den § 14 des Ausführungsgesetzes zur Deutschen Civilprozeßordnung vom 24. März 1879 (G.S. p. 281), in Gemäßheit dessen die Vorschriften der Deutschen Civilprozeßordnung über die Wirkungen der Pfändung auch auf die durch eine Entscheidung oder Anordnung der zuständigen Verwaltungsbehörde bewirkte Pfändung entsprechende Anwendung finden sollen,

b. durch die Verordnung, betreffend das Verwaltungszwangsverfahren wegen Beitreibung von Geldbeträgen, vom 7. September 1879 (G. S. p. 591), und

c. die Anweisung vom 15. September 1879 zur Ausführung der Verordnung vom 7. September 1879, betreffend das Verwaltungszwangsverfahren wegen Beitreibung von Geldbeiträgen.

Die sub b beregte Verordnung und die zur Erläuterung derselben erlassene Anweisung enthalten die das Verwaltungszwangsverfahren betreffenden Bestimmungen in detaillirtester Weise. Hinsichtlich der Grundprincipien ist hier hervorzuheben:

I. **Das Mahnverfahren.** Es soll dem Zwangsverfahren in der Regel ein Mahnverfahren (Art. 10—16 der Anweisung vom 15. September 1879) vorausgehen. Die Verwaltungsbehörde ist nur ausnahmsweise in folgenden Fällen befugt, von der Mahnung Abstand zu nehmen:

a. wenn nach ihrem pflichtmäßigen Ermessen zu befürchten ist, daß durch die mit der Mahnung verbundene Verzögerung der Vollstreckung der Erfolg der letzteren gefährdet werden würde; oder wenn

b. die Mahnung wegen eines in der Person des Schuldners liegenden Hindernisses nicht ausgeführt werden kann.

II. Das Zwangsverfahren theilt sich:

a. in die Zwangsvollstreckung in das bewegliche Vermögen:

α. körperliche Sachen

β. Forderungen   } des Schuldners

γ. andere Vermögensrechte

Es können diese Objecte zu gleicher Zeit gepfändet werden; es ist indeß in der Regel diejenige Art der Pfändung
zu wählen, welche voraussichtlich am sichersten und leichtesten
zur Deckung der beizutreibenden Summe führen wird, und
an zweiter Stelle ist derjenigen Art der Pfändung der Vorzug zu geben, welche dem Schuldner am wenigsten nachtheilig
ist und den geringsten Betrag an Gebühren und Kosten ver-
ursacht.

Die Zwangsvollstreckung in körperliche Sachen erfolgt
durch Pfändung, welche durch die städtischen Vollziehungsbeamten
zu beschaffen ist, auf Grund eines von dem Magistrate aus-
zufertigenden Pfändungsbefehls. Zur Pfändung von Forderungen und anderer Vermögensrechte des Schuldners ist nur
dann zu schreiten, wenn es nach den angestellten Ermittelungen
wenigstens wahrscheinlich ist, daß die zu pfändende Forderung
wirklich zu Recht besteht, und wenn der Drittschuldner selbst
zahlungsfähig ist. Die Pfändung erfolgt in der Art, daß
der Magistrat durch schriftliche Verfügung dem Drittschuldner
verbietet, an den Schuldner zu zahlen und an den Letzteren
durch schriftliche Verfügung das Gebot erläßt, sich jeder Verfügung über die Forderung, insbesondere der Einziehung derselben zu enthalten, während die Thätigkeit der Vollziehungsbeamten nur insoweit in Anspruch genommen wird, als sie
angewiesen werden, die solche gepfändete Forderung betreffenden
Urkunden (Wechsel, durch Indossament übertragbare Papiere,
Hypothekendocumente ꝛc.) dem Schuldner abzunehmen und sich
in den Besitz solcher Werthpapiere zu setzen.

b. **Zwangsvollstreckung in das unbewegliche Ver=
mögen.** Dieselbe erfolgt auf Antrag des Magistrats
als gerichtliche Zwangsvollstreckung; sie ist unbeschadet
des Antrages auf hypothecarische Eintragung nur zu=
lässig, sobald feststeht, daß durch Pfändung die Beitrei=
bung der Geldbeträge nicht erfolgen kann. Das com=
petente Amtsgericht hat dem Antrage statt zu geben,
ohne daß seiner Beurtheilung und Prüfung die Voll=
streckbarkeit der Forderung und die Zulässigkeit der Zwangs=
vollstreckung unterliegen.

c. **Arrest.** Derselbe ist zur Sicherung der Zwangsvoll=
streckung auch wegen einer im Verwaltungszwangsver=
fahren beizutreibenden Geldforderung zulässig. Die Voll=
ziehung desselben erfolgt unter entsprechender Anwendung
der Verordnung vom 7. September 1879.

Es muß hier schließlich noch darauf hingewiesen werden,
daß diejenigen städtischen Vollziehungsbeamten, welche nicht
eine besondere Dienstkleidung tragen, bei allen amtlichen Ver=
richtungen mit einem Dienstschilde versehen sein müssen, welches
in der Mitte den Preußischen Adler enthalten und auf der
linken Brustseite getragen werden soll.*) Versehentlich ist in
dem vorgehenden § 102 eines solchen Amtszeichens keine Er=
wähnung geschehen.

§ 130. Die Gemeindedienste.

Dieselben kommen hier insofern in Betracht, als die
Hand= und Spanndienste, zu deren Leistung die Gemeinde
behufs Ausführung von Gemeindearbeiten in den geeigneten
Fällen, jedoch mit Ausschluß der kunst= und handwerksmäßi=

---

*) Ausführungsanweisung vom 15. September 1879.

gen Arbeiten, durch Beschluß der Stadtverordnetenversammlung verpflichtet werden kann, in Geld abgeschätzt werden
und als deren Vertheilung auf die Gemeindeabgabenpflichtigen
nach dem Maaßstabe der Gemeindeabgaben oder in deren
Ermangelung nach dem Maaßstabe der direkten Steuern zu
erfolgen hat. Die vorberegte Verpflichtung kann nur der Gemeinde, als Corporation, und nicht den einzelnen Gemeinde-
einwohnern auferlegt werden;[1] es bleibt der Gemeinde dagegen überlassen, die zu ihr gehörigen gemeindeabgabenpflichtigen
Personen zu solchen Leistungen, welche nach dem obenberegten
Maaßstabe auf Grund zuvoriger Abschätzung in Geld repar-
tirt werden, heranzuziehen. Den Gemeindeabgabenpflichtigen
ist es indeß gestattet, die so repartirten Dienste, abgesehen
von Nothfällen, durch taugliche Stellvertreter abzuleisten oder
den in obiger Weise festgestellten Werthbetrag an die Ge-
meindekasse zu bezahlen. Sollten Seitens der Gemeinde Abweichungen von der vorberegten Vertheilungsart beliebt werden,
so ist dazu die Genehmigung des Bezirksausschusses in den
Kreisordnungsprovinzen[2] (bezw. der Regierung in den übrigen Provinzen) erforderlich. Die Forensen, juristischen Personen und Actiengesellschaften sind zu diesen Leistungen verpflichtet, jedoch nicht aus dem in dem M. R. vom 30. April
1866 (M. Bl. p. 164) angeführten Grunde, weil dieselben
zu den nur aus den Einwohnern bestehenden Gemeinden gehören,[3] sondern deshalb, weil sie zu den gemeindeabgabenpflichtigen Personen gehören, und die Heranziehung zu den
Gemeindediensten der besprochenen Art nach dem Maaßstabe
und den Grundsätzen der Gemeindeabgaben erfolgt. Befreit
von diesen Hand- und Spanndiensten, sowie auch von den
nachberegten Diensten sind:

[1] M. R. vom 28. Mai 1850.
[2] Zust. G. § 16, Abs. 3.
[3] cfr. Bd. I § 18 p. 66.

a. Geistliche und Schullehrer, soweit die Dienste nicht auf den ihnen gehörigen Grundstücken lasten.[1]

b. Kirchendiener, soweit ihnen eine solche Befreiung zur Zeit der Verkündigung der Gemeindeordnung vom 11. März 1850 zustand.[2] —

c. Beamte, soweit die Dienste nicht mit den ihnen gehörigen Grundstücken oder mit dem von ihnen betriebenen stehenden Gewerbe verbunden sind.[3]

d. Die Postillone nebst den Postpferden, welche vorschriftsmäßig zu halten sind, in Betreff der zu leistenden Spanndienste auf Grund des Postreichsgesetzes vom 28. October 1871 § 22 (R.G.Bl. p. 352).

Außer diesen vorberegten Hand- und Spanndiensten, welche einen steuerlichen Character an sich tragen, giebt es noch mehrere Arten von Diensten, für welche anderweitige Gesichtspunkte maßgebend sind, und zu deren Leistung theils die Gemeinde, als Corporation, theils die Gemeindemitglieder verpflichtet sind. Es sind dies:

I. **Die Bürgerwachdienste.** Die Cabinetsordre vom 7. April 1809 enthält die Bestimmung, daß in den Garnisonstädten der Soldat in jeder Woche nur einmal auf die Wache ziehen darf, und daß dort, wo das Militär zur Besetzung der für die öffentliche Sicherheit unumgänglich nothwendigen Posten nicht hinreicht, die Bürger des Orts zu den Wachdiensten herangezogen werden sollen. — cfr. M.R. vom 10. April 1809 (Ann. p. 678), vom 21. September 1829 (Ann. p. 589) und vom 5. März 1831 (Ann. p. 127).

Diese Bestimmung ist durch die Cabinetsordre vom 11. Juli 1829 auch auf die in den Freiheitskriegen wieder

---

[1] cfr. Bd. I § 35 p. 143.
[2] cfr. Bd. I § 35 p. 142.
[3] cfr. Bd. I § 34 p. 139.

oder neuerworbenen Provinzen mit der Beschränkung ausgedehnt, daß die Bürger bei nur vorübergehender Abwesenheit der Garnison von der Besetzung der Ehrenposten sowie von der Bewachung der Fortificationsanstalten, der Militärgebäude, der Militärpulvermagazine, der Militärstrafanstalten und der Zuchthäuser befreit sein sollen.

II. **Die Nachtwachtdienste.** Wenn in einer Stadt die vorhandenen Nachtwächter zur Verhütung von Diebstahl und Feuersgefahr nicht ausreichen, so kann die Abhaltung von Nachtwachen und nächtlichen Patrouillen durch die Einwohner der Stadt von Seiten der städtischen Behörden auf Grund des M. R. vom 11. December 1833 (Ann. p. 1014) beschlossen werden.

III. **Die Dienste der Sicherheitsvereine.** Mit Rücksicht darauf, daß die Gemeinde für alle diejenigen Beschädigungen des Eigenthums oder Verletzungen von Personen, welche bei einer Zusammenrottung oder bei einem Zusammenlaufe von Menschen innerhalb ihres Bezirks durch offene Gewalt oder durch Anwendung der dagegen getroffenen gesetzlichen Maßregeln stattfinden, auf Grund des Gesetzes vom 11. März 1850 für den dadurch verursachten Schaden haften soll, ist auf den Antrag der Gemeinde mit Genehmigung der Regierungspräsidenten die Errichtung eines bewaffneten Sicherheitsvereins anzuordnen, falls nicht etwa ein allgemeines Gesetz über eine Gemeinde=, Bürger= oder Schutzwehr erlassen wird. Für die Bildung eines solchen Sicherheitsvereins, welcher aus zuverlässigen, wohlgesinnten und wehrhaften Einwohnern bestehen soll, sind die Bestimmungen des Publicandum vom 4. October 1830*) maßgebend. Die Cabinetsordre vom 1. October 1830 hatte bereits die Bildung solcher Sicherheitsvereine zum Zwecke der Erhaltung der öffentlichen Ruhe und

---

*) Ann. Bd. XIV p. 805.

des Schutzes von Eigenthum für die mit einer Garnison nicht belegten Städte für den Fall, wenn dort begründete Besorgnisse für die öffentliche Sicherheit eintreten, angeordnet. Vereine dieser Art, welche unter Leitung des Landraths in den zu einem Landkreise gehörigen Städten, bezw. der Ortspolizeibehörde in den zu solchem Kreise nicht gehörigen Städten stehen, dürfen nur an dem Orte der Gemeinde und nur während der Zeit des Bedürfnisses in Action treten.

Der Magistrat kann sich übrigens zum Zwecke der Hemmung von Excessen und Ruhestörungen in Maßgabe des M. R. vom 8. Januar 1844 (M. Bl. p. 285) der Mitwirkung etwa vorhandener Schützengilden bedienen.

§ 131. Die Verwaltungsthätigkeit des Magistrats bei der Veranlagung und Erhebung der direkten Staatssteuern.

In mehrfacher Beziehung wird die fortlaufende Thätigkeit des Magistrats bei der Veranlagung und Erhebung der direkten Staatssteuern in den Städten in Anspruch genommen — eine Thätigkeit, aus welcher zwischen dem Staatsfiscus und den Stadtgemeinden gegenseitige Verpflichtungen entstehen. Solche Thätigkeit gestaltet sich, ebenso wie die gegenseitigen Rechte und Pflichten, bei den einzelnen Staatssteuern in der verschiedensten Weise.

I. **Die Grundsteuer.** Die Veranlagung derselben fällt ausschließlich dem Staate und seinen Organen selbst zu, während die Erhebung derselben in den östlichen Provinzen Ostpreußen, Westpreußen, Pommern, Sachsen, Brandenburg mit Ausschluß der Stadt Berlin, Schlesien und Posen durch die Stadtgemeinde, beziehungsweise durch die von derselben bestellten Gemeindeeinnehmer erfolgt, falls nicht etwa von Seiten des Staats besondere Erhebungsbezirke angeordnet, und für dieselben eigene Erheber der Steuer bestellt werden. Es tritt

hier die abweichende Erscheinung hervor, daß die Stadtgemeinde auf Erstattung der mit der Erhebung verbundenen
Kosten oder auf eine sonstige Entschädigung gar keinen Anspruch wider den Staatsfiscus hat. In den übrigen Provinzen und in der Stadt Berlin wird die Grundsteuer durch
die Königlichen Steuerkassen erhoben.

II. **Die Gebäudesteuer.** Wenn auch bei dieser die Veranlagung und die Kosten derselben im Allgemeinen dem Staate
zufallen, so liegt doch den Stadtgemeinden die Pflicht ob, einzelne zur Ausführung der Veranlagung erforderlichen Vorarbeiten, zu welchen namentlich die Nachweisungen und Be-
schreibungen der innerhalb des Stadtbezirks belegenen Gebäude gehören, auf eigene Kosten zu beschaffen und in dem
Falle, wenn diese Vorarbeiten nicht geschehen oder nicht rechtzeitig oder nicht genügend beschafft werden, dem Staate die
durch eine anderweitige Anfertigung erwachsenden Kosten zu
erstatten.

Die Erhebung dagegen ist in den obengenannten östlichen
Provinzen mit Ausschluß der Stadt Berlin den Stadtgemeinden
gegen die Vergütung einer Hebegebühr in der Höhe von drei
Procent der zur Hebung gelangten Steuersumme zugewiesen,
wogegen dieselben verpflichtet sind, alle mit der Erhebung
verbundenen Kosten zu tragen, monatlich die Steuerbeträge,
welche in den ersten acht Tagen jeden Monats beim Mangel
anderweitiger Anordnungen zahlfällig sind, einzuziehen und
die eingezahlte Summe fünf Tage vor dem Ablaufe eines
jeden Monats an die Königlichen Kreissteuerkassen abzuliefern.
In den übrigen Provinzen und in der Stadt Berlin wird
die Erhebung durch die Königlichen Steuerkassen selbst besorgt.

III. **Die Gewerbesteuer für den stehenden Gewerbebetrieb.**
Die Thätigkeit des Magistrats erstreckt sich hier auf

a. die Organisation des Veranlagungsgeschäfts. Es
muß hier zunächst zum weiteren Verständniß hervorge-

hoben werden, daß die Handels- und Gewerbeklassen AI
AII und C auf Grund gesetzlicher Bestimmung, die
Klassen B und H dagegen nur auf zuvorige specielle
Anordnung der Regierung unter sich besondere Steuer-
gesellschaften bilden, und daß diese aus den Mitgliedern
der betreffenden Klassen bestehen. Jede eine Steuergesellschaft bildende Steuerklasse wählt nun alle drei Jahre
unter sich je sieben Gesellschaftsabgeordnete und ebenso-
viel Vertreter aus ihrer Mitte. Die Wahl derselben
wird, abgesehen von der Klasse AI, von dem Magistrate
in der ortsüblichen Weise rechtzeitig zusammenberufen
und findet unter der Leitung eines Magistratsdeputirten statt.

b. Die Vorbereitung der Veranlagung, insbesondere die Aufstellung der namentlichen Nachweisungen. Die zu diesem Zwecke erforderlichen Arbeiten
sind Seitens des Magistrats bis zum 1. Februar jeden
Jahren zu beschaffen, jedoch mit Ausschluß der die Klasse
AI und die vierte Abtheilung der übrigen Steuerklassen
betreffenden Vorarbeiten.

c. Die Feststellung der Zahl der zu den Handels-
klassen AI, AII und B gehörigen steuerpflichtigen
Personen liegt, abgesehen von der Klasse AI, dem Magistrate ob, nachdem die Gesellschaftsabgeordneten zuvor
gehört worden sind.

d. Die Veranlagung. Diese erfolgt alljährlich für die
eine Steuergesellschaft bildende Klasse durch die gewählten
Gesellschaftsabgeordneten, und zwar, abgesehen von der
Klasse AI, unter Leitung eines Magistratsdeputirten,
welchem indeß ein Stimmrecht nicht zusteht. Die Veranlagung der keine Steuergesellschaft bildenden Klassen
wird dagegen ausschließlich von dem Magistrate nach
zuvoriger gutachtlicher Aeußerung der von ihm zur Aus-

kunft heranzuziehenden Gewerbetreibenden bewirkt. Der
Magistrat, welcher im Uebrigen als Veranlagungsbehörde
fungirt und überall dort, wo die Thätigkeit der Gesellschaftsabgeordneten ihren Abschluß findet, als Organ
der Staatsgewalt die zur Abwickelung der Veranlagung
erforderlichen Geschäfte zu besorgen hat, tritt insbesondere
auch dort an die Stelle der Letzteren, wenn deren Wahl
unterblieben ist oder die Vertheilung der Gewerbesteuer
nicht erfolgt. Es muß jedoch darauf hingewiesen werden,
daß als Veranlagungsbehörde ausnahmsweise für die
Klasse AI die Regierung, für Berlin die Direction der
Verwaltung der direkten Steuern und in den zur vierten
Abtheilung*) gehörigen kleinen Städten der Landrath
fungirt.

e. Benachrichtigung der Steuerpflichtigen. Sobald
die Steuerrollen der Klassen AII, B, C, H und K von
Seiten der Regierung geprüft und festgestellt worden
sind, werden dieselben dem Magistrate zum Zwecke der
Erhebung übermittelt. Letzterer hat sodann jedem Steuerpflichtigen von dem Betrage, welcher auf diesen entfällt,
und von der Klasse, zu welcher er veranlagt ist, durch
ein Benachrichtigungsschreiben oder durch Zustellung eines
Steuerzettels, aus welchem die Höhe des Betrags und
die Art der Klasse ersichtlich ist, Kenntniß zu geben.

f. Die Steuererhebung. Dieselbe erfolgt in den östlichen
Provinzen mit Ausschluß der Stadt Berlin durch die
von den Stadtgemeinden zu bestellenden Steuererheber,
jedoch abgesehen von der Gewerbesteuer, welche zur
Klasse AI an die Königliche Kreiskasse zu zahlen ist.
Die Steuer, welche beim Mangel entgegenstehender Anordnungen überall pränumerando zu gleichen Monats-

---

*) cfr. oben § 121 sub III.

raten in den erſten acht Tagen jeden Monats zahlfällig iſt, muß, ſoweit ſie eingegangen iſt, fünf Tage vor Ab= lauf deſſelben Monats an die Königlichen Kreiskaſſen abgeliefert werden. Letztere ſind auch in den übrigen Provinzen ſowie in der Stadt Berlin zur direkten Er= hebung beſtimmt.

Was die Veranlagungs= und Erhebungskoſten anlangt, ſo fallen dieſe rückſichtlich der Klaſſe AI dem Staate, dagegen rückſichtlich der übrigen fünf Klaſſen in den öſtlichen Provinzen excl. Berlin den Stadtgemeinden gegen die Vergütung einer Hebegebühr in der Höhe von vier Procent der erhobenen Summe zu. In den Provinzen Weſtphalen, Hannover, Heſſen= Naſſau, Schleswig = Holſtein und Rheinprovinz haben die Stadtgemeinden die Veranlagung gegen Vergütung von ein Procent der aufgekommenen Geſammtſteuer auf ihre Koſten zu beſchaffen, während dort die mit der Erhebung verbundenen von der Staatskaſſe getragen werden. In der Stadt Berlin endlich übernimmt der Staat die geſammten Koſten der Ver= anlagung und der Erhebung aus dem Grunde, weil dort die Thätigkeit des Magiſtrats nicht in Anſpruch genommen wird, die Ausführung beider Geſchäfte vielmehr der Direction für die Verwaltung der direkten Steuern unmittelbar überwieſen iſt.

IV. Die Gewerbeſteuer für den Gewerbebetrieb im Umherziehen. Es findet in Bezug auf dieſe Steuer eine Heranziehuug der Gemeinden zu den Geſchäften der Veran= lagung und der Erhebung im Allgemeinen nicht ſtatt Nur in zwei Fällen iſt es zuläſſig, den Stadtgemeinden ausnahms= weiſe die Einziehung eines Steuerbetrags zu überweiſen, und zwar:

a. der von einem Ausländer beim Betreten des Inlandes zu entrichtenden Steuer in dem dazu geeigneten Falle zum Zwecke der Ablieferung an die Königliche Kreiskaſſe gegen die Vergütung von drei Procent der zur Auszah= lung gelangten Summe, und

b. der Wanderlagergewerbesteuer ausnahmslos zur eigenen freien Verwendung ohne Anspruch auf jegliche Vergütung auf Grund des Gesetzes vom 27. Februar 1880 § 5.

V. Die Klassensteuer. Das Veranlagungsgeschäft ist ausschließlich dem Magistrate, als Organ der Staatsgewalt, gesetzlich überwiesen. Derselbe hat zu diesem Zwecke innerhalb der Gemeinde behufs Aufstellung der Klassensteuerrollen den Personenstand regelmäßig am 12. November, event. nicht früher als am 4. November und nicht später als den 25. November, in jedem Jahre für die Dauer des darauf folgenden Steuerjahrs, welches vom 1. April bis zum 31. März läuft, aufnehmen zu lassen. Diese Aufnahme hat sich auf alle steuerpflichtigen Personen, welche innerhalb des Stadtbezirks ihren Wohnsitz haben, ohne Unterschied des Einkommens und ohne Rücksicht, ob sie zur Klassen- oder zur klassificirten Einkommensteuer herangezogen werden müssen, zu erstrecken. Auf Grund des Personenstandsregisters werden demnächst von Seiten des Magistrats die Klassensteuerrollen aufgestellt, in welche die sämmtlichen steuerpflichtigen Haushaltungsvorstände und Einzelsteuernde namentlich unter Beifügung der Zahl der zu jedem Haushalte gehörigen Personen eingetragen, und in welchen die ermittelten, für die Höhe des Einkommens entscheidenden und für die Einschätzung maßgebenden Ergebnisse vermerkt werden. Die Einschätzung selbst erfolgt durch die von der Stadtverordnetenversammlung aus der Zahl der steuerpflichtigen Personen in der Regel alljährlich zu wählende Klassensteuer-Einschätzungscommission, welche unter dem Vorsitze eines mit Stimmrecht versehenen Magistratsdeputirten zusammentritt; es kann indeß auf geeigneten Antrag des Magistrats die Wahl solcher Commission auf zwei oder drei Jahre ausnahmsweise gestattet werden. Die demnächstige Feststellung der Steuerrollen ist der Regierung überlassen, welche bei einer intendirten Einschätzung einer klassensteuerpflichtigen Person zu einer höheren Klassensteuerstufe, als der vorgeschlagenen, die Commission nochmals zu hören angewiesen ist. Die definitiv festgestellte Klassensteuerrolle wird alsdann von Seiten des Magistrats in einem öffentlich bekannt zu machenden Locale innerhalb einer bestimmten Frist zur Einsicht offen gelegt und dadurch mit der Wirkung bekannt gemacht, daß die jedem Steuerpflichtigen zustehende Reclamationsfrist mit dem ersten Tage beginnt, welcher auf den letzten Tag der Offenlegung folgt. Außerdem wird jedem Steuerpflichtigen ein Steuerzettel behändigt, in welchem die Höhe des Jahressteuerbetrags und die betreffende Klassensteuerstufe vermerkt ist.

Die Erhebung der Klassensteuer erfolgt in den östlichen Provinzen mit Einschluß der Stadt Berlin durch die von den Stadtgemeinden zu bestellenden Gemeindeeinnehmer, jedoch mit Ausschluß der Steuern der beiden untersten, mit einem Einkommen von 900 Mark abschließenden Stufen, welche durch das Gesetz vom 26. März 1883 überhaupt von Zahlung befreit sind. Die Steuer, welche regelmäßig in gleichen Monatsraten pränumerando innerhalb der ersten acht Tage eines jeden Monats zahlfällig ist und nur ausnahmsweise auf Anordnung des Finanzministers vierteljährlich erhoben werden darf, muß in Ermangelung anderer Anordnungen spätestens fünf Tage vor Ablauf des Zahlungsmonats durch den Einnehmer an die Königliche Kreiskasse abgeführt werden, und zwar in der Soll-Höhe, wenn er nicht etwa den Ausfall, bezw. die fruchtlose Zwangsvollstreckung wegen nicht zur Hebung gelangter Steuerposten nachzuweisen vermag. Den Gemeinden wird als Aequivalent für die aufzuwendenden Kosten 6 Procent der wirklich aufkommenden Steuern Seitens des Staates vergütet. In den übrigen Provinzen (Westphalen, Schleswig-Holstein, Hannover, Hessen-Nassau und Rheinprovinz) dagegen, in welchen den Gemeinden nur die Veranlagung gegen eine Vergütung von 3 Procent der aufgekommenen

Steuern zufällt, sind die Königlichen Steuerkaffen mit der Steuererhebung betraut. Mit Rückficht darauf, daß die beiden unterften Stufen der Klaffensteuer aufgehoben find, die Veranlagung derselben aber trotzdem zu erfolgen hat, wird den Gemeinden für die Geschäfte der Veranlagung eine Gebühr von 3 Procent des betreffenden Veranlagungsfolls gewährt.*)

VI. **Die claffificirte Einkommensteuer.** Bei der Veranlagung dieser Steuer, welche von dem Vorfitzenden der Einschätzungscommiffion, dem Landrathe event. einer von der Regierung zu ernennenden Perfönlichkeit, zu beschaffen ift, tritt der Magiftrat nicht weiter in Action, als daß er auf etwaige Anfragen des Vorfitzenden der Einschätzungscommiffion die erforderte Auskunft zu ertheilen hat. Die Steuererhebung dagegen ruht in der Hand der Königlichen Kreiskaffen, falls nicht etwa irgend eine andere Behörde Seitens des Minifters, wie z. B. in Berlin die Königliche Steuercaffe, dazu beftimmt ift.

---

*) Gef. vom 26. März 1883 § 5.

V. Buch: Die Oberaufsicht des Staates über die Stadtverwaltung.

§ 132. Die Staatsaufsichtsbehörden.

Durch die Stein-Hardenberg'sche Gesetzgebung, welcher die durchgreifende Reform der städtischen Verfassung und Verwaltung zu verdanken ist, wurde auch das Verhältniß der Gemeinden zum Staate durch Feststellung des dem letzteren über die Verwaltung der Städte gebührenden Oberaufsichtsrechts neu geregelt. Danach wurde die Aufsicht des Staates in erster Instanz von der Regierung, in den höheren Instanzen von dem Oberpräsidenten und dem Minister des Innern ausgeübt. Dieser Grundsatz wurde auch in den Städteordnungen der östlichen Provinzen, der Rheinprovinz und der Provinz Westphalen festgehalten. In den zur Ausführung derselben erlassenen Instructionen vom 20. Juni 1853, bezw. vom 9. Mai 1856 und 18. Juni 1856 wurde insbesondere bestimmt, daß die Aufsicht des Staates, welche der Regierung und dem Oberpräsidenten zusteht, in Gemäßheit der Instructionen vom 23. October 1817 und vom 31. December 1825 (G. S. 1817 p. 248 und 1826 p. 1 und 5) gehandhabt werden solle. Die Instruction vom 23. October 1817 hat nämlich den Geschäftskreis der Regierung auf alle von den Ministerien abhängenden Gegenstände der inneren Landesverwaltung, welche überhaupt von einer Territorialbehörde verwaltet werden können und nicht etwa besonderen Verwaltungsbehörden ausdrücklich übertragen sind, erstreckt

19*

und speciell der früher bestandenen ersten Abtheilung der Regierung das gesammte Communalwesen, insoweit dem Staate eine Einmischung darüber vorbehalten ist, sowie überhaupt die Aufsicht über alle Corporationen, öffentliche Institute und Anstalten übertragen. Die Cabinetsordre vom 31. December 1825 hat sodann hinsichtlich der Regierungen die Bildung einer besonderen Abtheilung des Innern zugelassen und zugleich angeordnet, daß bei dieser die früher der ersten Regierungsabtheilung zugetheilten Gegenstände bearbeitet werden sollen. Durch die Instruction vom 31. December 1825 ist endlich den Oberpräsidenten die Entscheidung in allen Communalangelegenheiten überwiesen, sofern es nicht auf die Besetzung der Oberbürgermeisterstellen in den großen Städten oder auf die Frage ankommt, ob durch die von den Gemeinden beabsichtigte Aufbringungsweise der Gemeindebedürfnisse dem Steuerinteresse des Staates Nachtheil geschehe. Bei diesem Stande der Sache waren die Regierung, Abtheilung des Innern, sowie die derselben vorgesetzten Instanzbehörden nicht bloß für die eigentlichen Aufsichtsrechte, sondern auch für alle das Gemeindewesen betreffenden Angelegenheiten, insbesondere auch die streitigen Verwaltungssachen competent.

Diese Competenzverhältnisse sind nun durch das Landesverwaltungsgesetz vom 30. Juli 1883 und das Zuständigkeitsgesetz vom 1. August 1883 wesentlich modificirt, und zwar dadurch:

a. daß die Aufsicht des Staates in erster Instanz dem Regierungspräsidenten, in höherer und letzter Instanz dem Oberpräsidenten in dem § 7 des Zust. G. übertragen ist,

b. daß die Regierungs- und Oberpräsidenten innerhalb ihres Geschäftskreises selbstständig unter voller persönlicher Verantwortlichkeit handeln, jedoch in einer Reihe von Gemeindeangelegenheiten an die collegialische Mit-

wirkung des Bezirksausschusses und des Provinzialraths
gebunden sind,

c. daß diejenigen Gemeindeangelegenheiten, welche sich ihrer
Natur nach zu einer verwaltungsgerichtlichen Entscheidung
eignen, als streitige Verwaltungssachen ausschließlich besonderen Verwaltungsgerichten, als welche in erster Instanz der Bezirksausschuß, in zweiter und letzter Instanz
das Oberverwaltungsgericht fungiren, gesetzlich überwiesen
sind, und

d. daß der Bezirksausschuß in erster Instanz und der Provinzialrath in zweiter Instanz berufen sind, über verschiedene Gemeindeangelegenheiten an Stelle der Aufsichtsbehörde zu beschließen,

e. daß für die Stadt Berlin an die Stelle des Regierungspräsidenten der Oberpräsident, an die Stelle des Oberpräsidenten der Minister des Innern, sowie daß in den
Hohenzollern'schen Landen an die Stelle des Oberpräsidenten der Minister des Innern tritt.

Der Wirkungskreis des Regierungs- und des Oberpräsidenten ist also in einem sehr erheblichen Maaße durch die
sub c und d beregte Abzweigung der den Verwaltungsgerichtsbehörden und den vorgenannten Beschlußbehörden zugetheilten Geschäfte beschränkt worden. Es wird sich deshalb
zunächst die Begrenzung der letzteren vernothwendigen.

§ 133. Die Gemeindebeschlußsachen des Bezirksausschusses.

Dieselben sind in dem Zuständigkeitsgesetze vom 1. August 1883 festgesetzt. Der Bezirksausschuß hat danach an
Stelle der Aufsichtsbehörde zu beschließen:

a. über die Veränderung der Grenzen der Stadtbezirke
(§ 8);

b. über die in Folge einer Veränderung der Grenzen der Stadtbezirke nothwendig werdende Auseinandersetzung zwischen den betheiligten Gemeinden (für Berlin ist das Oberverwaltungsgericht zuständig). — cfr. § 8. —

c. über die vorläufige Festsetzung streitiger Grenzen (für Berlin ist der Oberpräsident zuständig). — cfr. § 9. —

d. über die Zahl der aus jeder einzelnen Ortschaft einer Stadtgemeinde zu wählenden Mitglieder der Gemeindevertretung (§ 12);

e. über die Vornahme außergewöhnlicher Ersatzwahlen zur Gemeindevertretung oder in den Gemeindevorstand (§ 12);

f. über die Versagung der Bestätigung von Wahlen der Magistratsmitglieder (§ 13);

g. über die Gültigkeit von Wahlen solcher Gemeindebeamten, welche der Bestätigung nicht bedürfen (§ 14);

h. über die in den Gemeindeverfassungsgesetzen der Aufsichtsbehörde vorbehaltene Bestätigung von Ortsstatuten und sonstigen die städtischen Gemeindeangelegenheiten betreffenden Gemeindebeschlüssen (§ 16);

i. über die zwischen dem Gemeindevorstande und · der Gemeindevertretung, beziehungsweise dem Bürgermeister und dem collegialischen Gemeindevorstande entstehenden Meinungsverschiedenheiten, wenn von einem Theile auf Entscheidung angetragen wird und zugleich die Angelegenheit nicht auf sich beruhen bleiben kann. (In Berlin ist der Oberpräsident zuständig) — cfr. § 17 sub 1; —

k. an Stelle der Gemeindebehörde im Falle ihrer durch widersprechende Interessen herbeigeführten Beschlußunfähigkeit (§ 17 sub 2);

l. an Stelle der nach Maßgabe der Gemeindeverfassungsgesetze aufgelösten Gemeindevertretung. (In Berlin ist der Oberpräsident zuständig) — cfr. § 17 sub 3. —

m. über die Art der gerichtlichen Zwangsvollstreckung wegen Geldforderungen gegen Stadtgemeinden. (In Berlin ist der Oberpräsident zuständig). — cfr. § 17 sub 4. —

n. über die Feststellung und den Ersatz der Defecte der Gemeindebeamten nach Maßgabe der Verordnung vom 24. Januar 1844 (§ 17 sub 5);

o. über vorläufige Feststellung darüber, welcher Theil des Diensteinkommens im Falle des Streites über Pensions=ansprüche als Gehalt anzusehen ist (§ 20).

Der Provinzialrath beschließt in Angelegenheiten der Stadtgemeinden nur in zweiter Instanz auf Beschwerden, welche gegen die Beschlüsse des Bezirksausschusses erhoben werden.

§ 134. Die Verwaltungsstreitsachen.

Die Verwaltungsgerichtsbarkeit ist, als ein abgesonderter Zweig der Verwaltung, im Anschluß an die Kreisordnung durch die neuen Reformverwaltungsgesetze besonderen Verwaltungsgerichten, und zwar rücksichtlich der bezüglichen Gegenstände der Städteordnungen in erster Instanz dem Bezirksausschusse und in zweiter Instanz dem Oberverwaltungsgerichte, übertragen. Der Zweck ist darauf gerichtet, die Entscheidung aller Streitigkeiten, welche über Ansprüche und Verbindlichkeiten aus dem öffentlichen Rechte entstehen, in einem dem Civilprozesse nachgebildeten Verfahren durch selbstständige Behörden, von denen das Oberverwaltungsgericht von der Verwaltung völlig getrennt ist, herbeizuführen, also die Verwaltungsrechtsprechung von der eigentlichen Verwaltung selbst zu trennen. In dem Zuständigkeitsgesetze vom 1. August 1883 sind nun die einzelnen Verwaltungsstreitsachen, für welche die Verwaltungsgerichtsbehörden als competent erachtet sind, näher bezeichnet. Es sind dies, soweit die Städteordnungen dadurch betroffen werden, folgende:

a. Streitigkeiten über die bestehenden Grenzen der Stadt=
bezirke (in Berlin ist das Oberverwaltungsgericht zu=
ständig) cfr. § 9.

b. Klagen gegen Beschlüsse der Gemeindevertretung auf Be=
schwerden und Einsprüche, welche betreffen:

α. den Besitz oder Verlust des Bürgerrechts, insbesondere
des Rechts zur Theilnahme an den Wahlen zur Ge=
meindevertretung, sowie des Rechts zur Bekleidung
einer den Besitz des Bürgerrechts voraussetzenden
Stelle in der Gemeindeverwaltung oder Gemeindever=
tretung,

β. die Verpflichtung zum Erwerbe oder zur Verleihung
des Bürgerrechts, bezw. zur Zahlung von Bürger=
gewinngeldern (Ausfertigungsgebühren) und zur Leistung
des Bürgereides,

γ. die Zugehörigkeit zu einer bestimmten Bürgerklasse,

δ. die Richtigkeit der Gemeindewählerliste. — cfr. § 10
und 11; —

c. Klagen gegen Beschlüsse der Gemeindevertretung, welche
die Wahlen zur Gemeindevertretung betreffen. (§ 10
und 11).

d. Klagen gegen Beschlüsse der Gemeindevertretung, welche
betreffen:

α. die Berechtigung zur Ablehnung oder Niederlegung
von Aemtern und Stellen in der Gemeindeverwaltung
und Gemeindevertretung,

β. die Nachtheile, welche gegen Mitglieder der Stadt=
gemeinde wegen Nichterfüllung der ihnen nach den
Gemeindeverfassungsgesetzen obliegenden Pflichten zu
verhängen sind,

γ. die Strafen, welche gegen Mitglieder der Ge=
meindevertretung wegen Zuwiderhandlungen gegen die

Geschäftsordnung nach Maßgabe der Gemeindeverfaf=
fungsgefetze zu verhängen find. (§ 10 und 11).

e. Klagen gegen die Verfügung des Gemeindevorstandes,
durch welche Beschlüffe der Gemeindevertretung oder des
collegialifchen Gemeindevorstandes, welche deren Befug=
niffe überschreiten oder die Gefetze verletzen, beanstandet
werden. (In Berlin ist das Oberverwaltungsgericht zu=
ständig). — cfr. § 15. —

f. Klagen gegen Beschlüffe des Gemeindevorstandes über
Beschwerden und Einsprüche, welche betreffen:

α. das Recht zur Mitbenutzung der öffentlichen Gemeinde=
anstalten, sowie zur Theilnahme an den Nutzungen
und Erträgen des Gemeindevermögens,

β. die Heranziehung oder die Veranlagung zu den Ge=
meindelaften. (§ 18).

g. Dienstvergehen der Bürgermeister, Beigeordneten, Ma=
giftratsmitglieder und sonstigen Gemeindebeamten. (§ 20).

h. Streitigkeiten über Penfionsansprüche der befoldeten Ge=
meindebeamten. (§ 20).

§ 135. Die aus dem Oberauffichtsrechte fließenden Befug= niffe des Regierungspräfidenten.

Solche Befugniffe find weder in den Städteordnungen
noch in den neuen Reformverwaltungsgefetzen ausreichend ge=
regelt; es find dort vielmehr nur beiläufig einige wichtige
Auffichtsrechte, z. B. das Beschlußbeanstandungsrecht und die
Zwangsetatifirung, hervorgehoben. Jene Befugniffe ergeben
fich indeß aus dem Zwecke, zu welchem die Oberauflicht staat=
licherseits ausgeübt wird und fallen mit den Rechten und
Pflichten zufammen, welche den Regierungen in dem § 139
der revidirten Städteordnung vom 17. März 1831 zugewiefen,
bezw. auferlegt worden find. Man hat fich in praxi daran

gewöhnt, das Aufsichtsrecht auf die in dem § 139 leg. cit. hervorgehobenen Rechte und Pflichten auszudehnen. Diese bestehen nun für den Regierungspräsidenten in Folgendem:

a. sich Ueberzeugung davon zu verschaffen, ob in jeder Stadt die Verwaltung nach den Gesetzen überhaupt, und nach der Städteordnung insbesondere eingerichtet ist. Er kann also Visitationen der Verwaltung vornehmen,[1] Auskunft und Rechenschaft von dem Magistrate verlangen, Acten und Berichte desselben einfordern, kurz alles vornehmen, was zur Erlangung der Ueberzeugung erforderlich erscheint;

b. dafür zu sorgen, daß die Verwaltung fortwährend in dem vorgeschriebenen Gange bleibe und angezeigte Störungen beseitigt werden. Er kann somit zu solchem Zwecke außergewöhnliche Kämmerei- und Gemeindecassenrevisionen vornehmen,[2] Gemeinderechnungen einfordern, die Wiederherstellung einer geregelten städtischen Verwaltung selbst durch Commissarien auf Kosten der Stadt bewirken lassen,[3] kurz Alles anordnen, welches die Förderung des Geschäftsganges und die Beseitigung eingetretener Störungen bezweckt;

c. die Beschwerden einzelner über die Verletzung der ihnen als Mitglieder der Gemeinde zustehenden Rechte zu untersuchen und zu entscheiden, abgesehen jedoch von den zur Competenz der Verwaltungsgerichtsbehörden verstellten oder auf einen speciellen privatrechtlichen Titel sich stützenden Beschwerden;[4]

---

[1] M. R. vom 9. April 1842 (M. Bl. p. 107) und vom 7. Juli 1847 (M. Bl. p. 191).

[2] M. R. vom 7. April 1842 (M. Bl. p. 182) und vom 18. August 1845 (M. Bl. p. 249).

[3] M. R. vom 20. August 1840.

[4] C. C. E. vom 7. Juni 1856.

d. die Stadtgemeinden zur Erfüllung ihrer Pflich=
ten anzuhalten. Er kann deshalb z. B. die Gemeinden
zur Anstellung von Prozessen behufs Reclamation vor=
schriftswidrig verkaufter Grundstücke anhalten,[1] zur Ab=
tragung ihrer Schulden nöthigen, und zu diesem Behufe
die Aufstellung und Festhaltung eines Tilgungsplans
veranlassen;[2]

e. in den Fällen zu entscheiden und einzugreifen,
welche in den Städteordnungen dahin verwiesen
sind. Es gehört hieher z. B.:

α. das Beschlußbeanstandungsrecht — cfr. § 138 —

β. die Zwangsetatisirung — cfr. § 139 —

γ. die Befugniß, auf Antrag der Stadtverordnetenver=
sammlung einen Anwalt zur Führung eines Prozesses
zu bestellen, welcher von Seiten der Stadtgemeinde
gegen alle oder mehrere Magistratsmitglieder aus
Veranlassung ihrer Amtsführung anhängig gemacht
werden soll.[3]

Der Regierungspräsident muß diese Befugnisse selbst aus=
üben; es ist ihm indeß durch die zu den Städteordnungen
erlassenen Ministerialinstructionen vom 20. Juni 1853 Art.
XVI, vom 9. Mai 1856 und 18. Juni 1856, abgesehen jedoch von den seiner Entscheidung oder Genehmigung in den
Städteordnungen ausdrücklich vorbehaltenen Gegenständen, gestattet, den Landräthen, als seinen beständigen Commissarien,
nach Bedürfniß eine Mitwirkung bei Ausübung der Aufsicht
über die Communalangelegenheiten derjenigen Städte, welche
keinen eigenen Kreis bilden, aufzutragen. Falls eine dauernde
Einrichtung in letzterer Beziehung von Seiten des Regierungs=

---

[1] M. R. vom 18. März 1840.
[2] M. R. vom vom 20. März 1831 (Ann. p. 102).
[3] O. St. O. § 44, W. St. O. § 43.

präsidenten angestrebt wird, muß zuvor die Genehmigung des Ministers des Innern durch Vermittelung des Oberpräsidenten eingeholt.

Der Landrath ist übrigens rücksichtlich derjenigen Städte, welche nicht mehr als 10000 Einwohner zählen, auch in dem Falle, wenn ihm sonst eine regelmäßige Mitwirkung bei der Aufsicht über die städtischen Gemeindeangelegenheiten nicht besonders übertragen ist, als diejenige Behörde bestimmt, durch deren Vermittelung die Berichte der Magistrate der vorbezeichneten Städte an den Regierungspräsidenten, bezw. die Regierungen erstattet werden müssen. Der Landrath ist angewiesen, solche Berichte mit seinen etwaigen Bemerkungen zu versehen und demnächst weiter zu befördern.

Es muß schließlich hier noch darauf hingewiesen werden, daß die Polizeiaufsicht in allen denjenigen Städten, welche keine eigenen Kreise bilden, in erster Instanz nicht dem Regierungspräsidenten bezw. der Regierung, sondern auf Grund der Verordnung vom 30. April 1815 (G. S. p. 85) und insbesondere auf Grund der Kreisordnungen § 77 dem Landrathe zusteht, und zwar ohne Unterschied, ob solche Städte die Einwohnerzahl von 10 000 überschritten haben oder nicht.*)

§ 136. Der Instanzenzug.

Der Instanzenzug ist für die Gemeindeangelegenheiten ein verschiedener, je nachdem eine zur Competenz des Bezirksausschusses als Beschlußbehörde oder als Verwaltungsgerichtsbehörde oder des Regierungspräsidenten bezw. der Regierung als Aufsichtsbehörde zur Frage steht.

---

*) M. R. vom 15. März 1874 (M. Bl. p. 103).

I. **Die Beschlußsachen,** für welche der Bezirksausschuß als Beschlußbehörde an Stelle der Aufsichtsbehörde competent ist, können durch das Rechtsmittel der Beschwerde angefochten werden und führen an den Provinzialrath.

II. **Die Verwaltungsstreitsachen,** über welche der Bezirksausschuß als Verwaltungsgerichtsbehörde entschieden hat, gelangen im Instanzenwege an das Oberverwaltungsgericht, falls nicht in dem Zuständigkeitsgesetze bestimmt ist, daß die Entscheidung des Bezirksausschusses endgültig sein soll.

III. **Die übrigen Aufsichtssachen** gingen früher regelmäßig von der Regierung an den Oberpräsidenten und in letzter Instanz an den Minister des Innern. Das Beschwerderecht in Angelegenheiten der Stadtgemeinden ist jetzt dadurch, daß der Instanzenzug mit dem Oberpräsidenten abschließt, mehr beschränkt worden. Es bleibt jedoch bestehen die Befugniß des Ministers, innerhalb seiner Zuständigkeit Verfügungen und Anordnungen des Oberpräsidenten und des Regierungspräsidenten von Amtswegen oder auf erhobene Beschwerde außer Kraft zu setzen oder diese Behörden mit Anweisungen zu versehen. Diese Befugniß ist in dem § 50 des Landesverwaltungsgesetzes vom 30. Juli 1883 ausdrücklich aufrechterhalten. Es ist also nur formell die frühere Ministerialinstanz fortgefallen, da es den Gemeindemitgliedern in den geeigneten Fällen unverwehrt bleibt, in Gemeindeangelegenheiten die Hülfe des Ministers des Innern in Anspruch zu nehmen.

§ 137. Die Beschwerdefrist.

Die früher für alle Instanzen festgesetzte vierwöchentliche Frist ist hinsichtlich der bei den Aufsichtsbehörden in städtischen Gemeindeangelegenheiten anzubringenden Beschwerden in eine vierzehntägige durch den § 7 des Zuständigkeitsgesetzes vom

1. August 1883 umgewandelt worden. Es kann dieser Frist die Eigenschaft einer präclusivischen nicht zukommen, da die Aufsichtsbehörden verpflichtet sind, beständig das Communalwesen zu überwachen und auf begründete Beschwerden, welche an sie gelangen, ohne Rücksicht darauf, ob die obenberegte vierzehntägige Frist von Seiten des Beschwerdeführers innegehalten ist oder nicht, einzuschreiten. Der fraglichen Fristbestimmung ist somit keine weitere Bedeutung beizulegen, als daß der Beschwerdeführer im Falle einer unbegründeten Beschwerde die Ertheilung eines besonderen Bescheides nicht beanspruchen kann.

Dagegen sind die in dem Beschluß- und Verwaltungsstreitverfahren bestimmten Fristen präclusivisch, so daß die Versäumung der Frist den Verlust des verspätet eingereichten Rechtsmittels nach sich zieht. Diese Frist ist in dem Verwaltungs-Streitverfahren stets eine zweiwöchentliche, falls nicht etwa die Gesetze eine andere Zeitdauer ausdrücklich vorschreiben.

Es muß hier noch einer anderen Frist, welche für Reclamationen bei öffentlichen Abgaben angeordnet ist, gedacht werden. Auf Grund des Gesetzes vom 18. Juni 1840 § 3 belief sich früher die Frist in Communalsteuersachen, welche zur Erhebung des Recurses gegen einen die Reclamation zurückweisenden Bescheid in Communalsteuersachen freistand, auf sechs Wochen. Diese Frist kann in den Kreisordnungsprovinzen in Gemäßheit des Zuständigkeitsgesetzes vom 1. August 1883 deshalb nicht mehr zur Anwendung kommen, weil die Beschwerden und Einsprüche, welche die Heranziehung oder Veranlagung zu den städtischen Gemeindelasten betreffen, beim Magistrate anzubringen sind und der Beschluß des Magistrats nur im Verwaltungsstreitverfahren nur durch eine beim Bezirksausschusse binnen einer präclusivischen Frist von zwei Wochen zu erhebende Klage angefochten werden kann.

§ 138. Das Beschlußbeanstandungsrecht des Regierungs-präsidenten.

Der Regierungspräsident war auf Grund der Städte-ordnungen[1]) ebenso befugt, als verpflichtet, den Magistrat zur vorläufigen Beanstandung der Ausführung solcher von den Stadtverordneten gefaßten Beschlüsse zu veranlassen, welche deren Befugnisse überschritten, gesetz- oder rechtswidrig waren, oder das Staatswohl verletzten. Diese Befugniß und Pflicht ist durch den § 15 des Zuständigkeitsgesetzes vom 1. August 1883 insofern eingeschränkt, als danach seiner Beanstandung nur noch solche Beschlüsse unterliegen, welche die Befugnisse der Stadtverordneten überschreiten oder die Gesetze verletzen, dagegen insofern erweitert, als der Regierungspräsident auch den Bürgermeister veranlassen kann, ebenso die Beschlüsse des collegialischen Magistrats, welche dessen Befugnisse überschreiten oder die Gesetze verletzen, zu beanstanden. Eine solche Be-anstandung erfolgt in beiden Fällen, ohne Unterschied, ob die Beschlüsse bereits in der Ausführung begriffen sind oder nicht,[2]) mit aufschiebender Wirkung unter Angabe der Gründe,[3]) damit die Stadtverordneten bezw. der Magistrat in die Lage kommen, für ihre Klage, welche sie gegen den Beanstandungs-beschluß binnen zwei Wochen beim Bezirksausschusse (in Berlin beim Oberverwaltungsgerichte) erheben können, die erforder-liche Grundlage zu gewinnen. Der Regierungspräsident ist berechtigt, von dem Magistrate die Einreichung von Abschriften der jedesmaligen Beschlüsse zu fordern.[4])

Der Beanstandung unterliegen jedoch nicht solche Be-schlüsse, welche noch einer Bestätigung bedürfen. Es handelt

---

[1]) O. St. O. § 77, W. St. O. § 78.
[2]) O. V. G. Bd. VI p. 57.
[3]) cfr. Bd. I p. 305.
[4]) M. R. vom 23. August 1851.

sich bei diesen nur darum, ob solche Bestätigung zu versagen ist, weil der Beschluß ohne dieselbe nicht verbindlich und wirksam ist. Welche Beschlüsse die Befugniß überschreiten oder die Gesetze verletzen, wird auf Grund des einzelnen Falles der Prüfung zu unterziehen sein. So hat z. B. das Oberverwaltungsgericht (cfr. E. Bd. XIV p. 76) die Beschlüsse über Gewährung von Reisevergütigungen aus dem Kämmere vermögen an städtische Wahlmänner für die Wahl eines Landtagsabgeordneten als eine Verletzung der Gesetze und Ueberschreitung der Befugnisse der städtischen Behörden erachtet.

Was das Verwaltungsstreitverfahren anlangt, so können die Stadtverordneten und der collegialische Magistrat zur Wahrnehmung ihrer Rechte einen besonderen Vertreter bestellen.*) Das Verwaltungsgericht hat nach verhandelter Sache, bezw. auf Grund der Acten, ohne an die Ansicht der beanstandenden Behörde gebunden zu sein, die Frage zu prüfen, ob eine Ueberschreitung der Befugnisse bezw. Verletzung der Gesetze vorliegt oder nicht, und den Beschluß entweder im ersteren Falle aufzuheben, oder im letzteren Falle als zulässig zu erachten; es ist aber nicht berechtigt, den Beschluß zu modificiren oder so abzuändern, daß er nach seiner Ansicht keine Ueberschreitung oder Verletzung enthält.**)

§ 139. Die Zwangsetatisirung.

Es ist bereits in dem § 135 als ein allgemeines Recht des Regierungspräsidenten anerkannt, die Stadtgemeinden zur Erfüllung ihrer Pflichten anzuhalten. Es ist ihm zu diesem Zwecke ein besonderes Zwangsmittel für den Fall verliehen, wenn die Stadtgemeinde es unterläßt oder verweigert, die ihr ge-

---

*) Zust. G. § 21.
**) O. V. G. Bd. III p. 74.

setzlich obliegenden, von der Behörde innerhalb der Grenzen ihrer Zuständigkeit festgestellten Leistungen auf den Haushalts= etat zu bringen oder außerordentlich zu genehmigen. Dieses Zwangsmittel, welches sich früher auf den § 78 der Städte= ordnungen, jetzt auf den § 19 des Zuständigkeitsgesetzes vom 1. August 1883 stützt, besteht nun in der mit Gründen ver= sehenen Verfügung des Regierungspräsidenten, durch welche die Eintragung einer Ausgabe in den Etat, bezw. die Fest= stellung einer außerordentlichen Ausgabe angeordnet wird. Wesentliche Voraussetzung dieses Zwangsrechts ist die That= sache, daß eine der Stadtgemeinde gesetzlich obliegende Leistung von einer zuständigen Behörde innerhalb der Grenzen ihrer Zuständigkeit festgestellt ist. Fehlt diese Voraussetzung, so ist die Zwangsetatisirung unzulässig. Aus diesem Grunde hat das Oberverwaltungsgericht in dem Urtheile vom 2. Oc= tober 1884 (Bd. XI p. 35) die Zwangsetatisirung von Kosten, welche durch die commissarische Verwaltung einer Bürger= meisterstelle bei Uebergehung des Beigeordneten entstanden waren, deshalb aufgehoben, weil die Stadtgemeinde zur Tra= gung solcher Kosten nicht verpflichtet ist. Welche der zustän= digen Behörden die fragliche Leistung festgestellt hat, ist ir= relevant; sie braucht nicht gerade die Aufsichtsbehörde selbst zu sein. Es ist deshalb auch in den M. R. vom 31. Ja= nuar 1835 (Ann. p. 154) und vom 28. Mai 1845 (M. Bl. p. 161) die Zwangsetatisirung für zulässig erklärt, wenn die Stadtgemeinde sich weigert, die erforderlichen Mittel zur Unterhaltung einer städtischen Schule zu bewilligen oder das von der Regierung, Abtheilung für Kirchen= und Schulwesen, für unzulänglich erklärte Gehalt eines städtischen Lehrers zu erhöhen. Vor Allem ist aber solches Zwangsmittel davon abhängig, daß die einzutragende Leistung eine solche ist, welche der Gemeinde gesetzlich obliegt. Es ist darunter eine solche Leistung zu verstehen, welche durch ein Gesetz angeordnet oder

in Maßgabe eines Gesetzes von der zuständigen Behörde festzustellen ist. So ist z. B. in der Ministerialinstruction vom
20. Juni 1853 Art. X die Befugniß der Regierung, die
Gehälter der städtischen Gemeindebeamten zu prüfen und nöthigenfalls auf einen angemessenen Betrag bringen zu lassen,
unter Bezugnahme auf das in § 78 der O. St. O. gegebene
Recht der Zwangsetatisirung anerkannt; ebenso in dem Urtheile des Oberverwaltungsgerichts vom 20. November 1886
(Bd. XIV p. 98) die Befugniß des Regierungspräsidenten,
die sachlichen Kosten der Polizeiverwaltung zwangsweise in
den Etat der Gemeinden zu bringen.

Daß das Zwangsmittel nur dann zur Anwendung zu
bringen ist, wenn es sich um eine in öffentlich-rechtlichen Verhältnissen begründete Leistung handelt, bedarf nur der Hervorhebung, da alle aus privatrechtlichen Verpflichtungen origini-
renden Leistungen im Civilprozeßwege zu verfolgen sind. Ob
eine solche Leistung Gegenstand eines Civilprozesses oder einer
streitigen Verwaltungssache sein oder werden kann, ist ohne
Einfluß, da die Zwangsetatisirung auch insbesondere den Zweck
verfolgt, die der Gemeinde obliegende Leistung vorläufig vor
der im Rechtswege oder im Verwaltungsstreitverfahren erfol-
genden rechtskräftigen Entscheidung zu erwirken, wie z. B.
bei Ansprüchen auf Zahlung des Diensteinkommens, der Pensionen rc. Andererseits ist die Zwangsetatisirung überflüssig,
wenn die Leistung bereits in einer rechtskräftigen oder doch
vollstreckbaren Entscheidung festgestellt ist, da eine solche Leistung durch einen bezüglichen Antrag bei dem Bezirksausschusse,
welchem die Beschlußfassung über die Art der gerichtlichen
Zwangsvollstreckung gegen Gemeinden zusteht, in Bezug auf
Beitreibung hinreichend gesichert ist.

Die von dem Regierungspräsidenten erlassene Verfügung
kann von Seiten der Gemeinde durch eine beim Oberverwaltungsgerichte binnen zwei Wochen zu erhebende Klage ange-

fochten werden. Als Prozeßparthei darf nur der Magiſtrat, nicht die Stadtverordnetenverſammlung auftreten, weil nur der Erſtere ausſchließlich zur Vertretung der Gemeinde legitimirt iſt. Das Oberverwaltungsgericht nimmt in dem Urtheile vom 2. Februar 1887 Veranlaſſung, darauf hinzuweiſen, daß dieſer vorberegten Auffaſſung der § 21 des Zuſt. G. nicht entgegenſteht. Die zweiwöchige Friſt läuft von dem Tage, an welchem die Zwangetatiſirungsverfügung dem Magiſtrate zugeſtellt iſt. Wird die von dieſem Zuſtellungstage an zu berechnende Klagefriſt verſäumt, ſo zieht dies den Verluſt des Klagerechts nach ſich, und zwar ohne Rückſicht darauf, an welchem Tage die betreffende Verfügung der Stadtverordnetenverſammlung zugegangen iſt.*) Der Magiſtrat iſt befugt, ſich zur Wahrnehmung ſeiner Rechte einen beſonderen Vertreter in dem Verwaltungsſtreitverfahren zu beſtellen.

§ 140. Die Ordnungsſtrafgewalt der Aufſichtsbehörden.

Alle Communalbeamten, zu benen ſelbſtverſtändlich die Mitglieder der Stadtverordnetenverſammlung nicht gehören, unterliegen hinſichtlich der ihnen zur Laſt fallenden Dienſtvergehen der Ordnungsſtrafgewalt der Aufſichtsbehörden. Es kommen in dieſer Beziehung im Allgemeinen auf Grund des L. V. G. vom 30. Juli 1883 § 157 sub 2 und des Zuſt. G. vom 1. Auguſt 1883 § 20 die Vorſchriften des Disciplinargeſetzes vom 21. Juli 1852 in Anwendung, jedoch mit folgenden Modificationen:

I. **Das Ordnungsſtrafrecht der Bürgermeiſter.** Den Bürgermeiſtern ſteht in Gemäßheit des § 58 der Städteordnungen der ſechs öſtlichen Provinzen und der Provinz Weſtphalen zur Erhaltung der nöthigen Disciplin das Recht zu,

---

*) O. V. G. E. Bd. XIV p. 89.

ben Gemeindeunterbeamten Geldbußen bis zu neun Mark und
außerdem den unteren Beamten Arreststrafen bis zu drei
Tagen aufzuerlegen. Sie sind ferner auf Grund des § 18
des Disciplinargesetzes vom 21. Juli 1852 befugt, auch den
Mitgliedern des Magistrats Warnungen und Verweise zu ertheilen.

Gegen solche Strafverfügungen der Bürgermeister findet
in den Kreisordnungsprovinzen innerhalb zwei Wochen die
Beschwerde an den Regierungspräsidenten, und gegen den auf
die Beschwerde ergehenden Beschluß des Letzteren die innerhalb zwei Wochen direct bei dem Oberverwaltungsgerichte zu
erhebende Klage statt.*)

II. Das Ordnungstrafrecht der Regierungspräsidenten.
Es ist denselben in dem Zust. G. § 20 sub 1 das Recht zugesprochen, gegen die Bürgermeister, Beigeordneten und Magistratsmitglieder, sowie gegen alle sonstigen Gemeindebeamten
an Stelle der Bezirksregierung und innerhalb des derselben
früher zugestandenen Ordnungstrafrechts Ordnungsstrafen festzusetzen. Sie sind demnach auf Grund des Disciplinargesetzes
vom 21. Juli 1852 §§ 15, 18 und 19, in welchen jenes
Ordnungstrafrecht begrenzt ist, nur befugt, gegen die vorberegten Beamten Warnungen, Verweise, Geldbußen bis 90 Mark,
bei besoldeten Beamten jedoch nicht über den Betrag eines
einmonatlichen Diensteinkommens hinaus, sowie gegen die unteren Beamten Arreststrafen bis zu acht Tagen zu verfügen.
Gegen solche Strafverfügungen der Regierungspräsidenten
findet innerhalb zwei Wochen die Beschwerde an den vorgesetzten Oberpräsidenten und gegen den auf die Beschwerde ergehenden Beschluß des Letzteren die innerhalb zwei Wochen
direct bei dem Oberverwaltungsgerichte zu erhebende Klage**)

---

*) Zust. G. § 20 sub 2 und L. V. G. § 63.
**) L. V. G. § 63 und Zust. G. § 20 sub 1.

statt. Eine Ausnahme hiervon ist nur für Berlin und die hohenzollernschen Lande festgesetzt, indem dort gegen die Strafverfügungen des Regierungspräsidenten innerhalb zwei Wochen unmittelbar die Klage bei dem Oberverwaltungsgerichte zugelassen ist.

III. Der Bezirksausschuß als Disciplinarbehörde. Macht der Regierungspräsident von dem ihm zustehenden Ordnungsstrafrechte keinen Gebrauch, so tritt rücksichtlich der Dienstvergehen aller Communalbeamten auf erhobene Anklage der Bezirksausschuß als entscheidende Disciplinarbehörde auf. Für das betreffende Verfahren normiren die Vorschriften des Disciplinargesetzes vom 21. Juli 1852 bezw. des L.V.G. vom 30. Juli 1883, jedoch mit folgenden Modificationen. In dem auf Entfernung aus dem Amte gerichteten Verfahren wird die Einleitung desselben von dem Regierungspräsidenten bezw. dem Minister des Innern verfügt und von demselben der Untersuchungscommissar ernannt. Der Minister des Innern ist dann ermächtigt, mit Rücksicht auf den Ausfall der Voruntersuchung das fernere Verfahren einzustellen und geeigneten Falles nur eine Ordnungsstrafe zu verhängen. Ist aber der Regierungspräsident der Ansicht, daß das fernere Verfahren einzustellen sei, so muß er darüber an den Minister des Innern zu dessen Beschlußnahme berichten.*) Abgesehen von dieser Einstellung, wird in allen Disciplinarsachen, in welchen die Entscheidung des Bezirksausschusses angerufen werden soll, der Vertreter der Staatsanwaltschaft für das dort einzuleitende Verfahren von dem Regierungspräsidenten ernannt. Gegen das Urtheil des Bezirksausschusses steht sowohl der Staatsanwaltschaft, als dem Angeschuldigten die bei dem Bezirksausschusse binnen zwei Wochen anzubringende Berufung zu. Dieses Rechtsmittel führt die Sache an das Oberver-

---

*) Disciplinargesetz vom 21. Juli 1852 § 83.

waltungsgericht, als die zweite und letzte Instanz. In dem dort durchzuführenden Verfahren wird der Vertreter der Staatsanwaltschaft von dem Minister des Innern ernannt. Es muß hier auch darauf hingewiesen werden, daß in dem bezüglich der Entfernung aus dem Amte vorgesehenen Verfahren entstehenden Falls auch über die Thatsache der Dienstunfähigkeit der Bürgermeister, Beigeordneten, Magistratsmitglieder und sonstigen Gemeindebeamten Entscheidung zu treffen ist.

Gegen Mitglieder der Gemeindevertretung als solche kann unter keinen Umständen und in keiner Provinz ein Disciplinarverfahren stattfinden.*)

IV. Die Ordnungsstrafgewalt des Ministers des Innern. Derselbe ist auf Grund des § 19 des Disciplinargesetzes vom 21. Juli 1852, dessen Bestimmungen in dem L.V.G. vom 30. Juli 1883 § 158 sub 2 ausdrücklich aufrechterhalten sind, mit der Befugniß ausgestattet, allen ihm unmittelbar oder mittelbar untergebenen Beamten, und somit allen Communalbeamten, Geldbußen bis zum Betrage des einmonatlichen Diensteinkommens, unbesoldeten Beamten aber nur bis zur Summe von 90 Mark aufzuerlegen.

Da es zu weit führen würde, hier noch die das Disciplinarverfahren selbst betreffenden Specialbestimmungen eingehend zu erörtern, so soll in dieser Beziehung hiemit auf den vortrefflichen Commentar von F. Seydel zu dem Gesetze vom 21. Juli 1852 verwiesen sein.

---

*) Zust. G. vom 1. August 1883 § 20, Abs. 3.

Alphabetisches Register.

Die römischen Zahlen I und II verweisen auf Band I resp. II, die beigefügten arabischen Ziffern dagegen auf die Seitenzahl des betreffenden Bandes.

Abzeichen = Forstbeamte II, 150; Feldhüter, Ehrenfeldhüter und Forsthüter II, 151; Vollziehungsbeamte II, 269.

Acquisitivverjährung gegen Stadtgemeinden = I, 82.

Actiengesellschaften = Theilnahme an den Wahlen I, 115; Gemeindeabgabenpflicht I, 150.

Agenturen der Versicherungsgesellschaften = Gemeindeabgabenpflicht I, 161.

Anfechtung der Stadtverordnetenwahlen = I, 219.

Amtsanwaltschaft = Verwaltung II, 87, 89.

Amtscautionen = II, 142.

Amtsgewalt = Mißbr. II, 125.

Amtsketten = II, 149.

Amtsverbrechen und Vergehen = II, 124.

Amtszeichen der Stadtverordneten, Magistratsmitglieder ꝛc. = I, 225.

Anleihen, städtische = II, 194; Tilgung II, 197.

Armendeputation = II, 94; Zusammensetzung und Wirkungskreis II, 96.

Armendeputationsamt = Uebernahme II, 97.

Armensachen = Streitigkeiten zwischen Armenverbänden II, 98; Beschwerden II, 99.

Armensteuer = II, 256.

Arrest in Steuersachen = II, 279.

Artillerieschießplätze = abgabenfrei I, 170.

Assessoren = Besteuer. I, 133.

Auflösung der Gemeindevertretung I, 251.

Aufsicht über Deputationen und Commissionen II, 23.

Aufsichtsbehörde = nicht wählbar als Magistratsmitglied I, 264, nicht wählbar zu Stadtverordneten I, 197; der Forsten II, 202; über die Stadtverwaltung II, 291.

Ausschließung vom Bürgerrecht auf Zeit = I, 107.

Autonomie der Städte = I, 22 u. 24.

Bauführer = Besteuer. I, 132.

Baumeister = Besteuer. I, 132.

Baurath = Magistratsmitglied I, 260; Wählbarkeit I, 267.

Beamte = Gemeindeabgabenpflicht I, 127; Beginn u. Ende der Communalsteuerpflicht I, 135; Veranlagung mit Privateinkommen I, 135; Steuerdomicil I, 136; persönliche Dienste I, 139 u. II, 281; Competenz für Streitsachen über Communalbesteuerung I, 139; Beamte auf Wartegeld, Besteuer. I, 133.

Befreiung von Gemeindeabgaben = die Berechtigten I, 137.

Befreiung von dinglichen Gemeindeauflagen I, 175.

Befreiung von persönlichen Gemeindeauflagen I, 183.

Beigeordneter = Mitglied des Magistrats I, 255; Vorrechte I, 303.

Bergbaubetrieb = Gemeindeabgabenpflicht I, 160.

Berggewerkschaften = Gemeindeabgabenpflicht I, 152.

Besitzerwerb für Stadtgemeinden = I, 81.

Bestechung der Beamten = II, 125.

Beschlußbeanstandungsrecht des Bürgermeisters I,